時光塔

苏门答腊的郁达夫

时光塔丛书

〔日〕铃木正夫 著

刘高力 译

上海交通大学出版社
SHANGHAI JIAO TONG UNIVERSITY PRESS

内容提要

太平洋战争爆发，新加坡沦陷，郁达夫被迫出逃至印尼，辗转定居于苏门答腊。他掩藏身份，在当地开办酒厂并娶妻生子，被日本宪兵征用为翻译，因而掌握了日本宪兵的大量罪证。日本投降后，郁达夫失踪。

日本郁达夫研究家铃木正夫用半生心血追查郁达夫烈士的殉难真相，近距离接触曾于太平洋战争期间驻守印尼的多名宪兵，查明并访谈了下令杀害郁达夫的宪兵队长，解开了郁达夫失踪之谜。

本书被认为是研究郁达夫在印尼期间活动的重要著作，于 1996 年获得首届郁华、郁达夫烈士文艺奖。本次重新修订翻译，并甄选珍贵影响资料 70 余张首度公开。

图书在版编目(CIP)数据

苏门答腊的郁达夫／（日）铃木正夫著；刘高力译
. —上海：上海交通大学出版社，2023.5
ISBN 978 - 7 - 313 - 28504 - 1

Ⅰ.①苏… Ⅱ.①铃… ②刘… Ⅲ.①郁达夫(1896 - 1945)—生平事迹 Ⅳ.①K825.6

中国国家版本馆 CIP 数据核字（2023）第 067958 号

苏门答腊的郁达夫
SUMENDALA DE YU DAFU

著　　者：〔日〕铃木正夫　　　　　　译　　者：刘高力
出版发行：上海交通大学出版社　　　　地　　址：上海市番禺路 951 号
邮政编码：200030　　　　　　　　　　电　　话：021 - 64071208
印　　制：苏州市越洋印刷有限公司　　经　　销：全国新华书店
开　　本：880 mm×1230 mm　1／32　　印　　张：11.125
字　　数：248 千字
版　　次：2023 年 5 月第 1 版　　　　　印　　次：2023 年 5 月第 1 次印刷
书　　号：ISBN 978 - 7 - 313 - 28504 - 1
定　　价：88.00 元

铃木正夫

スマトラの郁達夫

太平洋戦争と中国作家

根据日本东方书店出版社 2007 年版译出

目 录

译者的话

——苏门答腊、铃木先生、我与郁达夫

　　我想,好的译者是一个在大戏终了,出来默默拉幕布的角色。作为译者,先跳出来说话,未免聒噪,喧宾夺主。不过,这本书特殊,我极望读者能在进入正文之前先听听译者的话,既能在阅读前对本书有个大概了解,也可一窥此书背后历经三代人的逸事。

　　日本学者铃木正夫先生多年从事郁达夫研究,特别致力于调查郁达夫在印尼殉难的真相,经过20多年四处寻访,找到了当年下令密害郁达夫的主犯。1995年,集他的调查成果之大成的心血之作『スマトラの郁達夫』在日本东方书店出版。不久,李振声先生翻译的中文版《苏门答腊的郁达夫》也于1996年由上海远东出版社出版。李先生译笔优美,内容有趣,当时还未成年、以幼稚的狂热爱着郁达夫的我,如何为该书所吸引,是现在成年的我难以形

容的。少年时代的我至为敏感自卑，唯有偶尔涂抹文章发泄，很喜欢现代文学，心下以为，再没有比郁达夫其文其人更同自己相似的了。日后，经历各种辗转，自己也到日本留学，也在各种巧合下成了"日本人的翻译"，更是不免喟叹。

2015 年，我浏览日本的网上书店，无意中见到铃木先生出版的新书，十分惊讶。在我臆想中，他该是早已去世的人，不想尚健在。登时按捺不住，从关西飞去关东同他会面。此后有空也常去探他。他已是耄耋之年，耳背、鳏居，但说起郁达夫的话题仍神采飞扬。从专职研究的工作岗位退休多年，他不再做郁达夫研究，我也并非专业搞文学研究，因此二人说起郁达夫便随意轻松，如同我们共同的挚友一般，对郁达夫之爱促进了我们的交情。铃木先生曾为调查郁达夫之死多次下南洋，对郁达夫生活过的苏门答腊很是怀念，我也一定要看看郁达夫的殉难之地，便说有机会同去。但我因自己的所谓研究总在各地飞来飞去，一直未能成行。2019 年夏天，给铃木先生打电话问候却无人接听，连续几天未能联系上。正焦急之时收到他回信，告知因前庭系统问题，晨起摔倒被急救车拉到了医院。出院后也很难恢复。印尼自然是去不成，身体状况也令人担忧。于是，我决定尽快飞去印尼，将当地照片拍了给他看。他把自己当年调查的照片和手绘地图寄来给我做参考，我便匆匆出发了。关于印尼的经历将在书后的外一篇中讲述。

印尼访问结束，我用电子邮件给他发送了照片，然后直接去了自己的田野点做调查。等回到日本，再见铃木先生已经是 2021 年初了。他深感自己精力不足、生活自理困难，准备整理完手头的一项研究就搬去养老院。又提到《苏门答腊的郁达夫》这本书,他一直对中文译本有遗憾,日文原书中的照片没有用在中文版中,加之后来他对该书又有所补充,想要查漏补缺,但同原出版社的合作早已在 20 年前结束。他嘱我帮忙重译,并将出版等后续一切事宜全权委托于我。对我这个非文学研究人员来说,出版文学相关的译著算不上"成果",译书费时费力又无甚收益,买资料还要倒贴。学界有人对铃木先生的研究高调质疑甚至谴责过,怕不是这"骂名"又要转来我身上?想来种种,这重译的事简直是个烫手山芋。不过,突然受托之时,自己却是不假思索地应承下来了,我觉得自己和这本书有缘。于私,我依然如少年时代一般感到和郁达夫有着冥冥之中的联系,想再度追溯他的失踪之谜;我亦很爱铃木先生,想替这位倔强固执的老爷子完成心愿,把他用最好年华调查来的结果尽量真实完整地呈现给读者;于公,我相信铃木先生对郁达夫失踪所做的结论,该书无疑是研究郁达夫海外经历的经典之作。我相信书中的照片、资料和各种注释,能给喜爱郁达夫、研究郁达夫的诸位提供一些参考。这些在新加坡、印尼和日本等地拍到的资料照片本身已成为一种历史,这次的首度公开也自有其价值。

受人之托,忠人之事。我受了铃木先生的委托,便去寻出版社商议。可巧当时我一向敬爱的良师益友王勇教授为我的另一本译著引荐了上海交通大学出版社的李阳女士。我便暂放下那本书,而同李女士商议起这本书的事来。爽快的李女士很快便做了积极的反馈。我又代表铃木先生同日本原出版社的东方书店和最初出版中译本的远东出版社进行了联系确认。这种交涉也真是为难,好在顺利解决。其实我个人颇为怀念20世纪90年代的图书市场，商业气息不浓，版权尚不是问题，文学社科书的译介和出版似乎都是凭着一种热爱与责任感进行的。我庆幸自己在当时的单纯环境下读到了最初李先生的译著，也十分理解那时没有便利的网络搜索条件下的翻译工作多么不易。此次我之重译，毫无半点要超越原译著或与其攀比之意。虽从未有任何交流，但我对李先生一直深怀敬意。如果我的译本有些许进步，也是因为站在了巨人的肩膀之上。如今的自己，正和李先生当年翻译此作时同样年纪。我深深感到，正是因为几代中日文人都不曾忘却郁达夫，也不曾忘却日本法西斯发动的战争之罪恶与创伤，我们才能更好地审视过去，面向未来，珍重我们来之不易的和平与发展。

　　铃木先生对待研究极为认真，事无巨细都要标记整理，家中资料集上百个。他是一位很典型的研究人员，并不是文学家。至少在我看来，他的写作没有什么文学性，而是严谨地追查事实，因而有些枯燥。而且，他在写这本书之前，已经出版过《郁达夫研究资料目录》《郁达夫资料补篇》《郁达夫：悲剧性的时代作家》等书，对各种材料颇为清楚，在书中也突然顺手拈来提上一笔，这是很多学者都有的通病。但对于没读过前面这些资料的读者来说，就有些不友好，令人摸不着头脑。加之原文针对日本读者，有些事对日本人来说是常识，不用加以解释，对中国人来说却有解释的必要。我在翻译时，尽量避免翻译腔，将长句打散，以中文的语序排列，把容易混乱的地方加入译者注，同铃木先生商量后进行适当删减。全书作为一般读物，务求意思正确，通顺易读。

　　我每译完四章会对照李先生的原译文整理一次,将二人翻译差异较大的地方用颜色标注,全文打印后寄给铃木先生确认。同时,铃木先生找出当年使用资料的原文复印件,一并寄还给我。我再针对他的意见进行修改,并在引用的地方录入中文原文,原文的用词和现代汉语规则不同的地方也保留原样,只在影响理解的地方加入注释。最后再将修改的全文寄给铃木先生确认。铃木先生身体一直不好,但仍是检查得极仔细。两人这样来回各做了几次校对,进行了三百多处的订正补充,加入了七十余张照片资料。这些照片主要由我挑选,几乎都是日文原版中也没有使用、首次公开的照片。对于书中的提到的人和事,特别是其他学者进行质疑的地方,我自己做了一些确认和调查,也去访问了相关人员,对印尼当地的情况也做了补充。可以说有些越俎代庖,远超出了译者分内之事。毕竟我深感责任重大,望读者诸君能予以体谅。

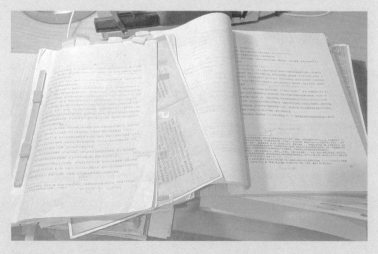

铃木先生和译者相互邮寄的校对稿,上有铃木先生的手书批注

注释虽多，有些内容的确很有趣，似乎颇对喜欢文人八卦的读者之胃口。我和铃木先生的见解也存在分歧之处，但毕竟译者是作者的传话筒，作者的意思为先。持保留意见的我也有额外加译者注的地方，谨请看作是顽固的作者与顽固的译者之友好交流。

关于"二战"时的日本和东南亚各国的关系、战后的残留军问题，没有相关背景知识的话阅读会稍有困难，在此略做补充。自战争开始，日本在东南亚无论是搜集情报、学术研究还是商业运作都可谓精耕细作，对现当代也有着深远影响。日本投降后，有很多在东南亚的原日本兵没有回国，而是留在当地。1974 年才在菲律宾投降的"最后一个日本兵"，小野田宽郎就是较出名的一个，我国媒体也转载过相关新闻。日本的研究认为，残留在各地的原日本兵有上万人。日本政府曾动用国库解决"残留军回国问题"，但依然有很多人并未回去。印尼是残留军人数极多的国家，特别是郁达夫曾生活过的苏门答腊，很多日本宪兵都在投降之初即逃离军队，四散在印尼各地。印尼残留军中有记录的最后去世者名叫小野盛，去世于 2014 年。日本国内对残留士兵的研究记录也不少。

综合日本国内的研究，以及我对相关人士的采访，对与战时的军人、投降后的残留士兵相关的问题大概可以归纳为两个：

1. 残留士兵不回日本的原因

残留理由有很多，主要有以下七种：① 害怕被军事审判。② 害怕当战犯给家人带来耻辱，影响家人的生活。③ 被印尼独立军绑架。战后印尼独立运动风起云涌，武装起义需要军人指导，因此绑架已经投降的日军。④ 被印尼独立军拿走了武器，害怕因丢失武器而被追责。⑤ 主动加入印尼独立军。印尼曾是荷兰殖民地，日军进驻时，训练印尼当地人为己所用，并许下诺言称一旦打败盟军，就让印尼实现独立。日本投降后，印尼人要求他们实现诺言，因此残留军转而加入印尼独立军。据称加入印尼独立军战死的原日本兵有两三千人。⑥ 信息网络不发达，从各种传言中听说日本被"新型炸弹"（即原子弹，"二战"时日本军方为了鼓舞士气，对士兵和百姓一律掩藏真相，把原子弹轻描淡写地描述为某种"新型炸弹"）炸平了。⑦ 和当地女性恋爱结婚，留在了当地。

2. 日本投降后，宪兵杀人的可能性

日军投降时局面非常混乱，士兵均接受不了战败的结局，处于极度疯狂失落的状态。在生死关头，每个人都想自保，对任何可能产生威胁的人都会动手。军队纪律涣散，大量士兵自杀、逃走，据说也有一些日本人自相残杀的事件。在极端情况下发生任何事情都是有可能的。

在寻访过程中，令我很有感触的是一句流传于原东南亚日本兵中的比喻："缅甸是地狱，苏门答腊是天堂。"铃木先生在本书中引用过这件话，我当时翻译时还一头雾水，后来听别的采访对象提到这句话时，突然有了一种真实之感。日军在缅甸战场遭受了盟军，特别是中国远征军的顽强抵抗。而在苏门答腊的日军几乎没经历什么战争，一直在当地过着舒坦日子。突如其来的战败令他们措手不及，溃败、混乱与癫狂也是可以想象的。

关于本书的具体内容，有三点加以补充说明：

第一，在这本书的写作过程中，铃木先生的长子因病猝死。先生经历丧子之痛、数次调查、多处辗转，书的写作时间较长，并非一气呵成，常有事后加注的情况。此次翻译又加入了一些最新情况，可算是翻译加新作。书中插入的图片也是笔者和译者共同选择的，为了便于今昔对比，插入了一部分译者拍摄的照片。另外，每章的标题也按照出版社的意思，统一调整为四字标题。日文原版书的封面是铃木先生的长子，曾就读于著名的武藏野美术大学的铃木健夫在去世之前为父亲设计的。此次重译版的封面为了致敬原版，也采取了相似的设计。

　　第二，全书不是按照清晰的时间顺序来写的，各章之间出于叙述的需要，有些时间重叠、引用文重复的情况，不好调整，还望读者海涵。主线为：战争爆发，郁达夫从新加坡逃出——在印尼的其他小岛避难——定居苏门答腊——在苏门答腊生活——生活中与日本宪兵和当地人发生交集——日本投降后失踪，各方反应——发现真相。

　　第三，用语翻译有一些较为难的地方。书中引用的中文原文对"盟军"的称呼是"联军"，日文也是"联军"，如果翻译日文而保留中文原文，就会出现"盟军""联军"混杂的情况，参考李先生的译本，为保持统一，本书一律使用"联军"的说法。另外，日文中口译叫"通译"，笔译叫"翻译"，严格来说，本书中提到的郁达夫在宪兵队所作的是口译，但其他中文资料记作"翻译"。译者的个人意见是，以当时的战争条件，不会严格区分口译笔译的工作，所以一律译为"翻译"。

　　最后，全部翻译和校对完成已是年底。我和铃木先生花了三个整天在他的书斋确认旧资料和旧照片。他给我讲了一件尘封的往事。当年,他通过调查得知下令杀死郁达夫的主犯,与对方约定在不公开姓名的情况下,让对方坦诚真相。他说:"当时,对方完全可以拒绝或者说谎,但他并没有,而是痛快承认了。因此我也要遵守诺言,从我的嘴里永远不会说出他的名字。"1985 年,《每日新闻》报道了铃木先生的调查。此后,与日本广播协会 NHK 常有合作的一位知名制作人以报道苏门答腊的郁达夫为由,采访铃木先生,并通过他的介绍,找到另一位曾经积极协助调查郁达夫的失踪真相、与谋害事件无关的原宪兵(本次新译本将首次公开其姓名),诱骗他说出了主犯的名字,并拍到了该人的照片。大喜过望的制作人在酒醉中将经过告诉了铃木先生。深感受骗的铃木先生愤怒之下将其告上了法庭,并立即联系两位原宪兵道歉。后来通过法庭调解,NHK 最终公开的节目中完全删去了当事人的个人信息。铃木先生信守了自己的诺言,同时也拒绝把自己的名字列入节目。出不出名事小,守不守信事大。我很赞赏他的这种态度。曾接受他访谈调查的原宪兵们和他一直保持通信,对他信守承诺、代表他们在中国的讨论会上为战争罪行道歉和反省表示感谢和敬意。他给我展示过那些厚厚的来信,他和主犯最后一次见面是 2005 年 4 月 6 日,这些人现在都已经不在了。

铃木先生写作这本书的初衷即是为郁达夫的殉难留下一份真实的记录。对于铃木先生的研究乃至其人格,有人提出过激烈批评与攻击。我认为,在学术领域内,质疑永远不是坏事,但编造与臆想绝对是有害的。虽然文化差异客观存在,纵使人心思想各有偏颇，学术研究总该有把尺来衡量分寸标准。学者不是法官，让学术的事归学术，审判的事归审判，各尽其责，社会才能良好运转。从一介翻译的立场，我不认为自己有资格辩护或指责，只是将这本书重译的来龙去脉与我所听到的各种事实记下，提供资料，为诸位做参考。郁达夫烈士已经殉难 76 年，遗骨所在和牺牲真相都已被掩埋。我等唯有继承其遗志，为祖国之强大、世界之和平尽力。

译者

2021 年 12 月 29 日

前言

郁达夫这位中国作家,在日本也曾经很出名。在上海同他十分亲近的金子光晴①曾说,郁达夫极像日本人。郁达夫的作品以私小说②为多,容易让日本人感到亲切。因此,除了金子光晴,郁达夫在日本文学家中还有不少知己。

郁达夫,名文,字达夫,1896 年生于浙江富阳。长于风光明媚的富春江畔,他作品中流动的抒情色彩与这养育他的故土不无关系。

郁达夫是位早熟的才子。据说他 9 岁写诗,震惊四座。1913年,他同考察司法制度的长兄一起赴日。后进入为中国留学生设置的东京第一高等学校特设预科,又先后毕业于旧制第八高等学校③和东京大学经济学部。他在学生时代沉溺于日本和西欧的近代文学,和当时的作家新秀佐藤春夫交好并开始创作。1921 年,他与郭沫若等留学生伙伴结成文学团体创造社,同年出版了创作集《沉沦》,在中国引起了极大反响。其中收录的小说《沉沦》明显受了佐藤春夫《田园的忧郁》的影响。小说主人公是"支那人"留学

① 金子光晴:日本诗人。——译者注
② 日本大正时代(1912—1925 年)兴起的一种独特的小说形式,又称"自我小说",特点是直接暴露作者的自我。——译者注
③ 旧制第八等学校,简称为八高,在当时相当于大学预科。八高是现在的日本国立重点大学、名古屋大学的前身。名古屋大学校内立有郁达夫文学碑。——译者注

生,性之苦闷本应更加隐晦,但小说却对此进行了大胆的表现,给儒家道德根深蒂固的中国社会造成了极大冲击,批判声四起。不过,当时主张人道主义文学的北京大学教授周作人表示,事物应辩证来看,作为艺术作品的《沉沦》理应得到支持。由此,郁达夫的作品获得定评,其作家地位也得到了确认。

2006 年,郁达夫研究相关人士在名古屋大学的郁达夫
文学碑前合影(左四为郁达夫长孙郁峻峰,右二为笔者)

《沉沦》作为小说虽是郁达夫的青涩之作,但可称得上是中国现代文学中有着里程碑意义的作品。他的其他作品,包括展现了挣扎在社会底层、努力工作谋生的女工与青年之情谊的《春风沉醉的晚上》(1923 年)、《薄奠》(1924 年)等,从个人的苦闷拓宽到大时代中的生之苦闷,展现了广阔的社会图景,在青年知识分子中引起了巨大共鸣。郁达夫一时享有盛名,作为小说家可同鲁迅比肩。

1927 年,他出版了共七卷的个人全集,这在当时的中国还尚无先例。

郁达夫在学生时代就有结发妻子。但 1927 年,他陷入了对年轻的女性王映霞的炽烈爱情,进入了新的婚姻生活。他把这段恋爱经过写成赤裸裸的《日记九种》结集出版,震撼了青年们的心灵。

他至为推崇法国的浪漫主义文学先驱、《忏悔录》的作者卢梭,也有着某种自我暴露癖。比如,他对王映霞的反对置若罔闻,出版了《日记九种》;1939 年,他又认为王映霞不贞,而把自己认为的所谓始末写成诗词并加上注释发表在杂志上,致使二人在第二年离婚,这简直就是破灭型私小说家的典型做法。

郁达夫往往被认为具有自卑和自虐倾向,这也可以看作他名士气质的流露。说他生活放纵、颓废者有之;说他是本质的清教徒,真挚而纯粹者也有之。1927 年,他与同人不合,脱离了创造社。此后,在相当长时间内同鲁迅亲密协作,共同编辑杂志。据说,鲁迅曾说:"郁达夫的颓废是可以原谅的。"郁达夫这位作家,集知识分子的纤细心灵和不羁性格于一身,往往做出在别人看来矛盾复杂,难以理解的怪异行为。

太平洋战争爆发时,郁达夫在新加坡从事华文报纸的编辑工作。新加坡沦陷后,他便音信全无。因此产生了很多流言。及至战后,和他一起在苏门答腊避难的文化人带回了他的消息——郁达夫逃难至苏门答腊,改名换姓隐居在当地。然而,他精通日语的事为日本宪兵所知,被迫招用为宪兵队的翻译,在抗战胜利后失踪,必然是日本宪兵为了保守秘密而将他杀害了。

笔者从学生时代起就喜爱郁达夫的作品,对他的失踪也十分关心。对日本理解很深、爱日本,也为日本人所喜爱的郁达夫,竟然横死在日本人手上，真是令人难以相信，也不想相信。

大约 25 年前，由于某个契机，笔者开始调查他在苏门答腊时期的生活。随着工作的展开，意外掌握了郁达夫失踪的真相。至今流传的郁达夫死因说根据不足。事实上，作为日本宪兵的翻译，郁达夫被秘密杀死于赤道下的荒蛮之地。但是，罪犯们都逃跑或失踪了，因此谁也不知道他的遗体埋在哪里。

郁达夫曾经的盟友郭沫若，尽情施展了自己作为文学家、学者和政治家的天赋，在中华人民共和国成立后，历任各种要职，以 85 岁高龄寿终正寝。同他相比，郁达夫之死真是十足的悲剧。

听说郁达夫可能是被日本人杀死的。他从前的日本朋友们都大为震惊，悲愤不已。

金子光晴说："我感到愤懑无比，无法入睡"，"郁君是正直的男儿，完全没有理由杀死他"，"郁君被杀的瞬间，日本兵那龇牙咧嘴、凶相毕露的残虐表情似乎浮现在我面前，我自己的血都冷了"。(《郁达夫之其他》)

研究中国文学的学者目加田诚说："郁君看上去有点柔弱，他总是考虑着对方的心情说话，有时还会故意插科打诨，活跃气氛。谁都喜欢他"，"在杭州见到的那个待人极好，有点大大咧咧的他，最后竟然是这种下场。一想到这些，我就觉得脊背发凉"。(《由秋至冬》)

本书根据笔者二十余年的调查，对郁达夫从新加坡到苏门答腊的避难行程、潜伏生活和失踪真相进行说明。特别是关于他失踪一事，有各种不实的流言和抱有某种意图捏造的说法。笔者十分希望留下较为正确的记录。

在新加坡和他一起避难的文化人大多分散而居，了解郁达夫

金子光晴关于郁达夫的文章（笔者保存的剪报）

避难生活细节的人不多。笔者尽可能多地采访了日本的相关人员，将日本这边的资料加以努力发掘。希望对中国方面尚未掌握的资料、有误的信息加以补充和订正，尽量公平正确地加以记录。

　　本书的另一个目的是考察中国知识分子在日军占领下的土地上如何处身。作为比较，笔者还特别留意了同样对日本文化理解深刻的周作人。对给《沉沦》做出积极评价的周作人，郁达夫一直抱有感激之情。周作人在日本侵华时留在沦陷的北京，进而采取了与日本合作的姿态。一个公开姿态，一个隐匿其身，两人在相似的环境下做法却不同。对比周作人，也可以看出郁达夫的处身之道。

最后，作为一个日本人，一个郁达夫的忠实读者，笔者怀着深望慰藉他亡魂的心情写了这本书。

序 章　战争伊始

1941 年 12 月 8 日，东京时间凌晨 2 点，日本陆军第 25 军佗美支队，在马来半岛的英属哥打峇鲁①强行登陆。这次登陆比偷袭珍珠港早了约 1 个小时，可以说是太平洋战争的真正开始。2 小时后，日军相继在泰国的宋卡府和北大年府登陆，开始向国境南下。

另一方面，在同日天色未明之时，从法属印度支那的土龙木机场起飞的三个编队，合计 34 架日军飞机，轰炸了久攻不下、被誉为远东第一要塞的英属新加坡。轰炸范围包括新加坡的街市与实力达、登加两个机场。这是新加坡自 1819 年开埠以来首次经历战火。两天后，为阻止日军登陆，英国远东舰队两艘主力舰——战列舰"威尔士亲王号"与战列巡洋舰"反击号"出击，却于马来半岛东岸的关丹被日军轰炸机击沉。由此，马来海域的制空权基本被日军收入囊中。

如此这般，整个马来亚海域便暴露在日军之猛烈攻击下。扼制英国的亚洲基地，攫取南方的资源是当时日军的主要目的。

此刻，于 1938 年 12 月 28 日踏上新加坡土地的郁达夫，在当地的生活正要迈入第四个年头。

他之所以远离故土居于南洋，皆因受聘于当地的华文报纸《星洲日报》做编辑。接受该工作，去这个靠近赤道的国家上任，为他日后之横死播下了种子。那么，他缘何选择了新加坡的生活呢？

---

① 哥打峇鲁(Kota Bharu)，现译作"哥达巴鲁"，位于马来西亚东海岸北部，是马来西亚吉兰丹州首府，北面与泰国接壤。——译者注

1938 年，郁达夫入职《星洲日报》工作的新闻报道（笔者摄自微缩胶片）

郁达夫初到新加坡时入住的宾馆（笔者 1988 年摄于新加坡）

七七事变发生时，郁达夫在福州担任福建省政府参议，兼任福建省政府公报室主任。七七事变后，郁达夫在福州、国民党军事委员会所在地武汉和抗日前线倾力参与抗日活动。自1936年2月到福州上任后，他就同留守杭州家中的妻子处于被迫分居状态。这种生活助长了他和妻子王映霞之间的嫌隙。郁达夫认为，王映霞与他的知己、浙江省政府教育局局长许绍棣有染。王映霞则予以否认。抗日战争开始后，二人之间的此种矛盾还被日本驻南京特派员写成新闻①，在日本报道。尽管闹至如此，二人好歹还是在郭沫若等一干友人的调停下达成了和解。

郁达夫从福建省省政府寄给井伏鳟二的信

在日军的进攻下，中国主要城市相继被占领，文学家与知识分子们的生活受到了限制。是向国民党控制的非占领区，即大后方转移；还是进入共产党领导下的解放区；又或是像周作人一样，抱着被日本人利用的想法留在日占区？面前还有一条路，那就是出国。若去海外求生存，那么新加坡便是最合宜之选。据说当时在东南亚住着800万中国人。现在的中华人民共和国在政策上不承

---

① 《靡烂的爱欲——郁达夫的"与妻告白"》，《读卖新闻》1938年8月24日第一夕刊。

日本《读卖新闻》的报道(笔者摄自微缩胶片)

认双重国籍,因此他们中的许多人成为战后独立国家的公民。但在当时,除一小部分持有宗主国国籍的人之外,大都为居住于异邦的华侨。他们,特别是第一代华侨,与他们的祖国中国有着极为紧密和牢固的联系。

在新加坡的大约 80 万人口中，华侨占了四分之三。孙中山曾把新加坡当作革命运动的根据地展开活动，当地人对其也十分支持。在 800 万南洋华侨、300 万马来亚①华侨中，新加坡的华侨最为团结与活跃，也给周边的华侨社会带去了极大影响。因此，在抗日战争爆发之后，新加坡华侨对祖国的支援活动也最令人瞩目。

战火烧至上海的第三天，1937 年 8 月 15 日，"马来亚新加坡华侨筹赈祖国伤兵难民大会委员会"成立，陈嘉庚为主席。陈嘉庚是一位经营橡胶园的富商，同时大力投身于文化事业。之后，南洋各地类似的组织也陆续诞生。10 月 10 日，"南洋华侨筹赈祖国难民总会"（简称南侨总会）成立，陈嘉庚就任主席，总部设于新加坡。不过当时，至少在马来亚地区，并不是所有的华侨组织都能无所忌惮地为了祖国展开抗日救援活动。在"马来亚新加坡华侨筹赈祖国伤兵难民大会委员会"成立的 8 月 15 日之前，新加坡总督考虑到自己的祖国英国同日本之间的关系，向陈嘉庚转达了下列约定：

（1）严守作为中立国的规定，不可筹赈以购置武器弹药。

（2）不可抵制日本商品。

（3）资金须统一单次转账，不可另设其他金融机关。

（4）资金转向国内何处，应由总督指定。

即使在这样的限制之下，抗日运动依然以各种形式开展着，包括以募捐为目的的话剧义演、文艺活动和义卖，秘密抵制日货，向

---

① 英属马来亚（British Malaya）是大英帝国殖民地之一，包含海峡殖民地（1826 年成立）、马来联邦（1895 年成立）及五个马来属邦。"二战"后，先后改组成马来亚联邦及马来亚联合邦，直至 1957 年独立。——译者注

祖国提供医药品和服装，归国从军，派遣救护人员、工程师、慰问团，在日企的人罢工或辞职，购入国民党政府发行的公债，等等。①

正是在如此环境、如此时局之下，郁达夫接受了邀请。对困于家庭失和的他来说，到海外面向华侨去做抗日宣传，不啻为去开辟一个新天地。而且，就算留在国内继续开展抗日活动，他本人也说过，或许无法和国民党的干部保持一致。②

还有一种观点认为，是下述理由促使了郁达夫的南洋之行。在新加坡的华侨中，大部分人的祖籍都在福建，极为关心先祖故土。针对他们进行有关福建的政治宣传，似乎是当时福建省政府主席陈仪托付给郁达夫的任务。③ 这也是很有可能的。

如此这般，郁达夫只带着他和王映霞所生的三个孩子之中的长子（另外两个年幼的孩子托付给了国内的熟人）去了新加坡。

他在《星洲日报》的工作是编辑早报的文艺副刊（文艺栏）《晨星》与晚报的副刊《繁星》。另外，据说他在新加坡生活期间，还参与了下列编辑业务。

《星洲日报》星期刊《文艺》编辑

《繁华日报》编辑

《星槟日报》星期刊《文艺》编辑

《星洲日报》创立十周年纪念《星洲十年》编辑

《星洲日报》半月刊《星洲》"文艺栏"编辑

---

① 此处关于南洋华侨抗日活动的叙述参考了《战前新马华人救亡活动》，收录于许云樵原编，蔡史君编修：《新马华人抗日史料（1937—1945）》，新加坡文史出版私人有限公司，1984 年 10 月。另外，据收录在该书中的《南洋华侨筹赈成绩概况表》，1939—1941 年，马来亚地区平均每个月提供大约中国国民政府法币 420 万的援助金。

② 郁达夫：《嘉陵江上传书》，载《星洲日报·晨星》，1940 年 6 月 6 日。

③ 徐重庆：《郁达夫远走南洋的原因》，《香港文学》1987 年第 7 期。

《星洲日报》十
周年庆（笔者保
存的剪报）

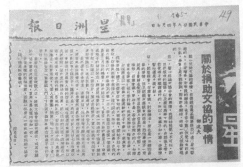

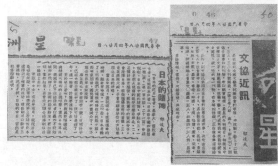

郁达夫在《星洲日报》发表的
文章（笔者摄自微缩胶片）

《星光画报》"文艺栏"编辑

《星洲日报》星期刊《教育》编辑

《星洲日报》社论代笔①

《大华周报》编辑

《华侨周报》(英国情报部发行)编辑②

(上述出版物因散佚未能尽数确认)

通过这些工作,郁达夫一边从事抗日宣传活动,一边大力开展文化启蒙活动。新加坡这块土地,经济上姑且不论,文化上还尚未得到足够的启蒙。在这样的环境中,郁达夫可谓新加坡开港以来定居在当地的最著名的中国作家和文化人。他在培养、支持当地文学青年上发挥的作用理应获得较高评价。在这一点上,有下列引言为证:

　　对于青年,他还是很热心的愿意接近,在星加坡似乎从来未曾听见过他拒绝接见青年人的事情发生。只要你愿意去看他,他总会跟你谈一些什么的。③

　　通过《晨星》副刊,他团结了一批当地的文艺青年、知识分子。对他们,他关怀备至。不但给他们看稿子、改稿子,甚至还在工作上、生活上支持他们。那时候,他在星嘉坡里峇峇路的家经常聚集了一批文艺青年,他常常在他们之间朗朗而谈,

---

① 作者推测,郁达夫撰写社论的期间为:1940 年 8 月 3 日—1940 年 10 月 25 日,30 篇;1941 年 8 月 6 日—1941 年 10 月 23 日,20 篇。均从主笔去职到继任上任为止。

② 上述编辑业务,参考王慷鼎、姚梦桐:《郁达夫南游作品总目初编》,载新加坡《人文与社会科学论文集》第 4 期,1984 年。

③ 黎渔:《郁达夫在星洲》,《文章》第 1 期,1946 年 1 月 15 日。

对他们写得较好的稿子赞赏不迭,青年们因而受到很大的鼓舞。[①]

　　郁达夫很喜欢接近文艺青年,他那时候的寓所在中峇鲁……对我们这些来访的搞文艺的年青人,非常欢迎,态度也极诚恳。对于年青的写作者,他更是奖励不遗余力。[②]

　　在新加坡,看上去维持着小康状态的郁达夫与王映霞的婚姻生活,在1940年3月以协议离婚的方式画上了句号。导致他们婚变的关键原因是,郁达夫于1939年3月在香港《大风》杂志上发表了《毁家诗纪》。他把二人的家庭争端始末写成旧体诗,甚至还加了注释。为什么会发表这样的东西?实在是很难揣测郁达夫的心理。好胜心强的王映霞随即在同一杂志上用长文加以反驳[③],二人之间的失和最终没能得到修复。

　　据说,和王映霞分别后的郁达夫,与知识女性、新加坡的英国情报部职员[④]李晓音(也有资料称李筱英、李小瑛)曾经一时十分亲密并同居。郁达夫能成为英国情报部发行的《华侨周报》的总编也是拜她所荐。声名显赫的文学家为什么去做英国政府的雇员?当时也引起了不少人的反感。

---

① 丘帆:《郁达夫在南洋的二三事》,《作品》1957年第9期。

② 苗秀:《马华文学史话》,新加坡,青年书局,1968年1月。

③ 王映霞:《一封长信的开始——谨读〈大风〉卅期以后的呼声》,载《大风》第34期,1939年4月15日。《请看事实——到星架坡的经过》,载《大风》第36期,1939年5月5日。

④ 此处的"情报部"一词,英文为Ministry of Information。一直以来中文都译成情报部,此处也继续沿用。近来新加坡有一种意见,认为情报部带有政治色彩,不是合适的翻译。另外,《华侨周报》是否有现物,笔者未加以考证。

大風旬刊 第三十四期 王映霞：一封長信的開始

一封長信的開始 王映霞

—謹讀大風卅期以後的呼聲—

一○八○

我還在敬佩着的浪漫文人：

想寫這篇文章的動機，不瞞你說，我是起了好久了。記得去年在武漢的時候，也曾和中央日報的誇滄波氏，及其他的幾個朋友，商量過，討論過，有許多喜歡看熱鬧的人，自然盼望我立刻寫成；但有些把人生價看作了像露珠一樣地遙遠的朋友，倒也熱心勸過我，勸我不必再去揭發別人的私德。

但是，我的個性是堅強的，並不像你一樣，在人前無話不說，暗處都要順圓黑白，誇張你自己的榮譽。用了你那三寸不爛之舌，到處宜設着你是怎麼受我，你的愛又是怎麼地偉大，而我又是怎樣的上了別人的當，被人玩弄了。這樣還嫌不足，更憑着你那巧妙的筆尖，選擇字典中最卑賤的字句，把它縣成了詩詞，再鑲成了千古不朽的洋洋大文，好使得一切的同情良憐們。都傾向于你。懷疑，怨恨，與羞辱的眼光，都射向到我身上來。這樣，你的目的達到了，你快活了，你成功了，你似乎已得着了與革命的成功一樣的榮耀，一樣的與世人有徒。

在拚命的，宜說你對我的感情是如何好，如何的堅持到底，總要說到與你的大文中相符合。你的這種手段，世人是永遠都不會明白的，然而事實卻很單純，你不過想把世界上所有的每一篇小說中的薄女人，那些又值得同情，又值得憐憫的男人，卻都是你自己。這，在武漢時的你的絕望，到南來，與南來後的你的變態，你的更需冀州，到冀州後的誘狂的南來，用七八次急電又催我到你的精神上的虐待，都在為你證明了，繁明了你的用心，你的在國內不敢胡言亂道的苦衷，你各處的悔過書寫得太多的原因。不過，你這樣淺薄的行為，試問對于你的大名大著，是有了什麼幇助沒有？

我呢，我又為什麼那樣的願意受你欺淩而不自覺？唯道又是我的犯了天大的罪惡了麼？實實在在，我提起，在為着這三個無辜的孩子，與想害錢十二年前我答應你結婚的時候的決心啊！為着不願把你的聲名狼藉，才勉費我來維持這一個家的殘局，總不惜處處委屈自己，克服自己，把你一切的觀點，都遷沒了下去，想使他沉入於遺忘的海底，這些都是我屢次想為而終於沒有把牠寫成的主因。

可是好人難做，而你又是一個欺善怕惡，滅下那裏會有不散的筵席，不僅的惡夢呢！得到最後，到了真正必忍受不下去的時候，自給我也願不了許多，要把你的惡，把你那一顆毒殺了人友的良心，詳詳細細地，一方面已在口頭上，文字上，辱罵與攻擊我；而另方面又德，一把你那一顆毒殺了人友的狠心，詳詳細細地，至於世人論罪我恨我，我又還能願得了麼？

　　太平洋战争爆发后的新加坡，华侨之间结成了各种各样的抗日组织。[①] 其中作为文化人代表的郁达夫担任了"文化界战时工作团"理事、团长，"战时青年干部训练班"[②]大队长，"抗敌动员委员会"文化界执行委员等，同时还被邀请担任各种集会的主席，作为文化界的中心人物显得十分活跃。"文化界战时工作团"同国内一样展开了歌曲、戏剧和演讲等生动的街头宣传活动。

　　攻下了马来半岛的日军，势如破竹，在各地均压制住了英军。翌年 2 月 1 日，日军占领了隔着柔佛海峡与新加坡相对的新山市，开始准备进攻新加坡。当日，陆军航空部队在对新加坡进行的第 56 次攻击中，将军事设施作为标的。从那一刻起，可以说，新加坡已处于日军包围之下。

　　按照日本向南进军的计划，迟早会攻占新加坡。这一点原本即在预料之中。1940 年 8 月 17 日，被认为是郁达夫撰写的《星洲日报》社论《敌寇南进的积极步骤》中也提到了该观点。下文引用了某书中记载的，开战之前，12 月 5 日，郁达夫在报界人士宴席上

---

① 1941 年 12 月 30 日成立的"星洲华侨抗敌动员委员会"是活动的中心。该会下设总务、劳工服务、保卫团、民众武装和宣传部，成员是各党各派以及无党派人士的大联合。主席为陈嘉庚。到翌年 2 月 1 日，民众武装部门招募了 1 000 人的"星华义勇军"。在本书后文中还将提到劳工服务部主任林谋盛，他在新加坡沦陷前逃出回国，又于 1943 年 11 月乘潜水艇在马来半岛登陆，开展抗日活动，被日军逮捕。1944 年 6 月 29 日在狱中去世。

② 战时青年干部训练班的目的是，在短时期内培养青年政治工作骨干，以在民众武装部队开展政治工作。1942 年 1 月上旬开讲，分两批募集了一百名左右的学生，在学习政治知识的同时开展军事训练。关于他们的情况可参见南洋华侨筹赈祖国难民总会编印：《大战与南侨——马来亚之部》，新南洋出版社，1947 年 1 月。

的发言。① 该宴会是新加坡华文报纸《星洲日报》的社长林霭民和《总汇报》的社长胡蛟举办的。英国方面的远东情报部部长司各特也出席了宴席。司各特在宴席中称，大战在本周中爆发是有可能的。随后，郁达夫说了这样的话。胡迈记道：

> 干杯之后，郁达夫发言的大意是，日本若不是在经济上到了万不得已，是不会轻易开战的。若不是现在的英美两国传递给日本一种战争意识，令其积极备战的话，日本绝不会因自己的喜好而开战的。他带着醉意，从他向我们频频劝酒的姿势中，我也感到了他"今朝有酒今朝醉"的心情。或许他也是为了掩盖心中的某种恐惧而一直故作愉快地说话，但杯子却不经意间从他手中滑落了。每个人都毫不在意地继续痛饮，但在我心中，过了不几日战争便会爆发的预感却十分强烈。所以，宴会后，我很快便私下将这种预感告诉了他，想听听他怎么说。他便率直地回答我："关于这一点，我就借用孟子的话来回答'一则以喜，一则以惧'②。喜的是日军南进减轻了对中国的压力，惧的是英国当局对开战既无决心亦无准备。"

---

① 胡迈著，井田启胜译：《华侨新生记》，新纪元社，1944 年 1 月。著者胡迈在日军占领新加坡之前是华文报纸《总汇报》的总编，新加坡被占领后任《昭南日报》总编。他在《昭南日报》社长佐山忠雄的建议下写了此书，在日本直接用日文出版。据说书名是佐山忠雄所取，此后在上海的夕刊上转载了重译版。（这些信息是作者直接从佐山忠雄那里获得的。另外，佐山死于 1994 年 11 月 15 日。）胡迈与郁达夫十分亲近，如后文所记，1944 年，他还与隐匿在苏门答腊的郁达夫作诗互酬。

② "一则以喜，一则以惧"的原典出自《论语·里仁篇》。当时是郁达夫口误还是胡迈的笔误不得而知。——译者注

胡迈原书(译者所藏书影)

胡迈接下去写道:"不过想来,持有这种想法的并非郁达夫一人,大多数的华侨都是这样想的。"战火烧到南洋,对这些祖国正遭受着侵略的华侨们来说,也怀有些许期待的心情。他们这种复杂的心情可以借此窥见一斑。

由于开战并非全无预期,所以华侨们很快开始着手准备。12月13日的《星洲日报》上登载了郁达夫领衔、74人联名于12日发表的《星华文艺工作者为保卫马来亚告侨胞书》。

笔者撰写此事时,在新加坡的图书馆中能公开阅览到的太平洋战争前的华文报纸,日期截止于1941年9月末。此日期之后出版的,就笔者所见,中国的北京图书馆和重庆图书馆还存有不完全的1941年12月份的报纸。这份《星华文艺工作者为保卫马来亚告侨胞书》是至今可见的、郁达夫生前为公开出版物所写的最后的文章。

《星华文艺工作者为保卫马来亚告侨胞书》(笔者摄自微缩胶片)

直到那时,他在《星洲日报》等报纸上刊发的号召抗战的文章都是意图明确,始终颇为乐观的。或许也正因如此,他的预测往往落空。不过,这份告侨胞书中的论调是华侨们共通的。下面引一段原文,以示当时华侨们对战争的见解。

谁忘掉了在这四年多来,日本法西斯在我们祖国干下的血债。万千姐妹们在日本法西斯的枪托下被奸淫,甚至被杀戮。多少父老兄弟在日本法西斯的刺刀下惨痛牺牲。我们的恬静的农村,繁华的都市在日本法西斯的统治下变成了人间的魔窟。

谁忘记了这些血债。谁又再忍看这些惨祸今日在马来亚重演。

　　侨胞们,我们忍心看今天在我们周围欢笑着的姐妹,在明天变成被日兽奸死了的死尸吗。我们愿意让我们今天居住着的安适的房屋,在明天在日本飞机的轰炸下变成废墟吗。我们难道可以只顾自己个人逃难让日本法西斯把它加在祖国同胞身上的命运,拿来加在我们身上吗。一千万个不。我们要活,我们要保卫我们的生命,我们要保卫我们的兄弟姐妹,要保卫我们的房宅财产,我们要保卫马来亚!

　　(中略)

　　亲爱的侨胞们,战争号角已响。胜利曙光在望。让我们毅然抛弃了胆小、苟安逃避、畏缩的心胆,昂起头颅,挺直胸膛,英勇地冒着敌人的炮火前进吧。

在写这篇文章的当时,不止郁达夫,华侨中的绝大多数人都绝对没想到,新加坡在开战2个月后就濒临沦陷危机。华侨们自发组织了义勇军和守卫军等组织,积极地帮助英军守卫马来亚。但当形势变得不利后,华侨文化人的态度也很快发生变化。

在开战数月前南下、担任南侨师范学校教员并进行创作活动,后担任中华人民共和国驻印度尼西亚首任大使的王任叔是一位纯粹的共产党员。他对当时的事情有着下列记述:

　　在激烈的斗争展开之中,群众往往向斗争的中心集中,而文化人则往往易于从斗争中心退开,如果他有可以退开的路。文化人的自由主义往往成为分散力量的动力。这现象在星洲抗战斗争中,可以找到例子。

在那种局势中，只有作为文化界战时工作团团长的郁达夫与众不同。王任叔这样感叹道：

> 最初，一哄而来的人，非常之多，之后，一哄而散的人，也非常之多。于是，办事处里常常会找不到一个办事的人。但不论怎么，在每天一定的时间里，你如果有事去找文工团团长，那一定可以找到他。那就是达夫。在直笃爱伊亚路宽大的爱同小学校里，有时静寂得如深山古刹似的。达夫孤单地一个守在那里。他有老僧似的忍耐力，他并不因此而感到孤寂。他自然不是一个具有领导能力的领袖，但他总爱尽他能尽的一份责任。即此负责精神，已使热情的青年们对他有一种崭新的看法了。①

下面，对王任叔的这段话加以说明：

郁达夫到了南洋之后，随即发表了名为《几个问题》的文章。针对这篇文章，以《星洲日报》副刊《晨星》和反对派陈嘉庚创刊的华文报纸《南洋商报》的文艺副刊《狮声》为舞台，郁达夫与陈嘉庚派展开了激烈的辩论。《几个问题》原本是针对南洋文学青年提出的相关文学问题进行的解答。但是，郁达夫给部分青年留下了一种他是从本国逃避而来的颓废文人之印象，从而遭到了密集的非难。论战结束之后，这种印象也没能抹去。另外，他在新加坡居住期间和当地很多名人交往。他编辑的《星洲日报》副刊《繁星》中，以此类交往为情节的应酬旧体诗甚至画赞和墓志铭也屡见不鲜。

---

① 王任叔：《记郁达夫》（上），载《人世间》第 2 卷第 1 期，1947 年 10 月。

他还曾为某富翁的喜事专门作诗庆贺，也因此被讽刺为"帮闲"。

《南洋商报》副刊《狮声》的编辑张楚琨的回忆则与王任叔的风格不同，也更有激情：

> 在这战火纷飞的日子里，我和郁达夫天天见面。一起开会，一起对群众演讲，一起慰问星华抗日义勇军。这位发表《毁家诗纪》的诗人团长，不是挂名，而是真干，热情洋溢地负起领导责任来。
>
> （中略）
>
> 晚上熬夜编三个副刊的郁达夫，白天眼里挂着红丝，用沙哑的声音，对青训班做朝会讲话（他兼青训班大队长）。敌人轰炸加剧了，第二期青训班一百多人不得不分为四个中队。（中略）他在轰炸中从一个地方到另一个地方，从不畏缩。他那瘦弱的躯体爆发着火一般的生命力，我仿佛看到一个在为希腊自由而战的拜伦。①

这场战争之后，人们眼中的郁达夫已经完全变成另一个人。

在居住方面，郁达夫在长男和女仆的陪伴下，从市中心的住宅街搬到了没什么人气的地方，化名租了一个阁楼住下，并贮备食粮做长期战斗的准备。

英国殖民当局判断日军很快就会对新加坡进行实打实的攻

---

① 张楚琨：《忆流亡中的郁达夫》，收录于陈子善、王自立编：《回忆郁达夫》，湖南文艺出版社，1986年12月。原载《文化史料丛刊》第六辑，1983年6月。

击,于是,在 1 月 28 日、29 日两天将白人居民疏散到 20 多艘汽船上,由 5 艘巡洋舰护送着离开了新加坡。亚裔居民则不在被保护之列。

　　华侨中也有人计划着尽快避难。合法避难需持有中国领事馆发行的护照与移民局的签字。但无论哪一样都很难得到。根据胡迈的回忆,华侨为了得到护照必须数日持续和领事馆的人员交涉,也不得不交点贿赂,领事馆的介绍信决定了他们能否得到移民局的签字。可是,华侨抗敌动员委员会的人每天聚在一起,和陈嘉庚共同指责总领事高凌百是贪官污吏,他们想要获得护照便是难上加难。

　　郁达夫那里,只有长男郁飞得到了避难的机会。1 月 30 日,由一位回重庆的女性熟人带着,乘上了开战后出港的第三艘居民避难船。这艘船原本计划经由苏门答腊和爪哇之间的巽他海峡,向着苏门答腊以北的缅甸仰光行驶;但出港后很快发现危险,遂驶向了印度的马德拉斯①。最终,平安回国的郁飞带着父亲的名片找到了时任重庆国民政府行政院秘书长的陈仪。陈仪感念旧友情谊,依照郁达夫的嘱托把郁飞抚养成人。②

----

① 马德拉斯(Chennai),现译作"金奈",位于印度东南部科罗曼德海岸,印度第四大城市。——译者注

② 陈仪(1883—1950),绍兴人,日本陆军士官学校(第 21 期)和日本陆军大学校(第 31 期)毕业。是浙江军阀之一。与同乡鲁迅自留学时代起便十分亲密。任福建省政府主席时,聘用郁达夫作为参议。1947 年,陈仪在台湾担任行政长官时,在二二八事件中对民众进行了弹压。关于郁飞逃出新加坡并由陈仪养育的事情,郁飞在其撰写的《杂忆父亲郁达夫在星洲的三年》一文中有所记述,可参见《新文学史料》第五辑,1979 年 11 月。关于陈仪与鲁迅、郁达夫的关系,笔者曾撰写过文章《陈仪备忘录——与鲁迅、许寿裳和郁达夫之关系》,收入《横滨市立大学论丛》,人文科学系第 40 卷第 2 号,1989 年 3 月;另收入拙著《郁达夫——悲剧的时代作家》,研文出版,1994 年 7 月。

英军 30 日宣告撤退到马来半岛。炸毁了柔佛海峡的大堤，把新加坡半岛作为城池固守。不过，这是一种"见政府之举动，已知其无意死守新加坡"[1]的姿态。

在被留下的华侨中，有人开始做逃走的打算，有人开始准备成为日军占领后的"顺民"。

此前两年到达新加坡，担任华文报纸《南洋商报》总编的著名记者、世界语学者胡愈之，在《郁达夫的流亡和失踪》[2]中讲述了当时他们这些华侨知识分子的动向：

> 在这最紧张的几天中，华侨抗敌动员委员会主席陈嘉庚先生曾经向新加坡总督汤麦斯提出交涉，要求新加坡万一撤守时，应给予抗委会工作人员安全撤退的便利。可是汤麦斯总督答复不能负责。而同时据英政府方面所泄露，中国政府通过外交机关向英国交涉，也只要求英军保护中国领事馆人员及郑介民领导的军事代表团安全撤退，而对于华侨抗日领袖及民众的撤退问题，则一字不提。

据前述胡迈的书中记载，总领事高凌百、国民政府宣传部国际宣传处驻新加坡代表处的叶公超及其他领事人员在 2 月 11 日乘

---

[1] 陈嘉庚：《南侨回忆录》，福州集美校友会，1950 年 6 月。

[2] 这篇文章以《致全国文艺界协会的报告书》为题，刊登在上海发行的《民主》杂志的第48、49、50 期上（1946 年 9 月 14 日、20 日、28 日）。同年 9 月，香港的咫园书屋以单行本出版。一直被作为讲述郁达夫逃离新加坡流亡到失踪的始末之最可信赖的文献。复刊后的《星洲日报》在同年 8 月 31 日、9 月 5 日和 9 月 7 日也连载了此文。胡愈之(1896—1986)，浙江人，中华人民共和国成立后，历任《光明日报》总编、文化部副部长、全国人民代表大会常务委员会副委员长、全国政协副主席等职。

飞机逃到了爪哇。

被英国殖民当局和自己国家的领事馆同时抛弃，这些活跃在抗日前线、声名远扬的华侨文化人被逼到了绝境，不得不为自己去开辟一条生路。

2月3日，据信被日军视为抓捕最大目标的陈嘉庚雇了一条小艇，逃离了新加坡，经苏门答腊岛逃到爪哇岛，在岛内各处辗转，一直隐匿到日本投降。

第一章　亡命生涯

太平洋战争爆发之际，日本的一部分作家、画家、新闻记者依照《国民征用令》被征为日本陆军报道员。这一队人乘着"非洲丸"从香港海域向南航行，在船上听说了开战的消息，都极为震惊。当时，他们尚不知自己此行所去何方。[①]

一行人中的作家包括里村欣三、海音寺潮五郎、小栗虫太郎、中村地平、高见顺、丰田三郎、浜本浩、小田岳夫和井伏鳟二。

小田岳夫和井伏鳟二都认识郁达夫。[②] 和郁达夫有着相似作风的小田岳夫很早就把郁达夫的作品译介到日本。他在船中不时

---

① 《文艺年鉴》，桃蹊书房，1943 年 8 月。"作为军报道员而活跃的作家姓名"一栏中，"马来方面"有 13 人，"缅甸方面"有 9 人，"爪哇-婆罗洲方面"有 10 人，"菲律宾诸岛方面"有 9 人，"海军方面"有 12 人。关于这些被征用的文化人，樱本富雄在《文化人的"大东亚战争"——PK 部队之行》（青木书店，1993 年 7 月）中有详细记载。

② 郁达夫担任福建省政府参议时，大约在 1936 年 11 月，自东京帝国大学经济学部毕业回国后，时隔 14 年重返日本。中国称他是被请去做学术演讲，日本则称是为了政府采购日本的二手印刷机。但可以肯定的一点是，他当时力劝在市川逃命的郭沫若回国。可参见下列拙作：《郭沫若的归国与郁达夫》，《野草》第 32 号，1983 年 12 月；《郁达夫——悲剧的时代作家》，研文出版，1994 年 7 月。

那一次到日本后，郁达夫从米原发电报给当时还尚未谋面的小田岳夫，请他到东京站接自己。后来，小田岳夫叫上井伏鳟二造访了郁达夫住宿的茗溪会馆。井伏鳟二在《征用中的事》（《海》1977 年 10 月号、12 月号，《井伏鳟二自选集》第八卷，新潮社，1986 年 10 月）中记述了自己在沦陷后的新加坡寻找郁达夫的情况。关于小田岳夫与郁达夫的关系，还有井伏鳟二原话的记录可以参考。（伊藤虎丸、稻叶昭二、铃木正夫编：《郁达夫资料补篇》（下），东京大学东洋文化研究所附属东洋学文献中心，1974 年 7 月）年轻时的小田岳夫在郁达夫的故乡富阳附近的杭州日本领事馆做书记员。他不仅喜欢郁达夫的作品并将其翻译成日语，还写过一些关于郁达夫本人的文章，最后编为《郁达夫传——他的诗与爱与日本》（中央公论社，1975 年 3 月），并获得了当年的平林泰子奖。

小田岳夫《郁达夫传》
（译者所藏书影）

想起在新加坡的郁达夫。他想，日军占领新加坡以后，说不定能遇到郁达夫。他和井伏鳟二两个人还八卦起了郁达夫的事情。①

他们到了西贡之后才终于得知旅程的目的地。小田岳夫与高见顺、丰田三郎等人一起被分配去缅甸，井伏鳟二则和里村欣三、海音寺潮五郎等人去往马来。

日军第25军司令官、中将山下奉文在武吉知马②的福特汽车工厂里会见了马来英军总司令官阿瑟·珀西瓦尔③，要求英军必须接受无条件投降。1942年2月15日晚，新加坡沦陷。

根据井伏鳟二原话的记录，井伏鳟二在"2月15日，日军新加坡入城的翌日，作为征用员一马当先进入了新加坡，接收了一家名为'Strait Times'④的通讯社，发行了名为《昭南日报》的报纸"⑤。

---

① 小田岳夫：《漂泊的中国作家》一文，收录于《漂泊的中国作家》，现代书房，1965年2月。

② 武吉知马（Bukit Timah），位于新加坡主岛中心附近的一座丘陵，为新加坡最高点。——译者注

③ 阿瑟·珀西瓦尔（Arthur Ernest Percival），英国陆军中将，马来亚总司令。——译者注

④ Strait Times，《海峡时报》，新加坡历史十分悠久的英文报纸。——译者注

⑤ 《昭南日报》2月20日发行了第1号，只有2页，但上面并没有井伏鳟二的名字。第二天发行的有4页的第2号中，第4页下方在栏外的地方印有"Printed and Published by MR.MASUZI IBUSE at The Syonan Times"（由《昭南日报》井伏鳟二先生出版发行。——译者注）的字样。

《昭南日报》创刊号(笔者摄自微缩胶片)

当时,他听说郁达夫已于12月8日清晨乘飞机逃离了新加坡。

井伏鳟二是如何得知这个消息的呢？他记述道：

> 新加坡沦陷后,最先进入新加坡的是大场弥平(原陆军少
> 将、军事评论家)与改造社的社长山本实彦。山本实彦是肩负
> 着在南方建立出版社的任务而来的。他到了新加坡后,头一

句话就是"我是来给郁达夫保命的,他在哪呢?"①当即派遣通讯社的人去郁达夫家查看。来人报称,家门关闭,家中无人。据旁边的邻居说,他 12 月 8 日早晨乘当地的飞机躲到了苏门答腊。这样得知了他已逃走,至少大家算是安心了。②

山本实彦自己也记录了去往南方的事情。② 据他的记载,他恰巧于新加坡沦陷次日乘上飞机,从日本本土经台北、西贡,于 18 日到达新加坡,在 20 日晚上见到了井伏鳟二等人。总之,郁达夫不在沦陷后的新加坡,几天后,从他的日本人故交那里也证实了此事。

关于行踪不明的郁达夫有各种流言。除了说他逃到了苏门答腊,有人说去了爪哇,有人说逃到了重庆,还有人说他在沦陷前的爆炸中被炸死了。

中国国内得到关于郁达夫的较为可信的消息是三年半之后。日本投降后的第三个月,1945 年 10 月 3 日,重庆发行的《大公晚报》上登载了要旨如下的新闻。据胡愈之的《郁达夫的流亡和失踪》一文,这应该是 9 月 30 日晚回到新加坡的胡愈之,将郁达夫失踪的消息告知了中央社记者,并嘱其给国内发的电报。

　　　　新加坡新闻界和教育界人士一行十人平安返回新加坡。其中包括前《南洋商报》总编胡愈之、沈兹九、王任叔、姚宗翰

---

① 1936 年秋访日的郁达夫,曾由佐藤春夫陪同,参加了当时改造社策划的《大鲁迅全集》翻译碰头会。(佐藤春夫是编辑顾问之一)佐藤春夫陪伴郁达夫的原因是他知道郁达夫和鲁迅交好。后文将提到,郁达夫为这部全集用日语写了推荐文。碰头会结束后,社长山本实彦在赤坂的高级料亭款待了郁达夫,郭沫若也同席参加。
② 《巨步》,载《改造》,1942 年 5 月号。

等作家。郁达夫在苏门答腊中部隐姓埋名生活了三年，经营一家酒馆，但是在 8 月 29 日突然失踪。胡愈之讲述了其失踪之谜与前后之情况。据说，日本人自去年夏天便已探知郁达夫的真名，但没有立即逮捕。29 日晚，不知姓名的某人到访郁达夫家，将其带出。郁达夫失踪时，有一辆日本人开的车停在他家附近。郁达夫的朋友委托联军当局搜索他的去向，但回复说苏门答腊还在日本人手中，这样的搜查不能立即开展，云云。①

10 月 8 日，和郁达夫一同逃难的吴柳斯，在新加坡的报纸上分九回连载了长文《郁达夫先生的逃难及失踪》②。此后，类似报道在新加坡和中国国内的报纸上陆续出现。

此类消息开始出现的一年后，胡愈之的《郁达夫的流亡和失踪》一文问世。该文详述了郁达夫如何从逃离新加坡直到失踪，是同类文章中最值得信赖的一篇。胡愈之和郁达夫一起逃离新加坡，在一定时期居住于同一块土地，自然他撰写的报告书最为可信。不过，有着同样经历的人还有很多，不止他一位。这些人也以不同形式发表了对当时的记述。不过，他们并没有详细记录，而且每个人的记忆不同，仅凭个人回忆的讲述自然多少会有所出入。因此，为了正确了解郁达夫的流亡经过，有必要将他们的记述比较来看。

---

① 该报道的中文原文未找到。此处根据日文译出。——译者注

② 《星洲日报—总汇报》(联合版)10 月 8 日、9 日、12 日、16 日、19 日、20 日、22 日、23 日和 24 日。《星洲日报》与《总汇报》本来为姐妹报纸，在新加坡沦陷前停刊，后于抗战胜利后的 9 月 8 日复刊，最初一段时期发行联合版。

胡愈之 著

郁達夫 的 流亡 和 失踪

出版于 1949 年的《郁达夫的流亡和失踪》书影(笔者赠译者)

下文中,关于郁达夫流亡的事实,一般以胡愈之的《郁达夫的流亡和失踪》为主,辅以其他资料进行叙述。

陈嘉庚离开新加坡那天,华侨抗敌动员总会的一部分文化人召开了会议:既然英国没有死守新加坡的决心,留在这里白白牺牲就毫无意义。总之先撤退到苏门答腊,再作打算。华侨抗敌动员总会劳工服务部副主任刘武丹为大家找到了一条逃难用的长约4米、锈迹斑斑的小电船。

2月4日清晨①,文化人携家眷在大埠头登船,逃离了新加坡。男女老幼加在一起大约 28 人。② 此后,文化人的逃难便接连开始。

可以确定和郁达夫乘同一条船出逃的文化人有胡愈之、唐伯涛、邵宗汉、王任叔、雷德容、张楚琨、王纪元、汪金丁、郑楚云、

---

① 关于这个日期,胡愈之的《郁达夫的流亡和失踪》、张楚琨的《忆流亡中的郁达夫》、汪金丁的《郁达夫在南洋的经历》(均收录在《回忆郁达夫》中)里,都记为 2 月 4 日。但和他们三个人同一天乘船逃难的王任叔在《记郁达夫》中记为 2 月 6 日。而根据《从〈星洲日报〉看星洲五十年》(《星洲日报》1975 年 12 月初版、1980 年 1 月第二版)一文,《星洲日报》和《总汇报》共同发行到了郁达夫逃离后的 2 月 8 日。

② 关于人数,胡愈之和张楚琨记为 28 人,汪金丁记为 19 人,王任叔没有记载人数。洪锦棠的《逃难归来》[许云樵原编;蔡史君编修:《新马华人抗日史料(1937—1945)》]中记为 28 人,并列举了 15 个人名。洪锦棠是一位记者,据信与郁达夫乘同一条船逃离新加坡。

蔡高岗(后改名蔡馥生)、刘道南、高云览、陈仲达、李振殿和李铁民。

当时,他们是如何处理护照和签证的呢?胡愈之称,一部分文化人向中国领事馆申请办理回国护照。领事馆却称,奉中央的命令,不能发护照给某一类"文化人"。胡愈之与总领事高凌百交涉道:"是不是已经把我们的国籍开除?不然,断没有对一个中国人停发回国护照的理由。"不知道后来领事馆有没有去电向中央请示,但不久领事馆送来了回国的护照。尽管有了护照,去苏门答腊还得要荷兰领事馆的签证。但当时荷兰拒收妇女儿童以外的难民,所以在新加坡的荷兰领事馆拒绝了他们的签证申请。不过,众人决定在入境苏门答腊后再行交涉。

张楚琨这样描述逃亡时的郁达夫:

> 郁达夫来得很早,一手里拿着一只皮箱,一手拿着装日用杂物的手提包,大约夜不成寐,脸色苍白,眼里布满红丝,苦笑道:"又把万卷藏书丢了,这是第二次,第一次是杭州'风雨茅庐'的三万卷藏书!"[1]

胡愈之也提到郁达夫带着两只手提包。在提包中应该有后文将提到的,林语堂嘱郁达夫翻译的《瞬息京华》(*Moment in Peking*)。

尽管敌机在上空盘旋,郁达夫一行乘坐的避难船还是于当日

---

[1] "风雨茅庐"是郁达夫在 1936 年春建于杭州的家。日军占领时沦为马厩,郁达夫的藏书与鲁迅赠他的两封亲笔诗都由此散逸。现在风雨茅庐已经公开供市民参观。

夕阳时分抵达了荷属小岛丹戎巴来卡里汶①。当时岛上的荷兰官员们把他们的船当成日军登陆艇，开枪示威。误会澄清后，他们被允许上岸。不过他们中的大多数人都没有合法入境手续，因此被迫在岛上扣留了两天。《逃难归来》一文写道："吾人便磋商对外须取集团之行动。于是定名为星华逃难团，公举李振殿先生为正团长，胡愈之先生副之，郁达夫、张楚琨、李铁民及记者四人，负责外交，王纪元、邵宗汉、高云览等为财政，李友竹、白璧云、郑铭、高岗等为招待，其他各位团员所负责者，因当时无纪录，记不清楚。"②两天后，2 月 6 日的晚上，他们在石呌班让③入境。虽然胡愈之把石呌班让称为"小岛"，但此地和苏门答腊岛仅隔着一条狭长的海峡，面积有 1 450 平方公里，位于大小有两个半新加坡面积的直名丁宜岛④北侧，是把新加坡与苏门答腊连接起来的中转站。日据时期的苏门答腊宪兵队的分驻所也设在这里。先期到达的刘武丹一家与胡愈之的妻子沈兹九等人在这里等着他们。

　　根据张楚琨的《忆流亡中的郁达夫》记载，石呌班让是一个数千人口的小岛。数十家华侨商店，几家面粉加工厂和木材加工厂。

---

① 丹戎巴来卡里汶（Tanjungbalai Karimun——译者注）由新加坡划归为印尼（现为印尼卡里文岛的中心城镇——译者注），是去往石呌班让、望嘉丽和苏门答腊的杜迈（Dumai——译者注）的海上通道。现今也是华人较多的地方。

② 洪锦棠：《逃难归来》，收录于许云樵原编，蔡史君编修：《新马华人抗日史料（1937—1945）》，新加坡文史出版私人有限公司，1984 年 10 月。

③ 石呌班让（Selat Panjang），位于苏门答腊岛东海岸的小岛，毗邻马六甲海峡，后文也写作"实呌班让"。——译者注

④ 直名丁宜岛（Tebing Tinggi Island），根据《苏门答腊面积人口表》（南洋经济研究所，1943 年 4 月），1930 年人口普查推定直名丁宜岛的居民人口为 2 000 人。1992 年夏天，笔者到访此地，听当地人说，石呌班让的人口大约 13 万，其中华人有 7 万。

南洋女中①学生的家长也有好几家，他们对老师汪金丁、高云览、刘道南等表示热烈的欢迎。张楚琨在这里停留了半个月。除了文化人之外，到新加坡沦陷的 2 月 15 日之间，每天都有侨领、富商、教育界和新闻界人士，以及漏网没有当俘虏的英澳军人乘船来此避难。

当时在石叻班让担任小学校长、关照过郁达夫等避难人员的连啸鸥写过一本回忆录。② 根据他个人的叙述以及其他文献佐证，他曾经在《南洋商报》和《星洲日报》担任过短期编辑，和这些文化人素有交谊。他的回忆十分详细，诸事仿佛发生在昨日一般历历在目。但是和胡愈之的叙述有一些出入。另外，他的描写中有很多非亲历所不能知晓的内容，但事实上他并未在场，这让人有点困惑。所以难以把他的话全盘照收。总之，按照他的叙述，文化人们分两拨，分别入住江姓华侨官员（荷兰殖民政府授予他"甲必丹"的称号）③家中和空着的小学教师宿舍。

他的回忆十分详细，诸事仿佛发生在昨日一般。

胡愈之等人认为，即使新加坡守不住了，联军撤退到爪哇也还能坚持几个月。因此，他们中的 7 个人（王任叔的记载中是 6 个人）决定先出发，经苏门答腊岛去爪哇。如果在爪哇找到了船，说不定能回国。然而，岛上的荷兰官员无法满足他们去爪哇的要求，而是把他们送到了望嘉丽④。

---

① 新加坡南洋女子中学。——译者注
② 连啸鸥：《新加坡文化人流亡苏岛纪实——五十年文海旧录之一》，《南洋星洲联合早报》1984 年 11 月 14 日。
③ 甲必丹，Kapitein，荷兰语，意为领袖、"坡长"，并无实权。——译者注
④ 望嘉丽（Bengkalis Island），现译作望加丽，位于苏门答腊岛东面的马六甲海峡。——译者注

　　七人在 2 月 9 日抵达了望嘉丽。望嘉丽既是岛名也是市名。胡愈之记述的七人为郁达夫，胡愈之、沈兹九夫妇，邵宗汉、张绿漪夫妇，唐伯涛和王纪元。

　　这支先头小队中并未包括日后潜伏在苏门答腊、从事抗日地下活动和印尼研究、展现出卓越才能的王任叔。个中缘由据他自己在《记郁达夫》中的描述，是出于社会生活中的语言隔阂，以及在南洋的经历尚浅。他于 1941 年 7 月才到达新加坡，尚未熟练掌握当地语言，也没有什么熟人。不过除此之外，似乎还有个更大的原因，即他与避难的同伴之一雷德容陷入了恋爱。雷德容是他在新加坡南桥师范学校的同事。王任叔在石叻班让待了一个月之后，去了一个乘驳船需 4 小时，下船还得花几十分钟越过草地沼泽才能到达的偏僻之地。他在那里同雷德容以及稍晚抵达的杨骚一起种菜隐居。名义上雷德容是他的妻子，杨骚是他的妻兄。那一段时间，王任叔和雷德容是事实上的夫妻关系。①

　　望嘉丽的面积是 900 平方公里。《苏门答腊面积人口表》中提到，当地 1930 年的推定人口是 3 000 人。由于胡愈之提到在这里见过分州州长，由此可推断，此地的行政级别比石叻班让要高一级。②

---

① 王任叔本有妻儿。但妻子对下南洋感到为难，与两个孩子共同留在了香港。笔者曾写过关于王任叔在苏门答腊生活的小文《关于王任叔的戏曲"五祖庙"——与印度尼西亚之关联考》，《横滨市立大学论丛》（人文系列）第 43 卷第 1 号，1992 年 3 月。

② 1992 年夏天，笔者去调查的时候，听望嘉丽的人说，当地人口大约有 8 万人，其中华人有 3 万。石叻班让的栈桥是粗糙的木制桥；望嘉丽的栈桥则是混凝土浇制，很气派，在城中也有行政机关和医院等的建筑物。郁达夫等人避难的时候，苏门答腊由 10 个州组成，州的下面又设置分州。某天清晨，笔者到访望嘉丽一座位于旧华侨街附近、临近海岸的庙，听那里的老人们说郁达夫曾在这里避难的事。日据期间，苏门答腊的宪兵队分遣队（分队之下、分驻所之上）就在这里。

望嘉丽的庙(笔者摄于 1992 年)

　　郁达夫一行人在望嘉丽受到了当地商会吴姓会长的招待,得以住进华商俱乐部。他们求见了荷兰分州州长,想得到去爪哇的许可。分州州长向雅加达发去电报请求指示,说明了他们一行人的身份。他们每天都去分州州长那里打探消息,但一直毫无音信。到了第五天,荷兰官员告诉他们,回电指示,拒绝他们前往爪哇。荷兰政府原本严格限制华侨文化人入境,但当时中国与荷兰已经成为同盟国,郁达夫他们又是难民,荷兰政府依然没有给他们行动的自由。于是,他们只能滞留岛上。文化人之中,只有抗敌动员总会宣传部副部长唐伯涛一人在新加坡得到过荷兰领事发的签证,荷兰官员对他特别通融,让他可以继续前进。他一个人从苏门答腊内地转过面向印度洋的巴东,从那里的港口搭上了英国军舰,最后经印度回国。

剩下的六个人进退维谷，一直待到了 2 月 16 日。

有一位姓郑的人，当时在新加坡上中学，他曾不时向郁达夫编辑的《星洲日报·晨星》投稿，也去过郁达夫的家。他记述了在望嘉丽遇到郁达夫的情形。[①] 他由于战争失去了继续学习的机会，于 1 月 12 日返回老家望嘉丽。据他描述，当时的望嘉丽是荷兰政府下辖的县，有三四万人口，中国人和印度尼西亚人各占一半。他这样描写在岛上的郁达夫：

> 他们借寓在海岸街华商俱乐部楼上，距我家只有四五间房子。
>
> 他们被本地人看作外国佬或上海人，不甚受人注意，所以暂住此地倒也相安无事。何况荷印当局这时自顾不暇，虽然向来对知识分子严加监视也无可奈何。
>
> 郁师每天都要到俱乐部隔壁的商家去听广播。他精通几种外国语，所以收听的消息十分广泛，包括日本电台的日语广播。
>
> 郁师爱喝酒……且说当时先父兼营卖酒生意，我在战时失学后就充当起小伙计来了。郁师也常到我家来买酒。这样我就有许多机会跟他交谈了。他居此的日子不太久，几乎每天黄昏都来买酒，白兰地之外，他也喜欢五加皮酒和绍兴酒。……后来他见面就戏呼我为"小老板"。

---

① 郑远安：《郁达夫师在望嘉丽》，收录于《回忆郁达夫》。同一作者以柔密欧·郑的名字撰写了《郁达夫在望嘉丽》，载香港《当代文艺》第 80 期，1972 年 7 月。二者内容大致相同，只是《郁达夫师在望嘉丽》中简述了 1944 年在巴爷公务遇到避难的郁达夫之事。

但我常为他们的安全担心。敌人欲来的风声一天比一天紧,传闻日本的间谍也到各地活动。终于他们决定离开望加丽。离开的前一晚,郁师显得精神憔悴,来我家闲谈和辞行。言谈之间彼此都为此去生死未卜感到痛苦。他一时冲动,随手在我的拍纸簿上写了一首诗给我做纪念。

临行前他还殷殷地对我说:"郑小弟,要好好用功,不要放弃你爱好的文学,努力写作吧! 有时候,一支笔会比一把匕首更加犀利的,好好的利用它,祝你前途无量!"我们热烈地握手告别。①

和郁达夫一起在石叻班让避难过的李铁民②在战后第二年撰写的郁达夫殉难纪念文③中引用了郁达夫送给郑的五律,并自作一首诗相和。根据他的文章,这首诗并不是郁达夫为郑即兴创作的,而是刚刚逃出新加坡之时写的。日本占领时期,出于担心,郑的父亲烧掉了郁达夫手写的诗。因此,郑引用的诗是根据自己的回忆写的,同李铁民引用的诗略有不同。据笔者查询所见,《郁达夫文集》④第十卷《诗词》和《郁达夫全集》⑤第九卷《诗词》等引用这首诗之时,都沿用了李铁民的版本,因此这里介绍该版本。

---

① 郑远安:《郁达夫大师在望嘉丽》,收录于《回忆郁达夫》。
② 李铁民在避难前作为编辑、作家十分活跃。他编辑了《南洋商报》副刊,在相当长时间内担任过陈嘉庚的秘书。"二战"后他回到新加坡,成为胡愈之负责的《风下》周刊编辑。
③ 《西行之始——纪念亡友郁达夫死难两周年之作》,新加坡《南侨日报》,1947年8月29日。
④ 《郁达夫文集》全12卷,生活·读书·新知三联书店香港分店、(广州)花城出版社,1982年1月—1985年1月。
⑤ 《郁达夫全集》全12卷,浙江文艺出版社,1992年12月。

星洲既陷厄苏岛困孤舟中赋此见志①

伤乱倦行役，西来又一关。

偶传如梦令，低唱念家山。

海阔回潮缓，风微夕照殷。

愿随南雁②侣，从此赋刀环。

注释：

一关：或指没有获得签证的难关。

如梦令：词牌名。也指此时的情况如梦一般。

念家山：大曲（唐代的乐曲）名，此处指念故乡。

夕照殷：郑的记载为"夕照间"。

刀环：大刀前端的环。"环"与"还"同音，有归还之意。《汉书·李广苏建传》：被派往匈奴那里的立政等人，虽然见到了李陵，但没能私下谈话。立政一边注视着李陵，一边频频抚弄自己的刀环，同时握自己的脚，暗示李陵可以还乡。

2月15日，傍晚之后，隔着马六甲海峡都能听到的炮声似乎静寂了。到了深夜，听了从爪哇播出的联军广播，众人得知新加坡沦陷，英军司令官珀西瓦尔中将已经向日军投降。是

---

① 李铁民的记载中，这首诗并没有诗题。郑的版本诗题为"星洲既陷厄苏岛，困孤岛中，赋此见志"。诗的内容相同，只有"风微夕照殷"这句，郑的版本为"风微夕照间"。估计郁达夫的原诗并没有题，是后人加上去的。"苏岛"的"苏"指的是苏门答腊。

② 清代王士禛有"相逢南雁皆愁侣，好语西乌莫夜飞"的诗句，"南雁"指国亡无所依附的明朝遗民，因不能复国而忧伤。此处或许取此典故。——译者注

夜,无人安睡。新加坡沦陷了,那么敌军随时可能登陆一衣带水的望嘉丽。已经没有必要逗留在这个危险之地了。文化人无奈只得又去求见荷兰分州州长。分州州长自己正做着逃离的准备。他对胡愈之等人说:"现在你们的行动不再受限制了,你们随便去那里都可以。"一行人对分州州长的话感到极为愤慨。数日前,前往苏门答腊内陆的船还正常航行,但荷兰人不给他们自由。眼下所有的交通手段都被荷兰人扣留了,没办法走,也没地方去。

他们陷入了进退两难的境地。幸亏住在望嘉丽对岸保东的华侨陈仲培向他们伸出了援手。陈仲培经营电船公司,船来往于望嘉丽和保东之间。几天前,他来同胡愈之等人见面,说如果没有可去的地方,就先在他家里避难。胡愈之等人无处可去,便决定当天乘船前往保东村,看看情形再做打算。

据信,郁达夫曾在望嘉丽送给陈仲培一首七绝。[1](陈长培和陈仲培应该是同一个人。于听[2]也称,在福建南部的闽南语中,"长"和"仲"是发音接近的,所以应该是同一个人)

---

[1] 这首诗是笔者新发现的。在新加坡发行的杂志《南洋文摘》第 8 卷第 4 期(总第 88 期,1967 年 4 月 20 日)上,署名为"荣"的人以《郁达夫未发表的诗》为题刊登了 4 首诗。其中这首七绝与后文中提到的七律《乱离杂诗未发表之一首》在以往任何文集中从未出现。从《文摘》这样的杂志出发考虑,这些诗应该原本是发在报纸或者杂志上的,但原载何处不详。笔者把这两首诗以《郁达夫逸诗二首》为题,发表在《中国文艺研究会会报》第 60 号上(1986 年 7 月)但当时不慎将出处误写为《南洋文摘》第 4 卷第 8 期。1986 年 10 月 23 日,于听发表在《人民日报》上的文章《关于新见郁达夫流亡诗》中介绍了这两首诗,沿用了笔者的错误引用。此后浙江大学出版的《郁达夫全集》也一直延续了这个错误引用。于听认为,无论诗的内容、风格还是措辞,都很明显是郁达夫的流亡诗。

[2] 于听是郁达夫长子郁天民的笔名。——译者注

初抵望嘉丽赠陈长培

伶仃绝似文丞相，

荆棘长途此一行。

犹幸知交存海内，

望门投止感深情。

注释：

伶仃：孤独的样子，也写作伶丁。

文丞相：南宋抗元忠臣，宰相文天祥。他的《过零丁洋》一诗中有名句"零丁洋里叹零丁"。零丁洋在广东的珠江河口附近。文天祥被元兵抓住后曾路过此地。

知交：知己，朋友。

另有一首可以推定为当时写的七绝。[①]

题友人郑泗水半闲居

小桥流水郑玄居，洙泗遗风习未除。

难得半闲还治产，五湖大业比陶朱。

[①] 许乃炎在 1965 年 5 月 11 日的《星洲日报》上，以《郁达夫在苏门答腊岛巴东避难时，为友人郑泗水之半闲居所题绝句》为名引用了这首诗。具体该诗是如何传播的、郑泗水是何人，均不详。《郁达夫文集》和《郁达夫全集》均标注为 1942 年春所作，列于《乱离杂诗》之前。"巴东"是苏门答腊岛面向印度洋的港口城市，但根据此处的内容推测，应该指的是后文中提到的"保东"。

注释：

郑玄：后汉的经学大家。

洙泗：流经山东曲阜的泗水与其支流洙水。

五湖：指哪五湖众说纷纭。此处指地域辽阔。

陶朱：陶朱公的略称，指越王勾践的臣子范蠡。范蠡有商才，后成为富豪。因此后世称富甲天下者为陶朱公。

2月16日夕阳时分，一行六人抵达了保东村①。陈仲培一家极为殷切地招待了他们。他们借住在陈仲培的邻家。这是一个尚未开垦的小村，前面有小河流淌，十分幽静。村子里只有两三家华侨，其余都是印尼人。六个人在那里住了大约一个半月，开始学习印尼语。据沈兹九的说法②，大抵是跟一位印尼老人学印尼小学读本和其他书籍。郁达夫有语言天才，学得最快。也是从那时起，他在鼻下蓄起了胡须。

在《郁达夫的流亡和失踪》单行本的卷尾，有"郁达夫先生遗作"，题为《乱离杂诗》的11首七律。胡愈之为其写有简单的附记。

① 1992年笔者调查时，曾拿着写好的纸询问望嘉丽庙内的人们"保东"是哪里。得到的回答是，指对岸的Sepotong。后来笔者请其中一位35岁的华人男子做向导。他把笔者带到那边的一家杂货店，店主是华裔。据店主说，Sepotong写成汉字是"实保东"，也可以写成"保东"。此地前面紧挨着一条小河（很难称为小河，流速也很快），和胡愈之的记述一致。这位店主是20世纪60年代从望嘉丽移民到当地的，对"二战"前的事情不太清楚。但他认为以前这里的确住过华侨。另外，在望嘉丽的其他人也说起，经营有其他买卖的陈仲培是个有名望的人，说他的儿子在"二战"后的新加坡担任校长。

② 沈兹九：《流亡在赤道线上》，载胡愈之、沈兹九：《流亡在赤道线上》，生活·读书·新知三联书店，1985年12月。沈兹九的这篇文章原来连载于"二战"后立即创刊的新加坡杂志《风下》第42期（1946年9月7日）至第62期（1947年2月15日），笔者只确认了其中一部分。

据该附记称,郁达夫在保东村避难时,心绪纷乱,每日作首一诗以自遣,但最后仅存 11 首。《郁达夫全集》中对这组诗的脚注为"这组诗系胡愈之保存并带回国"。但是,是否为郁达夫亲笔所写不得而知。如果是郁达夫亲笔,应该有公开的照片。但似乎并没有这方面的信息。或许是带回了誊清的抄本。另外,《乱离杂诗》这个标题到底是郁达夫本人起的,还是胡愈之等其他人加上的也不明了。很有可能是后者。

　　郁达夫在苏门答腊期间写的东西留下来的很少①。下一章将顺次介绍这些被认为是创作于保东的诗。

----

① 这 11 首诗中已经有 2 首在前文中提及的吴柳斯的《郁达夫先生的避难及失踪(二)》(10 月 9 日)中揭载。另外,刊登在上海《周报》第 39 期(1946 年 23 日)的《乱离杂诗钞》中的 11 首里,囊括了余下的 9 首诗。

第二章　定居苏岛①

---

① 原书分为两章,分别介绍《乱离杂诗》与郁达夫定居巴爷公务的过程。原书针对日本读者,特别是不懂中文的读者,对郁达夫的诗进行了较多注释。由于中国读者可以阅读中文诗歌,在征得铃木先生的同意后,对两章内容进行了整合。在本书的结尾以附录形式附上铃木先生对本书中出现的全部郁达夫诗歌的解读。——译者注

乱 离 杂 诗

一

又见名城作战场,势危累卵溃南疆。

空梁王谢迷飞燕,海市楼台咒夕阳。

纵欲穷荒求玉杵,可能苦渴得琼浆。

石壕村与长生殿,一例钗分①惹恨长。

注释:

名城:此处指新加坡。

王谢迷飞燕:王、谢指晋代名士王导和谢安。唐代刘禹锡《乌衣巷》:"旧时王谢堂前燕,飞入寻常百姓家。""王谢燕"意指感叹世事之巨变。

海市楼台:海市蜃楼。

玉杵:唐代裴航科举落第,通过蓝桥驿时感觉口渴,得到了云英姑娘所赠甘美之水。裴航念其情,欲娶她为妻并赠玉杵。此句沿用这个故事,表达对李晓音的思念。李晓音作为英国当局的雇员,已经先一步逃到了爪哇,在当地担任联军的播音员。此后,又陆续去了印度、美国,战后返回新加坡。据说她先后居住在中国大陆、香港,然后移民澳大利亚。另据张楚琨的《忆流亡中的郁达

---

① 金钗是唐玄宗与杨贵妃的定情信物。白居易的《长恨歌》中有唐玄宗在杨贵妃死后,遣方士求仙捎来一半金钗的情节。——译者注

夫》，李晓音为了郁达夫能和英国人一起撤退，曾向英国当局交涉过。但郁达夫编辑的《华侨周报》只是一个临时附属出版物，他本人不在英国当局的人事序列，所以未能如愿。

石壕村与长生殿：石壕村是杜甫《石壕吏》一诗中的村名。描写了在石壕村中，"老翁""老妇"被抓去当兵的故事。长生殿是唐玄宗与杨贵妃山盟海誓、永结白头的地方。

钗分：古代男女分别之际，将发钗分开；各留一半以纪念。

二

望断天南尺素书，巴城消息近何如？
乱离鱼雁双藏影，道阻河梁再卜居。
镇日临流怀祖逖，中宵舞剑学专诸。
终期舸载夷光去，鬓影烟波共一庐。

注释：

天南：南方。也作"天涯"。

尺素：丝织物。古代用绢帛书写，尺素代指书信。

巴城：荷兰人命名为巴达维亚①，即现在的雅加达。

鱼雁：古代常用鱼雁比喻书信。

河梁：桥梁。

卜居：此处指寻找住处。

镇日：终日。

祖逖：东晋人在晋乱时北渡长江，在江中击楫，发誓不平定中

---

① 巴达维亚（Batavia），即雅加达，位于爪哇岛西北海岸，现印度尼西亚首都和最大城市。——译者注

原绝不生还。

中宵：夜晚。

专诸：春秋时期吴国人，受公子光之托刺杀吴王僚，自己也被侍卫所杀。

夷光：春秋时期越国美女西施，此处或暗指李晓音。

三

夜雨江村草木欣，端居无事又思君。

似闻岛上烽烟急，只恐城门玉石焚。

誓记钗环当日语，香余绣被隔年熏。

蓬山咫尺南溟路，哀乐都因一水分。

注释：

端居：平常生活。

岛上：暗指李晓音所在的爪哇岛。

钗环：女性用装饰物。此处或暗指李晓音。

蓬山：蓬莱仙山。

南溟：南边的大海。此处指南方之地。

四①

避地真同小隐居，江村景色画难如。

两川明镜蒸春梦，一棹烟波识老渔。

---

① 这首七律同第一章注，也是笔者再发现的。《郁达夫全集》中将这首诗插入胡愈之的《郁达夫的流亡和失踪》（单行本）中的《乱离杂诗十一首》，编为第四首，成为《乱离杂诗十二首》。这里遵从此编排作第四首。

今日岂知明日事，老年反读少年书。

闲来蛮语从新学，娵隅清池记鲤鱼。

注释：

　　两川：笔者1992年夏天实地调查的时候，从望嘉丽坐船到对岸的苏门答腊的双溪槟榔①村，然后打了个摩的②到了应该是郁达夫避难地的地方。前面也提到，那里面向一条河；中途也乘渡船渡过了一条类似的大约宽二三十米的河。两川应该指的就是这两条河。

　　蛮语：此处应指印尼语。

　　娵隅：古代西南少数民族对鱼的称谓。

　　鲤鱼：即鱼雁传书的"鱼"，指书信。

河边渡船(笔者摄于1992年)

---

① 双溪槟榔村，sungaipakning。——译者注
② 摩的，载人的摩托车，俗称"摩的"(dī)。——译者注

五

谣诼纷纭语迭新,南荒末劫事疑真。

从知邝上终儿戏,坐使咸阳失要津。

月正圆时伤破镜,雨淋铃夜忆归秦。

兼旬别似三秋隔,频掷金钱卜远人。

注释:

谣诼:流言蜚语,造谣诽谤。

纷纭:多而杂乱。

南荒:南方的荒蛮之地。

末劫:末日。

邝上:地名。又作灞上,若从灞上,则指现长安以东的白鹿原,项羽曾在此驻军。

咸阳:此处意为重镇,指马来亚首都新加坡。

破镜:典出南朝陈代徐德言夫妇破镜重圆的故事,指夫妇离别。

雨淋铃夜:典出唐玄宗在安史之乱时逃至蜀地,在斜谷中连日淋雨,栈道上闻铃声而思念杨贵妃,作曲《雨淋铃》。又作"雨霖铃"。

兼旬:两旬,20天。

掷金钱卜远人:掷硬币占卜。远人或指李晓音。

六

久客愁看燕子飞,呢喃语软泄春机。

明知世乱天难问,终觉离多会渐稀。

简札浮沉殷羡使,泪痕斑驳谢庄衣。

解忧纵有兰陵酒,浅醉何由梦洛妃。

注释：

呢喃：燕鸣声。

简札浮沉殷羡使：简札即书信。典出《世说新语》中南朝陈代殷羡的故事。殷羡赴豫章担任太守时，很多人托他带信，有百余封。途中他将这些信都抛于水中说："沉者自沉，浮者自浮，殷洪乔不能作致书邮。"

谢庄衣：谢庄是南朝宋人。《宋书》记："花雪降殿庭。时右卫将军谢庄下殿，雪集衣，还白，上以为瑞。于是公卿并作花雪诗。"谢庄诗文秀丽，描写爱情的《月赋》享有盛名。

兰陵酒：山东兰陵是名酒产地。

洛妃：洛水女神。传伏羲之女，因坠河身亡而化为水神。此处或暗指李晓音。

七

却喜长空播玉音，灵犀一点此传心。

凤凰浪迹成凡鸟，精卫临渊是怨禽。

满地月明思故国，穷途袭敝感黄金。

茫茫大难愁来日，剩把微情付苦吟。

注释：

玉音：指李晓音的声音。前述引胡愈之的《乱离杂诗》："达夫有女友，于新加坡陷前，撤退至爪哇，任联军广播电台播音员。达夫在保东村，隔二三日必赴附近市镇，听吧城①广播。故有'却喜

---

① 吧城，即巴城，巴达维亚。——译者注

长空播玉音'之句。"

灵犀一点此传心：古代以犀为灵兽。角中有白纹，如同线一般连着两端。在李商隐的七律《无题》中有"身无彩凤双飞翼，心有灵犀一点通"之句。此处即指心有灵犀。

精卫：神鸟名。传炎帝之女溺毙于东海，化为精卫，衔木石以填东海。

满地月明思故国：典出李白《静夜思》："床前明月光，疑是地上霜。低头望明月，举头思故乡。"表达怀乡之情。

裘敝：皮衣穿破了。即衣衫破烂状。

八

犹记高楼诀别词，叮咛别后少相思。

酒能损肺休多饮，事决临机莫过迟。

漫学东方耽戏谑，好呼南八是男儿。

此情可待成追忆，愁绝萧郎鬓渐丝。

注释：

东方：指西汉文学家，被称为"滑稽之雄"的东方朔。

南八是男儿：南八指唐代南霁云，在家中排行第八而得名。安史之乱时，南八被敌军捉住，一同被俘的张巡对其说："南八！男儿死耳，不可为不义屈。"

萧郎：泛指女子所喜欢的男子。

上述八首诗除了第四首，或许都为思念李晓音而作。郁达夫在保东时，胡愈之是这样记述的：

在保东的时候，我们对战局还抱乐观。我们以为联军撤退到爪哇之后，可能增援反攻，至少在爪哇支持数月是不成问题的。所以我们打算找一条安全的路，走到爪哇，再搭船渡印度洋回国。不然在爪哇帮助当地华侨做些抗敌工作也好。因此我们托人到处打听，有什么方法可以找到船去爪哇。可是到了三月九日，我们这最后的一线希望也断绝了。那天晚上，我们从收音机所到爪哇荷印总督向日军投降的消息。爪哇既已沦陷，我们再没有走到安全地带的路了。在这时候，保东村附近一带风声紧急，日军早晚要来接管附近小岛。我们六个外来的人住在陈仲培先生家中，对他很不方便。我们不能不做长期隐蔽的打算。商量了几天之后，决定把我们六个人分成两批，找两处冷僻地方改换姓名职业，隐匿下来。过了几天，达夫和纪元①两人第一批出发找到了一个地方，离保东村十许里远一个海边的小村，名作彭鹤岭②。

离开保东时郁达夫赠予陈仲培的两首诗也收入《乱离杂诗十一首》中。

---

① 王纪元，1910 年生，浙江义乌人。在沪江大学学习，1936 年入日本明治大学，翌年在香港从事报道工作。1940 年任国际新闻社驻重庆办事处主任。是年，同胡愈之一起应《南洋商报》邀请赴新加坡。在苏门答腊避难后，潜伏于爪哇。战后在新加坡创办《生活报》，兼任社长与总编。1951 年回到中国，历任中国新闻社副社长、中国全国归国华侨联合会副主席、全国政协委员等职。在《我与三联》(《生活·读书·新知三联书店成立三十周年纪念集》，生活·读书·新知三联书店香港分店，1978 年 12 月)一文中，提到在避难中与郁达夫短暂的接触。文中讲述他和郁达夫直到巴爷公务都是一同行动的，和胡愈之的记叙不同。胡愈之等人的记述似乎更合理。

② 笔者 1992 年夏天的调查未能弄清彭鹤岭的位置，其印尼语拼写也不清楚。2006 年，跟随中国的拍摄团队再去调查，请懂印尼语的人再去打听的时候，当地人说彭鹤岭这个地方已经没有人住了。

九

多谢陈蕃扫榻迎，欲留无计又西征。

偶攀红豆来南国，为访云英上玉京。

细雨蒲帆游子泪，春风杨柳故园情。

河山两戒重光日，约取金门海上盟①。

注释：

多谢陈蕃扫榻迎：陈蕃是东汉人。相传他只为意气相投者设榻，该人离去之后即把榻悬起。此处指陈仲培。根据胡愈之的记载，这首诗与下一首都是郁达夫赠予陈仲培的。

红豆：小豆科蔓生植物，又称相思子。此处或喻指李晓音。王维《相思》："红豆生南国，春来发几枝。愿君多采撷，此物最相思。"

为访云英上玉京：云英出典与第一首诗中的"玉杵"相同。此处或暗指李晓音。玉京是道教传说中天帝居住的地方，裴航与云英婚后入玉峰洞成仙。

两戒：国家疆域的南北界限，即全域。此处指中国。

重光：日月之光重叠，光复（收复国土）之意。

十

飘零琴剑下巴东，未必蓬山有路通。

乱世桃源非乐土，炎荒草泽尽英雄。

牵情儿女风前烛，草檄书生梦里功。

---

① 郁达夫去新加坡时，并未从福建省政府卸任。序章中也提到，他或肩负着福建省政府主席陈仪的嘱托，向福建出身较多的南洋华侨做福建的政治宣传。陈仲培即福建金门出身，此处言及"金门之海"也有别样深意。

便欲扬帆从此去，长天渺渺一征鸿。

注释：

琴剑：琴与剑，与书剑一样，是文人、学者的随行品。表示士人游历也有"书剑飘零"一说。

巴东：在苏门答腊北侧的保东之反向，面向印度洋的港口城市，据说郁达夫等人曾想过从这里逃往印度。另外，杜甫晚年所住的夔州一带也叫巴东，此处同时用了这个典故。杜甫《寄柏学士林居》"乱代飘零余到此"。

桃源：此处指保东。

炎荒：南方的荒蛮之地。

草泽：荒野的沼泽。

英雄：指一同逃难而来的人们。

征鸿：飞得很远的鸿（雁的一种）。

在彭鹤岭，有一位叫作寇文成①的热心华侨帮助郁达夫与王纪元开了一家小杂货店。郁达夫化名赵德清，做店主；王纪元化名汪国材，做伙计。那是一个只有数十户人的小村庄，被原始森林包围着，物价十分低廉。郁王二人从剩下的数百元逃难金拿出一部分买了米贮存，做长期逃难生活的准备。

据胡愈之说，下一首诗是郁达夫作于彭鹤岭的。

---

① 根据杨嘉的记述，寇文成是内蒙古旗人的后裔，当小学老师的同时经营着一家商店。参见《红珊瑚——郁达夫的最后岁月》(《羊城晚报》1981 年 8 月 29 日)杨嘉是避难到苏门答腊的人，在当地曾受郁达夫帮助而成婚。曾在新加坡担任中学教师并从事文艺活动，战后在新加坡从事报纸杂志的编辑活动，后回国任暨南大学教师。

十一

千里驰驱自觉痴，苦无灵药慰相思。

归来海角求凰日，却似隆中抱膝时。

一死何难仇未复，百身可赎我奚辞？

会当立马扶桑顶，扫穴犁庭再誓师。

注释：

求凰：司马相如初见卓文君时作《琴歌》，"凤兮凤兮归故乡，遨游四海求其凰"。

隆中抱膝时：隆中为地名。诸葛亮出仕前在此地的茅屋隐居，抱膝吟诗。

百身可赎：百身即百人。《诗经·秦风·黄鸟》"如何赎兮，人百其身"。

扶桑：日本。

扫穴犁庭：犁庭扫穴，清王夫之《宋论·高宗》："即不能犁庭扫穴，以靖中原，亦何至日瞰月削，以迄于亡哉？"指彻底摧毁敌方。

郁达夫与王纪元转移到彭鹤岭的几天后，胡愈之和沈兹九、邵宗汉与张绿漪两对夫妇搬到了巴东的沿海森林砍伐工场之中。那里也是陈仲培经营的工场，除了六七个伐木工人之外没有人迹。全岛遍布原始森林，是个最安全的避难之地。赶上顺潮，乘小船两个小时就能到达对岸的彭鹤岭。但为避免招致不必要的麻烦，两边不怎么来往。不过，周边的避难者之间也会互通有无。当时从新加坡来此地避难的人已有上百人，主要是侨领、富商和教育界新闻界人士等。大家都是自新加坡开战后，因不愿意效忠日本而出逃的。原本岛上的当地华侨并不多,多出如此大规模的难民,不免闹得沸沸扬扬。如此一来,很容易就被昭南岛(日军在新加坡沦陷两日后的 2 月 17 日将其更名为昭南岛)的宪兵队发现,避难的文化人们也就没法安心住下了。1942 年 4 月,昭南岛政府派遣在战后担任《南洋商报》社长的李玉荣等两人去石叻班让,"邀请"侨领返回昭南岛。在他们列出的邀请名单中,有十数位福建籍侨领,名列第一的即陈嘉庚。

早已隐蔽在苏门答腊的陈嘉庚还好,其他一些人的藏身之处就陆续被发现了。其中四人——李振殿、刘武丹等被送回昭南岛。刘武丹后来说,他们一到昭南岛就被拘禁在中央警察署,受到宪兵的刑审毒打,吃了 40 天苦,最后在伪华侨协会的担保下得到释放。①

从昭南岛往石叻班让派遣要员的当口,胡愈之等文化界避难者二十余人召开了一次紧急会议。当时的一致意见是:一开始被邀请的虽是有钱的侨领,但只要他们报告了这附近藏有文化界人士,这里就不安全了。特别是胡愈之和郁达夫领导了新加坡文化界的抗日活动,是很为敌人注目的。他们必须离开这里。如果二人还住在这的话,其他人说不定也会跟着遭殃。

接下来去哪里,有意见认为可以买一条驳船去印度。但是众人

---

① 筱崎护:《新加坡占领密录》,原书房,1976 年 8 月。"逃亡华侨指的是新加坡沦陷前逃走的大华银行总经理黄庆昌和重庆捐款负责人李振殿。他们被当地卡里汶岛和苏门答腊的水上宪兵逮捕,押送到了昭南,交给了军政宪兵。中央警察署把关押他们的地方变成了可怕的拷问所。"李振殿是中华总商会理事,释放后成为昭南市华侨协会理事。筱崎护战前在新加坡日本总领馆工作,1940 年 9 月被英国当局囚禁,英军向日军投降后获释,接受日军警备司令部委托从事活动,对于占领后的新加坡情况十分熟悉。

心中无底,还是决定继续潜入岛的深部。从岛上经夏克河(Sungai Siak)上溯到北干巴鲁①,然后往苏门答腊以西去,那里没有熟人,敌人应该也不会追过去。

会议的结果由胡愈之传达给在彭鹤岭的郁达夫和王纪元。郁达夫一开始非常踌躇。他是浙江人,不会福建话,马来语(印尼语)也只是学了个开头。苏门答腊西海岸大部分都是出生在当地的华侨,不会说国语(中华人民共和国成立以前的标准话)。冒着危险过去了还是有很多困难。但是,昭南岛会继续派人过来搜查的流言愈演愈烈,陈仲培也劝他们说逃走是好办法。所以就这样决定了。

六个人分两路去往北干巴鲁。郁达夫和王纪元是第一批,剩下四个人为第二批。陈仲培帮忙雇船。胡愈之一行中有女眷,所以在离北干巴鲁二十余公里的末旦森林砍伐工场待了一阵,等着第一批人平安到达的消息再前进。他们又改了名字,扮作商人。这样到了苏门答腊内陆后,就不会有人知道他们的真名。那时,郁达夫化名为赵廉②,胡愈之化名为金子仙。

———————————

① 北干巴鲁(Pekanbaru),位于苏门答腊岛东海岸中段,印度尼西亚廖内省首府、重要港口城市。后文也写作"卜干峇鲁"等。——译者注

② 胡浪曼(即序章中提到的胡迈。胡迈是本名)大略讲述了赵廉这个名字的由来。《缅怀郁达夫先生(下)》,新加坡《联合早报》1986年1月26日。"其取赵姓,当非赵为百家姓之首之故,而是含有完璧归赵之期望。不但他个人,以至失陷江山,都在盼望归赵中。所以在余哀挽郁先生诗中,即有一句'白璧最难全乱世',意即欲暗喻此姓赵也。至于名廉,则怀有廉颇未老,壮心未已,尚堪充任战斗之意。而余哀挽郁先生诗中,亦有一句'裹革无由白马迎',即叹息郁先生未能战死沙场,未免违其本旨。"总之来源于作为赵王使者赴秦,完璧归赵的蔺相如,和烈士暮年仍愿为赵效力,壮心不已的廉颇。

王欣荣:《大众情人传——多视角下的巴人》,上海社会科学院出版社,1990年2月。王说:"王任叔在琢磨这赵廉一词的出典,似乎来自京剧《法门寺》。"称赵廉之名源于京剧《法门寺》的老生,县令赵廉。赵廉审判草率,宦官刘瑾命其再审,最终得知真凶。

北干巴鲁的码头附近的夏克河(笔者摄于 1988 年 3 月)

　　郁达夫和王纪元出发后,王纪元中途生病,在一个小镇待了一段。两周后才追上去。郁达夫孤身一人,同不认识的商人乘小船先赶路了。胡愈之一行在末旦待了一个半月,收到王纪元的信后,雇船前往北干巴鲁。他们在北干巴鲁待了 5 天后乘巴士去巴爷公务①。到达巴爷公务已经是 1942 年 6 月 2 日了。郁达夫比他们早到一个半月,即 1942 年 4 月中旬。

　　沈兹九《流亡在赤道线上》中这样描写了当时的北干巴鲁(她记作"北干峇汝",现廖内省 Riau 的省厅所在地):②

---

① 巴爷公务(Payakumbuh),现译作"帕亚孔布",印度尼西亚西苏门答腊省城市,位于武吉丁宜西北部。后文也写作"巴耶公务""巴雅公务""八鸭公务"等。

② 郁达夫从彭鹤岭到巴爷公务花了很多天。可能是日军占领后,乘船没有想象的那么方便。1992 年夏,笔者沿着反方向乘船。从北干巴鲁乘船到石叻班让,沿夏克河而下。当时,傍晚 5 点出发,正点于早上 5 点到达石叻班让。(转下页)

去巴爷公务，必经北干峇汝，这个苏岛大陆的门口，地方并不大，但华侨倒有二三千人，一到街市看见的都是中国人，简直是个小新加坡。据说这里有一个特点，华侨间没有帮派的分歧，比较团结。

郁达夫《乱离杂诗》的最后一首作于去往北干巴鲁途中，是口占（出口成诗）而成的。

十二

草木风声势未安，孤舟惶恐再经滩。
地名末旦埋踪易，楫指中流转道难。
天意似将颁大任，微躯何厌忍饥寒？
长歌正气重来读，我比前贤路已宽。

注释：

草木风声：草木皆兵，风声鹤唳。

惶恐再经滩：文天祥的《过零丁洋》中有"惶恐滩头说惶恐，零

（接上页）辻森民三：《宝库苏门答腊全貌》，立命馆出版部，1934 年 6 月。作者辻森民三在 1933 年旅行时，KPM 公司的千吨级汽轮每周一次，定期往返于北干巴鲁与新加坡。华侨运行的不足百吨级的汽船也同时每周往返一次。（根据其他资料，北干巴鲁和新加坡之间有 375 公里）北干巴鲁有开设于 1930 年的飞机场，连接棉兰与雅加达。另外，书中提到，北干巴鲁有经营药店的日本商人，附近有数十名日本人组成的北干巴鲁日本人会。日占时期，北干巴鲁作为廖内省的省厅所在地，有名为"菊丸"和"北干巴鲁丸"的两艘船每日交替往返于北干巴鲁和新加坡。北干巴鲁至已铺设的铁道终点慕阿拉有 220 公里，将要建一条直通巴东的铁路，以便开拓横贯苏门答腊的运输线路。本书后文中也将重点提及这一点。［慕阿拉（Muaro），现译作"穆阿拉"，距离北干巴鲁约 122 公里，有苏门答腊最大佛教寺庙群 Takus。——译者注］

丁洋里叹零丁”之句。惶恐滩位于江西。

末旦：如前述，距离巴爷公务 20 里左右，可以推测是巴爷公务前面的夏克河沿岸的城镇。王润华《中日人士所见郁达夫在苏门答腊的流亡生活》(《中西文学关系研究》,台湾东大图书有限公司,1978 年 2 月)中拼写作 Utan,但在各种苏门答腊的地图中都没能找到。笔者曾沿着夏克河顺流而下,停泊于一个小码头。或许末旦就是类似这样的一个地方。

天意似将颁大任：典出《孟子·告子下》:"故天将降大任人于斯人也,必先苦其心志,劳其筋骨,饿其体肤,空乏其身,行拂乱其所为。"

长歌正气：指文天祥为元兵所捕后,在狱中所作的《正气歌》。

这些诗表达了郁达夫因为战乱而不得不离开所爱的人那难以割舍的思念之情和抗日的坚定意志,充分体现了郁达夫的特色。

很多人推崇郁达夫的旧体诗,郭沫若曾这样说[①]:

> 读了这四百多首诗词,觉得我以前的看法还是正确的。达夫的诗词实在比他的小说或者散文还好。

对郁达夫的诗颇有研究的新加坡学者郑子瑜曾说:

> 《乱离杂诗》是达夫先生生平最佳的诗作,用典切当,笔调清新,文情并茂。从这些诗篇里,我们可以看到诗人丰富的想象力;更可以看出他在感伤凄楚之余,也有严肃,悲愤,慷慨之至。至各

---

① 《望远镜中看故人——序〈郁达夫诗词抄〉》,《光明日报》1962 年 8 月 4 日。周艾文、于听编:《郁达夫诗词抄》,浙江人民出版社,1981 年 1 月。

章所流露出来的家国之思,乡园之感,尤足以动人肺腑。①

另外,在去往北干巴鲁途中,郁达夫还作有一首诗。

去卜干峇鲁留赠陈金绍②

十年久作贾胡游,残夜蛮荒送梦秋。

若问樽前惆怅事,故乡猿鹤动人愁。

注释:

贾胡:夷狄商人。

蛮荒:南方的荒蛮之地,也作"南荒"。

猿鹤:又称"猿鹤沙虫",意指战死的兵士。据传周穆王南征时,全军的君子化作猿与鹤,小人化作沙与虫。

这首七绝也是向故人言志,表达其思乡与抗战之心绪。

到达巴爷公务时,郁达夫的计划是请求当地华侨的帮助,租间房子,做点小生意,过上隐姓埋名的日子。然而,到了之后,当地华侨认为他是日本间谍,没人接近他。本来他就是初来乍到,在当地

---

① 《郁达夫的南游诗》,新加坡《南洋学报》第12卷第1期,1956年6月。同著《诗论与诗纪》,香港中华书局,1978年4月。

② 这首诗在郑子瑜编的《郁达夫诗词集》(星洲世界书局,1954年第四版)中初次见到,收录经过不详。此后,收录该诗的书中有记为诗题《赠印尼画家张乙鸥》的,诗句也有所不同。张楚琨的《忆流亡中的郁达夫》中认为该诗作于彭鹤岭,陈金绍(胡愈之则记为寇文成)是当时帮助郁达夫和王纪元的人。张楚琨当时是一家三口避难,在石叻班让的闽南同乡家中逗留了半个多月,其间与郁达夫的接触比胡愈之等人少,因此认为胡愈之的判断更准确。

没有熟人，又被当地华侨疑心为间谍，因而举步维艰，找不到住的地方，工作就更不用提了。那么，他为何会被人当作日本间谍呢？

从北干巴鲁往巴爷公务去的路上，郁达夫乘的巴士从司机到乘客全是印尼人，中国人只有他一个。他一直担心东西被偷。（他身上带着逃难用的一大笔钱）他穿着蓝布棉衣，装扮成工人模样，还不会讲马来语（印尼语）。所以车里的印尼人没人把他放在眼里。途中，一辆日本军车迎面驶来，车里的军官人伸手拦向巴士，命令停车。车中的印尼人都不懂日语，不知道他在说些什么。他们以为日本人要占用这辆车，吓得要命，司机和乘客都跳车逃命。郁达夫听明白日本军官是在询问去北干巴鲁的方向，没有别的意思，于是用日语作答。日军刚刚占领此地，懂日语的人非常少。突然听到流畅的日语，这位军官非常高兴，也没有起疑心，就道了谢，向他举手敬了个礼，开车离去了。①

---

① 根据前章中提到过的连啸鸥的文章，《新加坡文化人流亡苏岛纪实——五十年文海旧录之二》（1984 年 12 月 15 日），这位军官是宪兵少将石原直。那时二人互报姓名，郁达夫说自己是赵廉。随后二人逐渐成为亲密朋友，据说郁达夫的身份就是通过石原直暴露的。因此，在郁达夫失踪之后，大家都认为石原直嫌疑最大。连啸鸥如同亲眼所见一般，绘声绘色地描写了二人的相遇，甚至添加了对话。（据他所述，为了彰显将官用车，车上插着红旗。但事实上将官的旗子是黄的，红的是佐官的旗子。）而且，当时日本陆军将官中并没有叫石原直的人。（《帝国陆军将军总览》，《历史与人物》第 17 卷 14 号特别增刊，1990 年 9 月）笔者询问了好几位曾在苏门答腊当宪兵的人，都没有听说过这么个人。而且从连啸鸥的文章中可见，他与郁达夫的相遇只限于石叻班让，日本投降时，连啸鸥在棉兰，他是如何知道这期间郁达夫的各种事情之经纬呢？实在令人想不通。日军陆军第 25 军的宪兵队队长是战后立即自杀的平野丰次，他于 1945 年 3 月晋升少将。根据原苏门答腊的宪兵回忆，1943 年 5 月，设在新加坡的陆军第 25 军司令部转移到苏门答腊的武吉丁宜，宪兵队总部也同时设在武吉丁宜，平野丰次即从新加坡至武吉丁宜上任。把各种事情放在一起考虑，只能认为连啸鸥的记述很荒唐。不过，桑逢康所著的郁达夫传记《感伤的行旅》（北岳文艺出版社，1989 年 4 月）基本全文沿用了连啸鸥发表在香港杂志（《华人》1985 年第 6 期）上的所谓"纪实"文章。

这场骚乱的结果使得车上的印尼人十分震惊。这个看起来像是工人的华侨不仅会说日语，日本军官还向他敬了个礼，他肯定是伪装的日本间谍。于是，巴士到达巴爷公务后，司机让郁达夫去投宿广东人经营的海天旅馆，然后找了个空子，偷偷地对旅馆的老板说了这件事。没有一两个钟头，在巴爷公务的华侨圈中，这个令人惊异的新闻就传开了。日本的大间谍到巴爷公务探查当地华侨动向来了。这个日本间谍装作中国人，化名赵廉，住在海天旅馆。于是，从郁达夫抵达巴爷公务开始，一到街上，中国人都躲他远远的。无论他去拜访华侨中有名望的人还是同乡，大家都对他敬而远之。郁达夫不明白为什么华侨们都对他这么冷淡，他没想到自己被误认为日本间谍，只道是此地的华侨缺乏同情心，不肯帮忙从外省而来的孤客。

这个误会在其他的逃难者们抵达巴爷公务，向当地有智识的侨领们解释之后终于得到了澄清。人们也得知了这个赵廉不是日本人，而是真真正正的中国人。同赵廉交往久了之后，大家都知道他是位德才兼备的中国人，以前对他抱有疑惧的人也渐渐和他成为亲密朋友。不过真正知道赵廉身份的人不过三四个。

前述郁达夫从北干巴鲁到巴爷公务途中发生的事，以及在巴爷公务住下的经过，基本参照了胡愈之的记述。

为什么郁达夫要住在巴爷公务，其他的逃难者们对此没有明确记录。不过既然胡愈之提到他的计划是请求华侨的帮助，租房子做小生意，隐姓埋名，可以认为这里被视为便于藏身之地。

关于这一点还有一些佐证。

郁达夫到达巴爷公务之初投宿的海天旅馆的老板,若干年后这样描述当时的郁达夫:①

> "郁达夫由实吵班让(Selatpanjang)到北干巴鲁(Pekanbaru),那里一位姓戴的朋友介绍他到巴耶公务来找我,"吴老先生用广东话说,"那一天下午五时,他身着黑色的水衫,打扮成苦力的模样,一个人到来。他用华语问我:是不是吴先生?他自称为赵廉,要找房间住。他也会讲日本话。在过北干桥时,交通阻塞,许多车子不能通过,日本宪兵便问:到北干巴鲁还有多少路程?当时没有人懂的日本话,只有他能回答。来到巴耶公务,大家都很怕他。我是开客栈的,什么人都收,因此,他就在我的客栈住下。"

笔者在1972年5月访问了巴爷公务。从一位来自汉口的刘姓老人那里听说②,郁达夫是拿着某人给刘的介绍信来到巴爷公务的。但当他知道赵廉就是郁达夫,已经是战争快要结束之前的事了。

---

① 林臻:《翡翠带上行(七)与郁达夫老友一夕谈》,新加坡《星洲日报》1977年6月2日。在这篇文章中,作者在巴爷公务与过去的海天旅馆老板吴允潭(当时66岁,旧名吴玉泉)见面,听他讲了关于郁达夫的事并做了记录。笔者也于1988年3月在武吉丁宜见到了这位吴老板,并且由他的儿子带路,参观了郁达夫在武吉丁宜所到之处。吴老板在1991年5月去世。

② 据后文中出现的关根文所说,这位刘姓人士曾经是牙医。王任叔的《记郁达夫》中有"开牙科铺子的湖北籍的所谓上海人","那便是达夫第一个巴耶公务的朋友刘文成"等记载,应该就是这个人。
译者在2019年到访时,华侨中清楚记得郁达夫事情的也是一位牙医张先生,他告诉译者,小的时候经常看到郁达夫从路上走过。——译者注

巴爷公务车站(笔者摄于 1988 年)

巴爷公务的牙医,曾经见过郁达夫的张先生(译者摄于 2019 年)

　　还有一些不同的说法。1971年7月笔者有幸在新加坡见到了曾经住在巴爷公务，和郁达夫很亲近的曾宗宜。他在战后移居新加坡。据他说，郁达夫并不是为了投靠某人而来的，而是几经辗转后到了巴爷公务，觉得这里景色不错，居民也是好人居多，因此就住下来了。曾宗宜的二弟曾经到过新加坡，会说日语，也读过郁达夫的书。他和赵廉开始交往，过了不到一周即觉察出他就是郁达夫。郁达夫也信任他们，就承认了。

　　想来，从新加坡经过石叨班让、望嘉丽、北干巴鲁、武吉丁宜直到面向印度洋的巴东，巴爷公务正位于这条线上武吉丁宜到巴东之间最内陆的地方。获取信息方便的同时，因为华侨多又不易引人注意。这里是高原气候，适于生活。郁达夫大约知道了这些情况，所以觉得还不错吧。

　　1942年8月开始，经不住朋友的劝诱，离群索居的王任叔和雷德容等人也开始出发来到巴爷公务，杨骚出发得最早。到了巴爷公务之后，王任叔住在郁达夫家的杂屋中，自嘲当了一个多月看屋人。这期间，他听郁达夫说起到达巴爷公务的经过，在《记郁达夫》中十分详尽地加以记述。下面把他提到的，胡愈之的文中没有的内容加以引用：

　　　　达夫这时候完全陷于孤立了。世界和他隔离开来。

　　　　达夫也许愿意背诵他自己的履历，让华侨一些人知道，但达夫必须在赵廉的隐名下活下来。有时达夫这样的履历，也许能使人尊敬，但有时却还更其增加别人对他的恐惧。疑惧或恐惧，都未必能使达夫解除孤立之危，何况精娴算盘的华侨，便是一代文人的达夫，也未必是知道的。"胡愈之"三个字，是曾被那里的侨长当作"胡适之"的兄弟来看的。达夫虽然在《星洲日报》当过编辑，那里的人也许有看到过这报纸，但郁达夫，不是胡文虎呢。①

人越感到孤立，便越想冲破这孤立，找一二个人谈谈的。他全不知道他已被人误会；他犹以为自己是属于"普通人"的缘故。在南洋，广福各帮以外，只有三江帮是说普通话的。但在这些更落后的地区，则以三江人看作上海人，而把新来的这些说普通话的人，也就叫作普通人。语言成为人间疏隔的原因，这是达夫可能想到的一个理由。他于是去找在那里开牙科铺子的湖北籍的所谓上海人。那便是达夫第一个巴耶公务的朋友刘文成。但即使语言相通，而人们对他的戒心依然。多感的达夫，决不会不感到对他的那种不尴不尬的态度，这使他内心焦急万状。于是幻象丛生，他看到人们的冷酷的眼光，布满在他行踪所至的任何一个角落。人们都在指手划脚的私语着，笑着，甚至于讥嘲着，为他一个人而发。道斯托以斯基小说中人物的灵魂，一时一刻地在达夫心中生长起来了。

他曾经有过这样的事：茫然地走到一家药铺子去。主人曾经是当教员出身的。算是这市区中一个明白事理的人了。他进去便对那主人说："我知道日文，你们要学日文吗？我可以教你们日文。"主人唯唯否否地支吾着。"来来来，你们拿纸笔来。"达夫继续说："我写给你们看，日文是这样写的。"他写下了一张日文字母，并题下"赵廉书"三个字，他一个字一个字

---

① 胡文虎是南洋著名华侨企业家、报业家和慈善家，被称为南洋华侨传奇人物。——译者注

地念着,显示他的确有教日文的本领。但主人对它这股热劲儿,依然冷淡,他于是要求主人把这张纸贴在店堂中间说:"如果这样贴着,那么日本人来,看到这,就不会为难你们了。"

不难明白,达夫以为华侨冷落他,疏远他,为的是他是抗日分子,也许卜干峇鲁的侨长已经带信到这里了:"注意,一个抗日分子,来你们那里了!"所以他们大家约定,不理他,他一定得做些给他们知道,他懂得日文,他的字迹和赵廉的名字,有驱逐日本人逼害的力量。但他那里料到,正因为如此,达夫——赵廉是日本大间谍却有证据了。

人们对达夫的警戒,不但没有因一纸日文书符而解除,而且似乎更加紧了。达夫深切地感到,这全巴耶公务的华侨,都变作了他的敌人,他们将会向日本军部去告发他:这是个抗日分子,名字叫作郁达夫,赵廉是一个假名呢。现在郁达夫,这三个字给达夫本人的可怕,是无法形容的了。是他,这郁达夫,在日本人名大字典上,地位比郭沫若还高。"郭沫若就是这样妒忌我郁达夫的。"(达夫亲自对我这么说)谁还不知道郁达夫呢,日本宪兵,文化程度极高,一定知道他,知道了而被捕,那是要给砍头了。而且,也是他,这郁达夫,曾经做过蒋委员长顾问,当过中央设计委员会的委员;而且还是他,抗战的直前,去过日本,和许世英大使共同设计把郭沫若弄回中国来的。日本人一定是痛恨郁达夫死了的,而郁达夫现在,正在巴耶公务,正是日军势控制之区,而郁达夫的同胞,不但不拥护他,还个个想陷害他。那么赵廉就有责任,要保护郁达夫了。保护郁达夫,就是保护抗日分子,赵廉是不能放弃这一责任的。

达夫终于决定到巴东去。

巴东是苏岛西海岸一个重要商埠。荷兰早在东印度公司时代，在那里设立商馆，以作后日蚕食鲸吞囊括加姆的根据地。日本在苏岛西海岸州的军政监部就设立在那里。达夫到军政监部去，目的要和他们相商，准许给他一个证明书，开设日文学校，他非常秘密的自造了一段履历：他父亲原是福建的莆田人，"莆田人是全说普通话的"。达夫曾经到过那里，知道那里的情形。后来到日本去经商卖古董的，他被带到日本去，在日本念过中学。之后，父亲就来到南洋"来那里好呢？""就说是卜干峇鲁吧！"是一个大商人，但这回给印尼人抢光了。他想找生活的出路，"没有办法，想到自己还会教日文，现在你们皇军来了，一定要推行日本文化，就准我来教日文吧！"他造好了履历，也拟定了要说的话，但他唯恐自己忘掉，他几次自问自答着，好让他的记忆不至磨灭。军政监部的一位总务科长，相信了他的话，真的发给他一张证书，证明他可以教日文。

这证明书，达夫看来是和大伯公①的籤诗一样宝贵的，直到我和他见面的时候，他把这两件宝贝，都拿给我看。我只有为他心酸。达夫回来后，并不真的开办日文学校。他的目的，也不过了这个证据，便可以堵塞企图陷害他的人们的嘴巴了。他因之也把这证明书去炫示同侨，而同侨对他的疑惧与冷淡，依然如故。

_____

① 指南洋华侨的大伯公信仰。大伯公是民间信仰中类似土地神的神明。——译者注

王任叔的《记郁达夫》(上)(笔者复印自 1947 年出版的《人世间》杂志)

据说郁达夫曾出现在刚刚被日军占领的巴东①。日后将郁达

① 爪哇的荷印总督向日军投降是在 1942 年 3 月 9 日。(荷印即荷属东印度——译者注)之后苏门答腊的战争也依然持续着,本土的荷兰军已于 1940 年 5 月 15 日向德国军投降,但投降 2 日前,荷兰女王和政府转移到伦敦,设立流亡政权。日军攻击马来,开始珍珠港战役的 1941 年 12 月 8 日,荷兰总督宣布加入日本与荷印的战争。之后荷兰的战斗机和舰艇攻击了日本的舰艇。(关于日本和荷印的战争,有乔治·卡纳海拉的书《日本占领与印尼独立》可供参考)(George Kanahele, *The Japanese occupation of Indonesia: prelude to independence*——译者注)　　　(转下页)

夫结婚时亲笔写下的四首诗带回中国的张紫薇①知道他的身份。张紫薇在用"了娜"笔名发表的《郁达夫流亡外纪》②中如是说：

（接上页）1942 年 1 月 11 日，日军依次占领了婆罗洲、打拉根（Tarakan——译者注），在苏拉威西岛的万鸦老登陆，开始对荷印的攻击。根据《苏门答腊作战记录·二十五军昭和十七年 2 月—昭和二十年 8 月 15 日》（复员局，1951 年 11 月），占领巴东是在 3 月 18 日。

总山孝雄是攻占苏门答腊的近卫师团通信小队长，他的战地日记非常清楚。据他所记，3 月 17 日刚天亮，他们乘车到达武吉丁宜，俘获了 4 万的敌军。同日 11 时到达巴东，"敌人已经投降了"。（当时，作为政治犯被流放到苏门答腊的苏加诺也在日军占领后出现在巴东，后来转移到爪哇。）（《南海之曙光》，业文社，1983 年 6 月。）

总山孝雄等人在 2 月 12 日早晨，在苏门答腊北部东海岸州的拉布罕库鲁村（Labuhanruku——译者注）东北方的牡蛎岬登陆。总山孝雄从当地的一位居民那里看到了面向华侨的中文报纸，上面是这样写的："爪哇的荷属东印度总督投降了。但是本国的荷兰女王命令抗战到最后。我等苏门答腊士兵，不必拘泥于荷印总督之命，奉女王之命，拼尽最后一人死守苏门答腊。"（牡蛎岬，印尼语 Tanjung Tiram，该地名没有固定翻译，tanjung 意为海岬，tiram 意为牡蛎，因此意译为牡蛎岬——译者注）

总山孝雄在自己的母校东京医科齿科大学担任教授。历任日本齿科医学会理事、国际齿科联盟副会长、亚齐特别行政区（印尼的行政区——译者注）友好副会长等职。关于苏门答腊，他撰写了《苏门答腊的黎明——亚细亚解放战争秘话》（讲谈社，1981 年 11 月），《印度尼西亚的独立与日本人之心》（展望社，1992 年 4 月）等书。他还撰写了名为《与激荡的北苏门答腊相遇》的证言，讲述了战中与战后苏门答腊的情况。印度尼西亚日占时期史料论坛编：《证言集——日军占领下的印度尼西亚》，龙溪书舍，1991 年 6 月。

《苏门答腊作战记录》没有记载占领苏门答腊全岛的时间。东洋文化研究会编的《大东亚建设日志》第三辑（目黑书店，1943 年 10 月）记载 1942 年 4 月 7 日的《大本营公报（正午）》："荷印军苏门答腊总指挥官罗洛夫少将（Major-General Roelof T. Overakker——译者注）在 3 月 27 日投降。"

① 张紫薇，四川人，1900 年 4 月生。本名张朝佐，又名张维，成都华侨公学毕业后，经上海南渡。在马来半岛的怡保和槟城从事教育活动。在报纸上使用"紫薇"和"了娜"的笔名发表小说和新诗。20 世纪 30 年代中期到达苏门答腊，在各地开展教育工作。其间还有一阵在日本的大学学习过法律。战后回到上海，受刘大杰邀请写成《郁达夫流亡外纪》。后来回到故乡担任教师，1986 年 4 月在成都去世。

② 《文潮月刊》第 3 卷第 4 期，1947 年 8 月。此文作为资料价值很高。《新文学史料》第五辑 1979 年 11 月有转载，台湾的杂志也曾转载。

　　有一天的下午，侨长吴先生对为①说："有个姓赵的，有胡子，会说日本话，德国话，英语，是别处来的，你认得吗？"我想了一阵，想不出朋友当中有位姓赵的，而且懂得好几种外国话的人。我便告诉吴侨长，"没有这样的朋友，不认得。"但我心里，好像很深的刻着一个"赵"字似的。我又问吴侨长，"他是作什么的？""据说是一个古董商人。"吴侨长停了一下又说："他去见州长官藤山②。听藤山说这人的日语倒没有什么，若论他的写作，则最低限度，是中学以上的程度。要留他在巴东，他不要，要回八鸭公务 pajakaemboe 去了。"若是在我心里除了这个"赵"字之外，又刻着一个"八鸭公务"。我回家把这事告诉了"逃难"的张君。③　张君有点惊奇的说："我也听说有这个人。还听说他是到苏西来调查逃难来苏西的文化人的。我本来等你回来要问你的，——还听说他是文学界一个挺有

①　疑为原文印刷错误。——译者注

②　这里的藤山应该指的是藤山三郎上校。日军陆军第25军在苏门答腊驻军时，和过去的荷印时代一样，将全岛分成10个州。1942年8月，从军政要员中抽人，任命为每个州的地方知事（长官）。在此之前，每个州都有自己的军政支部，上校或者中校担任支部长。《朝日新闻》1942年5月11日第二版《苏门答腊军阵容》记载，"见左记，除廖内之外，苏门答腊各州军政府的支部长已经正式任命并赴任。"从中可以找到苏门答腊西海岸州藤山三郎上校的名字。

③　这里的张君应该就是指一同从新加坡逃难的张楚琨。张楚琨是福建泉州人，1911年出生。上海中国公学大学毕业，从事教育活动。1937年赴新加坡，在《星洲日报》的竞争对手《南洋商报》担任副刊《狮声》《文艺》编辑。和郁达夫是竞争关系。作为《南洋商报》的特派员，1939年回国，介绍胡愈之到《南洋商报》。和郁达夫乘同一条船逃离新加坡后，辗转石叻班让等地，住在巴东的亲戚家。改名为张止观，得到了"居民证"。后来又转移到巴爷公务，在郁达夫经营的酒厂担任管理人。在感到危险时，先后转移到南苏门答腊的巨港和班达楠榜（Telukbetung——译者注）。在班达楠榜受到了宪兵队的质询。战后担任中国民族同盟新加坡支部主任委员。1949年回国。历任中国新闻社副社长、厦门市副市长、国家侨联事务委员会委员、全国政协常委等。

名的人呢。"这句话后，我对这位姓赵的有点"讨厌"的感觉，但"赵"和"八鸭公务"留在心里的深刻还是一样的。不过，一天天的过去，这个人因为和我没有"关系"，深刻自深刻，忙于"打游击"（作家庭教师），也就渐渐地放在一边了。

"苏西来了一个人"这是在一个黄昏时分，某校长史君突然告诉我的："是创造社的干部。""真的吗？"我喜欢得一惊，"究竟是谁呢？"创造社是国内给我印象最好的一个文学团体，所以一听见"创造社"三个字便眉目为之一新，便想知道一个究竟，同时在脑子里即刻浮出郭沫若，郁达夫，张资平，王独清，成仿吾……等的名字来。

"郁达夫"。史君说了，两个乌溜溜的眼睛盯着我。我自然心里欢喜，但没有说什么，好像怕惊了他会丢失掉似的。

从这时起，我知道郁达夫先生在八鸭公务，同时还知道除了他以外，还有许多文化人。我每次想去看他，但为了生活，每天要打游击，总是没有去成功。在校里住的张君，也搬到八鸭公务去了。他去做酒厂的经理。就在这个时期，我知道"赵廉先生"就是"郁达夫先生"。及今思之，是谁点穿的，我倒想不起来了。

郁达夫直到失踪前一直住在巴爷公务。巴爷公务现在拼成Payakunmbuh，战前的资料中拼成 Payokumbu 和 Pajakoem boeh 等，汉字记为巴爷公务、八鸭公务、巴雅公务等不一而足。胡愈之曾这样描述这个地方：

……这个地名，在普通地图上面是不容易找到的。这是苏门答腊西部高原的一个小市镇,处在巴东(Padong)东北一百八十八公里,离武吉丁宜(Boekit Tenggi,亦名花的国)三十三公里。以巴爷公务为起点,有一条铁路,经武吉丁宜,通至巴东。巴爷公务市镇上人口约万余,华侨以侨生居大多数,大部分操马来语或闽南语。镇上只有一个中华小学校。

依照其他文献,笔者再做一些补充。从北干巴鲁走 194 公里,途中有个赤道标记(据说这个标记是 1943 年 3 月日军工兵队建造的),通过此地,沿着赤道南下 30 公里就是巴爷公务。可以说完全是在赤道直下的市镇。从北干巴鲁到巴爷公务,途中尽是艰难险阻、蜿蜒崎岖的山道。根据 1936 年从北干巴鲁到巴爷公务的日本人的记录:“下午 5 点半乘上邮政巴士、经过崩塌的山体、走过没膝的泥泞,换了三次车,终于在第二天早上 7 点到了巴爷公务。”①

文献记载,巴爷公务的海拔为 511 米,②是个高原盆地,当地有着赤道下普通地方所没有的温和气候与风土。据较新的资料,日后郁达夫去当翻译的宪兵队所在地武吉丁宜距巴爷公务有 36 公里。胡愈之记载,巴爷公务距离面向印度洋的棉兰有 188 公里。实际上是 128 公里,是一条如同日本著名的箱根山道一般的直下坡路。③

无论是巴爷公务、武吉丁宜还是巴东都属于苏门答腊省十

① 金子光邦编:《苏门答腊纵横记》,台湾大亚细亚协会,1937 年 12 月初版,1939 年 3 月再版。笔者在 1988 年春,从北干巴鲁雇车去巴爷公务,道路已经铺好,只用了 4 个小时就到了。

② 木村操:《苏门答腊经济地志》,南洋协会,1944 年 8 月。

③ 从前的巴东—巴爷公务铁道线,如今从巴东驶出 71 公里到达巴东班让(Padang Panjang)后就停止了。后面的线路已经废弃。

赤道标志，图中人物为笔者本人（摄于 1988 年 3 月）

个州之一的西海岸州（现在叫西苏门答腊省），在巴东设有州府。据说印尼有 300 个以上的民族，光是面积才 473 605.9 平方公里的苏门答腊就有 20 多个民族。西海岸州（面积 49 778.1 平方公里）的居民以米南卡保族[1]为主。根据 1940 年的调查，苏门答腊有人口 9 475 616 人，西海岸有 2 215 945 人，原住民 2 189 925 人，占98.8％；中国人有 17 355 人，只占 0.78％。[2] 不过中国人都集中住在中心的市镇，在这种地方的比例极高。

　　下面引一段对米南卡保族人的简要介绍：

---

[1] 米南卡保族（Minangkabau），族名意为"胜利的水牛"。——译者注

[2] 简井千寻：《苏门答腊重要统计》，大东亚出版，1943 年 4 月。

米南卡保族的传统民居(译者摄于 2019 年)

（米南卡保族是）被称为马来种族之"宗族"的"苏门答腊"岛上文化最先进的原住民。他们栽培收获水稻、橡胶、茶、咖啡、棕儿茶①、树脂等，擅长商业，又长畜牧渔业，尤擅金、银、铜和黄铜的加工，制作所谓的乡土艺术品。

传统的房子是木造或竹造的，地基较高，类似吊脚楼。过去用糖棕叶砌房顶，现在多用防水铅板。房顶的两端呈水牛尖角状。房子的墙壁上施以精巧的雕刻，富于色彩。和苏门答腊的另一个民族"巴塔克族"的房子形状正好相配。"巴塔克族"的房子也是既特别又美丽，就像把日本传统乐器三味线

---

① Gambir，棕儿茶，后文中也会出现，又记作"甘比"。——译者注

的拔子倒置过来。米南卡保的米仓是四角形的,部落到处都有清真寺。

家族制度是母系社会,小康状态。

男性裹头巾,穿遮盖下身的短裤;女性穿缠腰裙,上身着筒袖衣,时常佩戴披肩头巾,印尼语作"selendang"①。他们比其他民族的人显得更漂亮,皮肤更白,乍见之下不觉得是原住民。

知识分子阶层的人也比较多。常有智能型犯罪发生,使得行政当局最为费心。②

胡愈之说,巴爷公务的普通地图很难觅到。不过如果是铁道图的话,由于这里是铁道的起点,稍微详细的地图都有记载。

沈兹九则用纤细的笔触这样描述:

苏岛巴爷公务,虽然也是个相当漂亮的市镇,但是除出两

①　印尼人口以穆斯林为主,女性所用的披肩和其他国家女性穆斯林所用的类似,大而长。——译者注
②　鲛岛清彦:《苏门答腊西海岸事情》(其一),《拓务事情》第35号,1934年2月。上述引文中的"棕儿茶"是一种植物,可以用作皮革染料。"树脂"可以用来做清漆和唱盘。
　　穆罕默德·哈达(Mohammad Hatta——译者注),已故印尼政治家。在印尼建国以前就从事民族解放运动和独立运动,1945年8月印尼独立后,担任副总统;1948年1月担任总理和国防部长。他就是出生在武吉丁宜的米南卡保人。
　　1945年11月成为印尼首任总理和外交部部长的苏丹·夏赫里尔(Sutan Sjahrir——译者注)也是出生在巴东的米南卡保人。

条街道之外，全是农村，高山美拉比①和欣家拉②两个火山左右怀抱着这个号称五十个城的大农村。平地上都是匀整的农田，山上依次都是烟草叶，是个很富庶的地方。这里的华侨，都是做生意的。他们至少已经侨居在这里两代以上了，加上荷兰人限制华侨入境，所以很少有新从祖国来的人。当我们搬进了曾家椰林中的亚答屋以后，左邻右舍甚至有从市上赶得来的华侨，他们都十分亲切，使我们好象到了亲戚家里。他们不管原籍是福建或广东，老少一律已使用印尼语。但是因为我们是新客，是从祖国来的，好些老太太看见了我，就用闽南的乡音和我搭讪，天晓得，碰到了我这个不会说福建话的人，这未免使他们③失望。然而无论如何，她们总觉得中国来的人是应该亲近的，所以当我们刚到时，甚么床呀、桌呀、椅凳呀，甚至揩布之类，都从她们自己家里搬来给我们。我们的园主曾家两老夫妇，更是特别忙，为我们铺床，替我们搬柴草。这是多么淳朴敦厚的人情味！

　　这里的印尼社会，是个女子掌权的社会，这使我这个研究妇女问题的人，感到兴奋。据说几年前，有一美国女作家，在这里住过两年，专事研究工作。而我因要隐蔽下来，只好在圈子外面，望之兴叹。

---

① 默拉皮火山是海拔 2 891 米的活火山，位于巴爷公务以南。Merapi 在印尼语中是"火之怒气"的意思。当地人把它作为神山崇拜。默拉皮火山（Mount Merapi），现也译作"美拉比火山"。——译者注

② 辛加朗火山，是海拔 2 877 米的休眠火山，在武吉丁宜的西南。辛加朗火山（Mount Singgalang），现也译作"欣家拉火山"。——译者注

③ 应为"她们"，疑为原文印刷错误。——译者注

对于当地华侨的淳朴与浓厚的人情味,她也深为感叹。

在西苏门答腊的英文观光介绍中,巴爷公务被描述为有着如画般的乡村与市场,可以购买精美的手工竹篮之地。在距离镇中稍远的地方,有高 20 米的瀑布,不断喷涌新鲜水源。和瀑布相连的有水田,盛产美味的牛蛙,在赤道附近还常有虎出没。

西海岸州有 5 个分州。副理事官所在的分州厅政府设在巴爷公务。日本军占领后也设了分州府。① 后文中将提到的、任分州州长的秋山隆太郎提到,巴爷公务分州与日本的爱知县大小相同,人口大约为 10 万。

除了前引文列举的米南卡保族栽培的植物以外,此处的特产还包括可可树、丁香和藤。

一份关于人口的记录显示,此地有欧洲人 26 人、原住民 4 959人、中国人 781 人、其他 58 人,合计 5 914 人。②

根据这份资料,当时华侨人口约占 15%。在日军占领时,根据在当地待过的日本人的回忆,人口大约 1 万人,华侨有不到20%的样子。

《苏门答腊纵横记》中,对日军占领大约 6 年前的巴爷公务有这样的描述:

---

① 日军陆军第 25 军(代号"富集团")占领后实行军政,英属马来亚、新加坡、荷兰殖民的苏门答腊的地方行政机构等,原则上还按照以前的机构设置。(仓泽爱子编:《南方军政关系资料①富公报》,龙溪书舍,1990 年 5 月复刻版解说)据过去的州政厅职员回忆,州长官是敕任官,分州州长是奏任官。分州下设郡,郡下设村,郡和村的官员都是当地人。

② 筒井千寻:《苏门答腊重要统计》,大东亚出版,1943 年 4 月。调查时间没有写明,但应该是 1940 年。

　　上午 7 点,进入了巴爷公务。坐马车用 2 个小时环视一圈。当地一个日本人也没有,巴东人占据着商铺,和昨天所见光景有着不同的趣味。

　　巴爷公务是米南卡保的古都。与德科克堡(Fort de Kock)一样,是东印度人①的学府所在。在爪哇已到了梦想成为人妻的年纪的姑娘们,在这里也在孜孜不倦地求学。米南卡保人的求学欲真的令人感叹。早上的几个小时,巴爷公务的街头满是喜气洋洋的学生们,将来能够背负东印度的未来的,想来便是这米南卡保的求知欲了。

　　(中略)

　　他们的眉间,流动着东印度新兴文化之精气,洋溢着极为明朗而理智的光芒。绝对可称得上是东印度各民族中熠熠闪光的存在。

　　这个没有日本人的市镇,在很久以前曾经住过日本人。1912—1913 年,一个叫福留熊次郎的人在这里经营过可可园。后来这个园子被中国人收购了。② 1932 年 2 月,同一份报告称,还有一间由一位寡妇经营的日本人运送店,名叫"Toko③ Kyo"。同年夏秋之间,其他人的调查记录显示,有一个姓清水的人在这里经营了一家台球

---

① 此处的东印度指荷兰人殖民的印度尼西亚。德科克堡是建在武吉丁宜的一个殖民地小碉堡,以荷兰东印度陆军总司令德科克(Hendrik Merkus Baron de Kock)的名字命名。这个名字也指代整个武吉丁宜地区。——译者注

② 鲛岛清彦:《苏门答腊西海岸事情》(完),《拓务时报》第 37 号,1934 年 4 月。

③ Toko 是印尼语,意为商店。Kyo 应该是商店的名字,不知是日语还是印尼语,这里指叫 Kyo 的商店。——译者注

馆,向他询问关于这里的事情时,都可以得到很热情的回答。①

　　颇有喜感的是,日军在占领苏门答腊初期,有个日本人曾说自己遇到过郁达夫。这个名叫群司次郎正的人写于 1927 年的长篇小说《日本武士》②是当年的畅销书。他在《脱队的文化人——郁

群司次郎正的文章(笔者保存的剪报)

① 辻森民三:《宝库苏门答腊全貌》,立命馆出版部,1934 年 6 月。后文中提到的关根文说,完全不曾听说有关日本人的事。

② 《日本武士》(『侍ニッポン』)在日本极为畅销,在 1931—1965 年间五度改编成电影。演员阵容颇为豪华。同名演歌也有多人翻唱,著名的演歌女王美空云雀也唱过同名歌曲。——译者注

达夫之末路》①中讲述了他看到郁达夫的经过。下面概括介绍。

　　1942年1月14日，群司作为报道员到达苏门答腊，在巨港（Palembang）登岸。宪兵队进驻，治安也得到了恢复后，某天，他结识了一位印尼画家。两三后天，画家请他到了一家中国饭店，说一定要给他介绍个人。那是一个穿着绀色上衣、绀色裤子的老头，衣服脏兮兮的，似乎满是泥垢的样子。老头在群司面前放了一张很大的名片：

　　Mr. Yoe（游）

　　36 Stanford Road Singapol

　　群司把那张名片放到口袋里，先一口气喝了啤酒，然后问他："你是郁达夫吧？"

　　老头似乎吓了一跳，搔了搔支棱着的头发，皱了皱眉，他的额头很小，两颊青白，颊上的肌肉形成括号一般深深的弧形。他似乎臼齿掉光了一般卷着舌说："阁下的确很是明了啊……"用十分精致的日语吐露了实情。

　　这个人说，他在1939年从广东转移到香港，然后为了寻找朋友去了新加坡。群司对他讲了日本出版鲁迅全集、日本的杂志登载了亲日的周作人的译文等。似乎此人对这些话题毫无兴趣。他说有想寻找的朋友在巴爷公务，拜托群司帮忙。分别之际，叮嘱群司不要把自己的前身之事告诉别人，否则一旦宪兵队知道有个又会说日文又会说英文的中国人，说不定就要来征用他。

---

① 《雄鸡通信》第6卷第1号，1950年1月。

登陆1个月后，2月14日，群司要前去苏门答腊中部的巴东，报道日军与试图抵抗到底的荷兰军队的交战，撰写从军记。他向指挥护卫小队的一个年轻伍长请求，让游也和他一起乘车，与其他的报道员、摄影班人员共同前往。

花了几天，他们的卡车到达了一个名为本果湾①（Muara Bungo)的市镇。摄影班的人在这里拍摄苏门答腊的风物。群司、游与他们作别，在此下车。过了一周，他们找到了一辆前往巴爷公务的汽车，便让游一个人搭车回去了。

摄影班工作结束的时候，在巨港结识的几名宪兵到了这里。其中一队要去巴爷公务，群司想要见郁达夫，便乘了S军士长的车同去。那是3月末，苏门答腊中部盛开着茉莉花。②

群司是这样描写抵达巴爷公务后的情景的：

> 巴爷公务是个平凡小镇。一长条主干道都是中国商店，遮蔽在椰子叶之下的原住民住宅街，对着荷兰人的房子。要说有什么特色的话，在这个南洋热带丛林的深处，不知道谁带来了《爱国行进曲》《支那之夜》的唱片，把声音放到了最大。挂出"欢迎皇军"的大牌子，很懂明哲保身的中国商人们用色彩鲜艳的字体打着广东饭店、中华料理、咖啡厅、酒吧等自家招牌。和被侵略的中国城市中常有的风景一样，花姑娘女招待们在赤道的太阳下也依然扭着屁股在街市穿行。真的是一

---

① 地名 Muara Bungo 没有固定翻译。由于 muara 在印尼语中意为河口湾，因此从音义结合，译为"本果湾"。——译者注
② 印尼语 Melati，是印尼的国花。——译者注

派典型的占领风景。①

　　像"游"这样的人物,同行的宪兵军士长和宪兵队一打听,没花上一个小时就找到了。

　　　旅馆本有登记簿,宪兵队又有全镇的人口名单,每家人是怎么个来由,住不住此地,一切都清清楚楚。

　　　S军士长听说,叫作"游"的新加坡商人3月15日来到这里,住在酿酒的华侨垦殖公司副会长的家里。据说以后也要造酒,有可能共同经营,所以就住下了。

　　　群司让一个为宪兵队干活的马来青年做向导去寻找郁达夫。中华街的小巷里,密密麻麻的人家中,一个立着广东菜招牌的饭店就是他们的目的地。楼上有客房,郁达夫就在里面。和他在一起的40岁的男性是这个饭店的主人,也是中华街的领袖人物,他介绍说"这是我广东来的朋友"。

　　　当晚,他们请群司、S军士长以及宪兵队长的K准士官一起召开了宴会。宪兵队最下级的伍长喝醉了,向郁达夫说:"喂,你也是个了不起的人物呢","可不能藏起来啊,你是了不起的小说家呢""以后,宪兵队可会把你当宝贝的,要好好地请你帮忙"。

---

① 20世纪上半叶的日本,特别是在"二战"前后,咖啡厅意指特殊的色情行业。现在这种色彩已淡化消失,但在日本的法律条文中,涉及色情产业的场所中还留有咖啡厅一词。为了区别从事色情行业的咖啡厅,普通咖啡厅的店名特别标注"纯喝茶"等字样。用这种背景知识来看群司小说中对女服务员和咖啡厅的想象或许更容易理解。——译者注

后来,这个伍长强迫郁达夫表演节目。郁达夫说不会,伍长就逼着他学韩信钻裤裆。"达夫就缩起身子从他胯下钻了过去"。

第二年4月1日,群司离开巴爷公务回了巨港。4月6日到爪哇,他请从雅加达去苏门答腊的上校捎去他给郁达夫的信,但之后就再没有了音信。

群司似乎是以"报告文学"的形式写的这篇作品,然而值得商榷的地方非常多。

日军陆军第25军的《苏门答腊作战记录》记,第25军第一挺进团在巨港降下伞兵,占领巨港炼油厂是在2月14日。第38师团跨过穆西河①到巨港登陆是在2月16日。

根据胡愈之的叙述,郁达夫到达巴爷公务是在4月中旬,当时还没有进驻的日本兵。而群司的作品则不仅写道已有宪兵,甚至还用了不到10天就掌握了所有居民的信息。

郁达夫的避难足迹更是明证。不仅胡愈之有记述,其他很多共同避难的人也都有记录。根据这些人的叙述,郁达夫到达巴爷公务的时间,最合理的理解就是4月中旬。群司进入巨港的时间是1月14日。就算是群司记错了,看一下郁达夫的避难路线也能明白,他不可能出现在刚刚被占领的苏门答腊南部的巨港。而且,郁达夫在巴爷公务投宿的旅店海天旅馆的老板是广东人,当时30岁左右,并不是当时中华街的领袖人物。按照群司的描述,巴爷公务是个很有名的地方,又有咖啡厅又有酒吧。这个说法似乎更像是武吉丁宜。而且,一个准备隐姓埋名的人,怎么可能专门跑去见日本的报道员,还递给他一张假名片呢?

---

① 穆西河,Sungai Musi。——译者注

　　群司发表这篇作品是大约太平洋战争开始的 8 年后。或许可以说是他记忆混乱，但是，郁达夫藏在苏门答腊的巴爷公务，被宪兵队用作翻译，在战后失踪的事也传到了日本。应该是他听说了这些，自己加工润色创作出来的。但他作为很有影响力的作家，这篇作品很有可能会引起误会。笔者认为有必要在此加以说明。①

① 群司次郎正(1973 年 1 月去世)晚年不再写作。当时这篇文章末尾记载，他在"茨城县大贯海岸经营钓鱼船"。在日占爪哇发行的日语报纸《海原》(龙溪书舍，1993 年 9 月复刻第一版)中，报道群司次郎正"从苏门答腊归来"(1942 年 4 月 29 日、5 月 5 日、5 月 6 日)，都没提到关于郁达夫的只言片语。

第三章 宪兵翻译

郁达夫在巴爷公务得以租住了一幢荷兰风格的房子。虽然居住问题解决了,但还远谈不上安居。

郁达夫去拜托侨领蔡承达帮他找房子时,正巧在进门的地方看到一个日本宪兵在和蔡商量着什么。两人言语不通。蔡承达知道郁达夫懂日语,临时拜托他帮忙翻译。于是,武吉丁宜宪兵队便得知了一个叫赵廉的华侨住在巴爷公务,精通日语。不过宪兵听说他是由在苏门答腊经商的父亲带到东京,在那里长大的,所以会日语。对他也没什么怀疑。

可是不久麻烦就来了,当时苏岛日军十分需要通日语的译员。武吉丁宜宪兵队队长知道赵廉是当地唯一通日语的华侨,就亲自到巴爷公务,要把他带去到宪兵部充任翻译。达夫说他是做生意的,不能把生意事务丢弃。但是那宪兵队长说,这是军令,一定要服从。达夫知道是无可理喻的,除非他不要这条生命,不然不去是不成的。好在宪兵并不知道他是郁达夫。所以他只好被宪兵带去,到了武吉丁宜。

王任叔在《记郁达夫》中引用了胡愈之的记述,但同时也写道:"但据我所知道的,其间还有这样的一件事。"

巴耶公务市外,有一个叫亚浮斯廊的地方,那里住着一家同侨富户,是姓曾的,达夫也曾去过那里撞过门。在有一次偶

武吉丁宜断层
牧场 射击场
参谋官邸 市政厅
携行社 宪兵队长官邸
军乐队
第二十五军司令部
苏门答腊宪兵分队
去往巴东的路
武吉丁宜车站
宪兵分队长官邸
去往巴东公务的路
军司令官邸
苏门答腊宪兵队本部
海天旅馆 动物园
都食堂 钟楼
同盟通信社 市场
公园 日本馆
电影院 货场
市民运动场
治作（日本料理店）
网球场 陆军医院
汽车工厂
立花（日本料理店）
去往飞机场的路

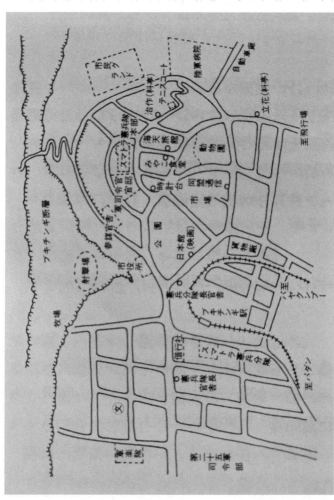

日军占领时代的武吉丁宜街市图（笔者根据吉谷武《军队生活十年》中的地图修改而成）

然的机会中,他在曾家,遇见了日本宪兵队长。曾家的一位亲戚,有一辆汽车给印尼人抢了去,要不回来。达夫这时曾为这事向那宪兵队长申诉。语言沟通了人们的情感,在没有一个人懂得日本话的当时情形下,对一个说得很好日本话的人,自然是分外亲切的吧。那宪兵队长,马上办理这件事,汽车被要回来了。达夫从这一件事中解除了华侨对他的危惧,但达夫却也从这一件事中不得不被投入于虎穴了。

郁达夫进入宪兵队后,一直尝试想逃出魔窟。他一直装作富商,不关心政治,什么也不懂的样子,只承认给宪兵暂时帮忙,不从他们那里领报酬。不过,在他担任翻译的日子里,给许多人帮了忙。其中大部分都是印尼人。虽然郁达夫当时对马来语(印尼语)还只是略通一二,但宪兵是完全不懂的。审讯印尼人只能全部依赖他。他在翻译时就尽量把印尼人的罪说轻一点,这样很多人便脱罪了。武吉丁宜一带的华侨非常少,日本人本来对他们也不留意。有时宪兵队接到和华侨相关的密报。郁达夫听说后,就会偷偷告诉当事人,把事情给平息掉。在郁达夫担任翻译的几个月里,武吉丁宜没有一个中国人被杀害。即使有人被关进来,很快也会在郁达夫的秘密帮助下获释。

胡愈之说:"关于达夫在宪兵队工作时如何帮助当地被虐害的人民,苏岛西部一带的华侨和印尼人可以提出无数的例证,我不想一一叙述。只需讲一二件故事,就可以看出达夫当时的心迹了。"

郁达夫在刚进入宪兵队时,棉兰某侨领的儿子带着四五个华侨,奉日本宪兵队的命令缉拿华侨抗日领袖陈嘉庚和同党。他们来到武吉丁宜,向当地宪兵队报告请求协助。这些人之中没人会日语。郁达夫在为他们翻译时，故意加上一些令日本人生气的话。宪兵把他们痛骂了一顿，郁达夫把他们送走了。临别之际，他说：

"你们忘了自己是中国人吗？中国人为什么要捉中国人？快滚回去，以后不许。"

这些汉奸不知道郁达夫是谁，一心以为他是日本宪兵。听了这样的斥责，丈二和尚摸不着头脑，但也"是，是"地应着，垂头丧气地走了。

还有一次，巴东广东会馆的学校校舍被福建学校占了。广东会馆的负责人十分不满，正好郁达夫来到巴东，便拜托他去找日本人疏通，让日本人帮助广东会馆。郁达夫是这样回答他的：

"你们错了。日本人哪里管得这些事，日本人不管你是广东人或是福建人，都是一样的奴隶顺民。你们以为这校舍是广东会馆的财产，但日本人并不这样想。日本人是把一切支那人的财产，都作为是大日本的财产。你连你们的生命也是大日本的。你有什么方法可以和日本人说呢？"

"那么，不是太不讲道理吗？"

"不讲道理？你以为有道理可讲吗？这里大日本是素不讲道理的。你要讲道理，快到印度洋去讲，因为只有联军是讲道理。你要讲道理，就有了通联军的嫌疑。"

那个广东人听了这样的话，背上冷汗直冒。之后很长时间，广东人和福建人争夺校舍的事都被搁置了。

除了搜查陈嘉庚那件事之外，张楚琨还记述了另一件郁达夫在宪兵队当翻译时的事：

郁达夫利用职权为华侨和印尼人干了许多好事。他摸清宪兵部从队长到宪兵的每个人的性格、嗜好和习惯,他和这班好喝酒的刽子手建立了一种特殊的"共处"关系,他会说高雅的日本话,写通顺的日本文,懂得英文、德文、荷兰文(到巴雅公务自修学会的)、印尼文(倒不甚高明,发音不准)。名气越来越大,手面越来越阔,应付的办法越来越多。不少华侨因做买卖押到宪兵部去,他说了几句,就放了。高云览①(后来是名著《小城春秋》的作者)为了一件小事被扣,就是他保释的。也有印尼人,犯了联军"间谍"嫌疑,经"赵大人"当着宪兵前面训斥一番,也就放了。犯人和"赵大人"的印尼话,宪兵听不懂,宪兵的日本话,犯人听不懂,"通译"是可以"大显神通"的。他曾帮过印尼共很大的忙,日本偶然破获了印尼共一个机关,别的证据没有找到,只搜出一份捐款人名单,牵连太广了,郁达夫把名单指给日本宪兵看:"这穷鬼,放高利贷,五盾十盾的放!"宪兵把名单撕得粉碎,打了坐守机关的印尼老人几个耳光,扬长而去。②

前文中提到的曾宗宜也说,在他被宪兵队关押起来的时候,郁达夫上下活动,加上关根文作保,使他得以释放。如果不是郁达夫,肯定他已经被杀了。如果没有郁达夫,巴东肯定有很多人被宪

① 高云览 1937 年末从上海赴马来,在新加坡的中学工作。那时他经常向《南洋商报》投稿。后来他去了新加坡,在女校当老师。新加坡沦陷之前,他与新婚妻子白碧云一同与郁达夫同船避难。在石叻班让和郁达夫分别,又在巴爷公务相遇。之后又去别的地方避难。战后回到新加坡,成为《南侨日报》的大股东。1949 年被英国政府驱逐,回到中国。
② 张楚琨:《忆流亡中的郁达夫》,收录于《回忆郁达夫》。

伊藤虎丸、稲叶昭二、铃木正夫编:《郁达夫资料补篇》(上)(笔者所藏书影)

兵杀了。①

　　关于这件事,武吉丁宜的宪兵分队班长这样说:

　　　　他的翻译总之就是对中国人有利。如果一问他说,你的翻译不行啊,他就花言巧语蒙混过去。②

　　郁达夫担任宪兵翻译的时候,为有嫌疑的人做了很多好事。利用他的职权化解了很多纷争。不过,为敌国的武力集团、权力集团最前沿的宪兵队做翻译,无论如何辩解也是一种利敌行为,是汉奸。作为纯粹共产党员的王任叔的叙述与胡愈之就有所不同。王任叔四处避难,其间也一直从事地下活动直到日本战败。他的记述比较隐晦而清醒,在《记郁达夫》中他这样写道:

　　　　第一个晚上达夫和我便在正厅前的客厅里细谈了半夜。我对这一个有才能的作家,很想唤回他对于过去的记忆,称誉

_____

① 伊藤虎丸、稲叶昭二、铃木正夫编,《郁达夫资料补篇》(下),东京大学东洋文化研究所附属东洋学文献中心,1974 年 7 月。在 1974 年 7 月的附录Ⅵ《访谈记录〈郁达夫的流亡和失踪〉补遗》中,以 C 的名字记录了曾宗宜的话。
② 伊藤虎丸、稲叶昭二、铃木正夫编,《郁达夫资料》,东京大学东洋文化研究所附属东洋学文献中心,1969 年 10 月。在 1969 年 10 月的附录Ⅰ《访谈记录〈郁达夫的流亡和失踪〉》中,以 D 的名字记录了这段话。

他文学事业上的成就，希望他能够自爱，能够振作，能够重整旗鼓。这称誉似乎使他深深感叹了。

"我以为自己完结了的人，照你说，我还可以写些什么吗?"他惊喜地问。

"我认为你很可写一写你今日所演出的悲剧。"我说。

他沉默，我从不曾看到过他那种忧郁的沉默的。

"但是我不能脱离这里。"

"你应该找机会，抽身出来，或者借个名义设法回国。"

"我不能回国，蒋介石是要杀我头的。我已经做了汉奸了呀!"

"有人会误会你，也有人会谅解。但没有会杀你头的，如果你得以回国。"

"国民党会杀我的。一定会。夺去了我的老婆，正好没有借口，这回有借口了，还不会杀我。"

"但你不能算是汉奸。"

"真的，不是汉奸?"

达夫在屋子里踱了起来。忽然把话滑到另一方向去："我真的应该写点东西。"接着，他又提起他所追求的女子。"我曾在收音机上听她的广播过。她在新德里。"忽然，他走向自己的屋子去，拿了一张白纸出来。"我写几首诗给你看。"

他在写。我在想：从他兔起鹘落的话语中，充分表明他这时他心中苦痛的波动。我觉得自己不应去挑动他灵魂的伤处。

他写了几首诗，问我："怎么样?"

我念着，沉思了一回，说："已到炉火纯青了。有黄仲则的哀愁，龚定庵的丽则，但一样有王次回①的无聊。"

他笑笑，又把写下的诗抹去了。

"有一个荷兰女人想嫁给我呢？"他又突兀地说，"我以前也常到她家去坐，谈谈，但我是不能娶她的——一个敌性国的女人。我不能让日本人怀疑，我现在也很少去了。"

"那很好。"我随便答着。

"我现在也戒酒，在宪兵部，我绝对不喝一口。"

我相信他是实话。之后，我在他的住屋里，却常常看他喝酒。从文章上来理解达夫，一定会判断：他是一个放纵无度的诗人，他不会有什么自制力。但从他宪兵部的生活上看来，他实在是一个有极强自制力的人。这似乎又是我对达夫的一种新发现。但仔细一想，达夫如果没有他的勤谨和自制力，等身的著作是写不下来的。

我在他家当了一个月的看门人，我似乎更理解了达夫：他有名士的积习，豪绅的横蛮与孩子的天真。他不是以理智来管理自己的感情。他是以感情的反应，所谓警觉性，来管理自己的感情。他不是以理性的认识来处理他的生活，他是仅凭生活经验中得来的感性认识来指导自己的生活。他有时实在像个土豪劣绅，他知道怎样来制服那些野兽似的宪兵朋友，他装作很豪奢，为他们化钱，弄女人，喝酒，而自己则仅侍候在一边，力自抑制，去接近酒和女人，他想借金钱的力量，去建立起他们间的虚伪的友谊。他又常常依凭日本人的势力，来对付侨胞，那些太过没有政治知识的侨胞。他常常用恫吓去压迫他们就范。这范围却是"中国人要爱护中国人，不许自相争夺、打闹和诬告、陷

---

① 王次回即明末诗人王彦泓。字次回，擅长艳情诗。

害"。而这些正是华侨商人的专长。他有时不惜偶一利用日本人名义，打击这一类人。他同样也依仗日本人权势，去遏止那些印尼人对中国人不利的行动。他实际上，有强烈的爱国主义的精神，甚至爱到瞧不起其他民族。但他又有强烈的人道主义，和人类爱，爱到不分侵略民族与被压迫民族的关系，而贸然仅凭一个人的个别行动论列事理。他曾经对我说起过一桩内疚于心的事。当我问他怎样学会了说印尼话时候，他不住摇头了。

"那真天晓得，是马来人青肿的皮肤上学来的！"

他颤动唇边，这么说。据他的叙述：他在宪兵部开初，马来话连听都困难。当日本人审理马来人，便乱翻译一场。马来人便也被乱打乱踢一通。日本人对犯人，开门见山的三拳两脚，那不是他的罪过，但为他的"胡译"，而遭到冤打的，实在也不少。

"现在，我不会弄错。听马来人说得不很合日本人意思的，我就代为改正一些。日本人性格，我也摸熟些了。这就算是我为以前遭冤打的马来人赎了些罪吧！"

达夫苦笑起来。但马上，又若有所思，茫然地静住了。

胡愈之认为，郁达夫与宪兵队和日本人十分亲近，如果依靠日本人的势力从事商业赚钱，别提多方便了。但郁达夫说自己不愿意与日本人和台湾人有商业往来。或许有人会认为，王任叔只和郁达夫共同生活了一个月，怎么会那么明白郁达夫的生活状态呢？但是和日本人的一些记载比照来看，王任叔说的话还是相当真实的。只要可以利用，郁达夫不管是宪兵还是普通日本人都会利用。他至少在不工作的时候也会大量饮酒。还有日本人看到他在武吉丁宜与日本料理店女招待同行。

被用作武吉丁宜宪兵队分队的建筑（笔者摄于 1988 年 3 月）

同一建筑物（译者摄于 2019 年）

　　应该说,胡愈之对战后失踪的郁达夫的记述,受限于早期向文艺家协会提交报告书的氛围,避免提及上述这些情况。而且他是在 1944 年初左右开始和郁达夫住得比较近,那之后郁达夫的生活态度发生了改变也是有可能的。胡愈之说,郁达夫从到达巴爷公务直到离开宪兵队都滴酒不沾,陪着宪兵喝酒的时候自己都不喝,为的是防止自己酒喝多了失言。他在 1943 年 2、3 月左右离开了宪兵队,直到那时,在宪兵面前不喝酒都是很有可能的。

　　王任叔称,郁达夫周六周日住在巴爷公务的家里,每周一坐早上 6 点的火车(大约 2 小时)去武吉丁宜。但是笔者在 1972 年 5 月见到曾宗文(曾宗宜的三弟)时,他说的则是,每天早上武吉丁宜宪兵队都派车来接,下午三四点钟的时候用车把他送回来。或许最开始的时候坐火车,后来是车接车送。至少,在最开始的时候郁达夫住过宪兵队。王任叔这样记录郁达夫说的话:

　　　　现在最苦的事,我要制止自己说梦话。我是爱说梦话的。谁知道梦话里漏出什么来。每晚睡在宪兵部,有一个日本宪兵同房,他会听去我梦话的。我耽心这件事,老叫自己不要睡得太死了。可是还好,那宪兵跟我挺要好,我关照他,如果我睡后有呻唔的声音,请他立刻叫我醒。我说,我常要做恶梦的。

王任叔听了这话的感想是:

　　　　如果"如坐针毡"的四个字,来形容达夫宪兵部的生活,哪怕是最适当没有了。人可以挨受迅速解决的死刑,但最不能自己作得了主的是不断的摧残和毒打：一种欲死不得欲生不能的日子，真是对一个战士最大的磨折和最残酷的考验。但想一想，原不是要去取得虎子，而陷于虎穴里了的人，眼看的暴虎们每天张牙舞爪，自己手无寸铁，还希企保存一条小生命。那困难与恐慌的情景，将如何呢？

这便是当时王任叔眼中所见，在宪兵队做翻译的郁达夫的样子。

邵宗汉从棉兰给王任叔寄信邀他前往。因为必须有宪兵队的许可证才能旅行，所以王任叔到了武吉丁宜的宪兵队，在那里看到郁达夫对张牙舞爪的日本宪兵那种唯唯诺诺的样子，令他黯然神伤。

郁达夫设法摆脱这份翻译工作。他利用日本人特别害怕感染肺病的心态，假装肺病，买通了日本医生给他开了证明，终于离开了宪兵队。正好宪兵队长换人了，他也得到了辞职许可。

但是，尽管如此，他也没能完全和宪兵队脱开干系。实在需要翻译的时候照样还是要用他，去往辖区巴爷公务的宪兵们，还是把郁达夫的家当成联络点来使用。

1943 年 3 月，南方军司令部从西贡转移到新加坡。与此同时，第 25 军解除了对马来的警备任务。同年 5 月，司令部转移到苏门答腊武吉丁宜。当时，在南方军麾下的第 25 军主要由近卫第 2 师团、第 4 师团（1943 年 9 月编入第 25 军）、独立混成第 25 旅和第 26 旅的约 3 个师团联合组成。（1945 年 1 月第 4 师团的主力接到去泰国的命令而撤出）第 25 军参谋长同时兼任一把手的军政监。军政监部设在武吉丁宜，同时第 25 军宪兵队总部也建在武吉丁宜。使用郁达夫当翻译的是武吉丁宜宪兵分队。

曾经驻在苏门答腊的原宪兵中，有的人对过去的一切讳莫如深,有的人对提问不愿回答。但与之相反,也有的人做出了非常详细的记录,有的人很爽快地做出证言。从后者的记录中和描述的见闻中可知当时宪兵队的样子:

1943 年 5 月,宪兵队总部设在武吉丁宜。在总部特高科一直担任下士官直到战败的吉谷武[①]说,总部由庶务、暗号、警务、特

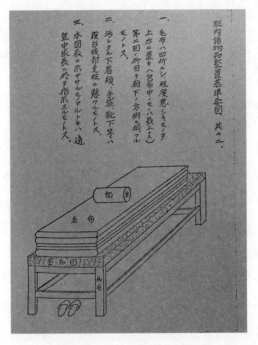

吉谷武《军队生活十年》中的插图(笔者所藏书影)

① 吉谷武:《军队生活十年》。作者 1938 年当兵入伍,1947 年还乡复员,书中记录了他的军队生活。他是抱着向自己的子孙讲述这段经历的目的而写成的。全书共 21 章,1013 页,油印成四册一套。不仅讲述了军队的生活,还有军队组织、作战、服役所在地的历史、民族、习俗、日本与世界的动向、战后在监狱的生活等,并加上插图。内容不仅有个人的回忆,也引用了很多资料,写得非常认真。1955 年全书完成,1970 年修改,共制作了大约十部。笔者有幸得到了寄赠,并获准引用他的文章。

高、医科、会计六科组成。一共有 51 人。将校 7 人、见习士官 1 人、预备士官 4 人、下士官 28 人、包括 2 名女性打字员在内的非军人杂务人员 11 人。他所在的特高科，算上科长大尉在内共 9 人。（到战败时，苏门答腊宪兵队补充了从普通兵中挑出来的 87 名宪兵，宪兵总数达到了 424 名）

以下引用特高科的工作内容供读者参考：

总部特高科的工作包括，从特高警察的角度观察、把握各种社情动向，为军队的作战计划以及岛内的治安维持等收集必要的资料。将这些情报提供给军队司令官，方便司令官制定阶段性作战计划。以上是主要任务。在资料收集方面，一方面要汇总岛内各主要地区各分队的报告，同时也要将这些情报进行综合，对岛内的全体趋势进行研判，为各分队的作战方向作出指导。

各分队按月汇报管区内的治安概况和大小诸事。截至每月 5 日之前向总部汇报。总部在每月 10 日之前进行分析取舍，制作向军司令部报告的月报。把各分队报告书中的必要部分用红线标出，以便于制作向军司令部报告的报告书草案。报告书草案要从特高科长到各队长进行批阅，有时候需要修改三四回。从科员到队长来来回回批阅修改，整篇草案都是红的。经过这样的过程之后，下士官全员分头进行油印，然后发送。每月的 8—10 日都忙成一锅粥。做好的报告书，在右上角盖上绝密的红印发送出去。军司令部 2 份，军政监部 1 份作为通知用，相邻的马来、缅甸、爪哇、婆罗洲、法印（法属印度支那）、菲律宾的宪兵总部各 1 份。好像还给东京的宪兵司令部发 1 份，具体记得不是很清楚了。另外，苏门答腊岛内的各下属分队也送去一份复印件。综上所述，这份月报，算上复印件，大概每个月要做 20 份左右。月报之外，发生例如空袭、搜查敌军的间谍、反日分子暴乱等大事的时候，都要逐一向军司令部提出报告书。

除了上述工作之外，还有直接搜查任务。

武吉丁宜的市中心有一座六层楼高的钟楼，非常出名。宪兵队总部就设在那里，挨着军司令官的官邸。

宪兵在战时拍摄的武吉丁宜钟楼（1978 年出版的《苏门答腊纪行》，笔者所藏书影）

宪兵分队的地址则变更了两三回，最后迁到了从总部下坡走 10 分钟左右的武吉丁宜车站前。从 1944 年 7 月至 1945 年 1 月任宪兵分队队长的河野诚写有一本书。[1] 任命他为分队队长的上司曾这样对他说:"武吉丁宜分队长就在军司令官、宪兵队长的眼前,是全苏门答腊的分队长里最受重视的。这是荣升哟。"总部的宪兵队长也说:"你要明白,此处的分队长是全苏门答腊宪兵分队的精英。一定要努力。"军司令部、军政监部所在地武吉丁宜的宪兵分队,是苏门答腊全部十个宪兵分队里最重要的。

在他的书里还这样写道:

武吉丁宜宪兵分队的辖区包括西海岸州的大部分和廖内省全部。北到马六甲海峡,南面向印度洋,中间是贯通东西的赤道。是正好在赤道下方的宪兵队。这个分队下辖北干巴鲁分遣队、望嘉丽分遣队和冷岳[2]分遣队。望嘉丽分遣队下辖峇眼亚比[3]分驻所、石叻班让分驻所;冷岳分遣队下辖艾尔莫雷[4]分驻所。分队共有兵力 80 人,在这个庞大的地区,负责维持军队秩序、防间谍、揭发潜伏间谍、收容俘虏、看管被收容的敌国平民、调查居民动向等各种任务。

第二年的 1945 年 1 月,北干巴鲁分遣队从武吉丁宜宪兵分队独立,成为分队。于是原本在武吉丁宜分队下的冷岳分遣队、望嘉丽分遣队以及它们下辖的峇眼亚比、艾尔莫雷、石叻班让 3 个分驻所都编入了新设的北干巴鲁分队。武吉丁宜分队成为单一分队。

---

[1] 河野诚:《赤道直下的血泪》,心交社,1978 年 6 月。

[2] 冷岳,Rengat。——译者注

[3] 峇眼亚比,Bagansiapiapi。——译者注

[4] 印尼语 Air Molek,意为纯水,此处按音译——译者注

笔者从原分队员那里了解到了武吉丁宜分队的构成，见下图：

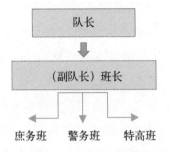

根据笔者的调查，可以确定至少 7 名历任武吉丁宜分队队长的名字。他们的军衔从中尉到少校不等。副队长/班长是准尉；负责思想和反间谍的特高班长是准尉；负责监视俘房、整顿风纪的警务班长也是准尉。庶务班是内勤和杂务。分队共有 20 名左右的队员。

曾经担任武吉丁宜分队队员（1942 年 4 月—1943 年 1 月）在队的人说，他见过赵廉作为翻译在队里出入。以前也用过日本人大婶来做翻译。当时的分队长是篠田清宪中尉（1942 年 9 月 21 日—1943 年 5 月 8 日任分队长，由于巴东宪兵队事件①被处死）。武吉丁宜宪兵分队最初是个分遣队，当时把郁达夫作为翻译征用的队长，战后由于在巴东、棉兰两个宪兵队的罪行而受到审判，作为战犯被判刑 17 年，回日本后于 1964 年死亡。武吉丁宜车站站前的建筑在战后成为旅馆。1977 年 8 月，原苏门答腊宪兵们组织

① 根据日军第 50 号法庭巴东宪兵队工作·篠田事件的记录，篠田及其他几名队员对当地有反日嫌疑的在押人员进行拷打，使其屈打成招。事情暴露后，篠田清宪在 1949 年 4 月 13 日被枪决，同时还有 2 名队员被处死。——译者注

的苏门答腊宪友会的会员去此地探访①，做了如下记录：

> 　　一进门右边的大开间是以前的办公室。左边的房间只从
> 窄缝里瞄了一眼，看不太清楚，或许是这里主人的起居室。穿
> 过走廊往里走，有两间屋子呈纵排，应该是以前的特高室和警
> 务室，现在都空置着。再往里走，有一段比其他建筑物都要矮
> 的混凝土房间，与之平行的右手有两个房间，窗户紧闭。听这
> 里的印尼人说，这是审讯室。在军司令官宿舍附近的宪兵队
> 不可怕，但这里的宪兵队很可怕。因为这里会有水刑、电刑
> 等。向导耸耸肩摆摆手，作害怕状。这应该是他从别人那里
> 听来的话吧。从房间的构造来看，其实是拘留所。走廊中还
> 有一排房檐较低的房间，同这个房间呈直角。现在用来作客
> 房，以前或许是佣人的房间吧。

以前宪兵队使用这个房子的时候，周围是用板子围起来的。②

武吉丁宜在荷兰殖民时期被称为德科克堡，这个 Fort de
Kock 用中文谐音念起来，有绝妙的"花的国""花蝶谷"等记法。武
吉丁宜的印尼语 Bukittinggi 的意思是高的山丘，是在日军占领后
启用的。它位于海拔 927 米的高原，被称为南洋的小瑞士，在荷兰
殖民时代是有名的避暑胜地。一位在南洋生活 20 余年的日本人
说，这个地方"全体的气候，不用说兰印，就是全南洋也是最好的。

---

① 苏门答腊宪友会：《苏门答腊纪行》，苏门答腊宪友会新潟联系所，1978 年 8 月。
② 《写真集·远去的苏门答腊》，苏门答腊宪友会，1988 年 4 月。其中有人拍摄了武吉
　丁宜宪兵分队正门的照片，背景中可以看到板子。

这是最适合居住的地方，我敢打包票。"①

关于武吉丁宜的文献有很多。选一些为读者介绍大概。

根据大约是 1940 年的人口调查，欧洲人 547 人，原住民 13 015 人，中国人 812 人，其他 283 人，合计 14 657 人。②

荷兰占领时代，作为西海岸州实行自治的三市镇之一，设有副理事官，步兵一大队在此驻扎。③

此地的气温，年平均在 20.9 摄氏度，最高 29.6 摄氏度，最低 9.8 摄氏度；面向印度洋的巴东则是平均 26.2 摄氏度，最高 38.8 摄氏度，最低 19.9 摄氏度。二者的温度差一目了然，由此可见武吉丁宜被当作避暑胜地的原因。而且，武吉丁宜每年平均晴天率是 57%。④

从钟楼徒步向西走几分钟，有着令人屏息的美景。据说这是默拉皮火山喷发时形成的凹陷地带。其间有河流，水田宽广，植物

① 增渊佐平：《南方圈的体臭》，诚美书阁，1941 年 10 月。吉谷武在《军队生活十年》中记道：1942 年 3 月，在苏门答腊北部的亚齐上陆，占领了此地。在州府的库塔拉加（Kutaraja）（即班达亚齐的旧称——译者注）四处探路时，让若干当地人戴上"F"开头的腕章给宪兵做向导。这里提到的人是藤原岩市少校指挥下的 F 机关员。有一天，一个叫增渊佐平的人来到宪兵队。他在库塔拉加住了 20 年以上，在日军进攻苏门答腊以前就在 F 机关的领导下从事谍报活动，方便日军开展苏门答腊的进攻作战。军政部开设后，他成为亚齐州厅总务部长，是州长官的左膀右臂。战败后，收到荷兰军的劝降书后饮弹自杀。藤原岩市自己写过一本书，名为《F 机关·豪赌印度独立的大本营参谋记录》，振字出版，1985 年 3 月。这本书 2012 年 6 月再版。[藤原岩市，日本的陆军军人。在战争时任南方军参谋兼任特务机关的领导，擅长特务工作。他的特务机关名为 F 机关。以他的姓藤原（Fujiwara）的首字母，亦取自由（Freedom）之意命名。——译者注]
② 筒井千寻：《苏门答腊重要统计》，大东亚出版，1943 年 4 月。
③ 鲛岛清彦：《苏门答腊西海岸事情》（其一），《拓务事情》第 35 号，1934 年 2 月；《苏门答腊西海岸事情》（完），《拓务事情》第 37 号，1934 年 4 月。
④ 末广清信：《宝库苏门答腊》，立命馆出版部，1944 年 9 月。

茂盛，水牛在悠闲地啃着青草。真是给避暑地锦上添花的绝景。据张楚琨说，郁达夫经常在此散步，并感叹说"这样美好的河山，却让人糟蹋了"。

大王花(译者摄于 2019 年)

武吉丁宜向北 15 公里，是世界最大的花——大王花的生息地。

日军占领一年半以前，有一位日本记者到访这里，他在游记中这样写道：

米南卡保人居住的地方，是在巴东市向北 90 公里，从 2 900 米高的山顶喷出浓烟的默拉皮火山的山麓一带——被称为巴东高原的山清水秀的高原。这片区域的中心地是武吉丁宜，这是一片凉爽的秋之高原，红蜻蜓在其中盘旋。人口大约有 2 万，坡路、台阶和绿树相映成趣的高原都市，摩登的钟楼指向天空。最初吸引我至此的就是被称作水牛洞的默拉皮山麓奇景，不想沿着这片绝境就走到了武吉丁宜。

默拉皮火山的山麓有百米高的断崖。绝壁与绝壁之间距离不到一公里，谷底隐约可见碧绿的草坪，那是高尔夫球场。那里还有一片水田，山谷中的水田线条优美，白色的阳光不断地给灰色的断崖刻出微妙的荫翳。其间流淌着银蛇一般的河流，白色山道蜿蜒而上。真是雄伟壮大的自然之景啊。

武吉丁宜镇主干道上所有的商店都是米南卡保人经营的。与数十家棉布杂货商接连的市场每周的周三和周六是促销日。到了促销的时候，周围的居民纷至沓来。还有鲜鱼和青菜市场，支着黄色大伞的露天商贩有一百多家。人们就在伞的缝隙中穿行。有戴着手表、穿着靴子、拿着文明棍的人。蔬菜令人惊异的便宜。10分钱可以买200根葱、6个卷心菜和20条黄瓜。巴东高原土壤肥沃，适于各种蔬菜的生长，而且很少看到和日本种类一样的蔬菜。潇洒的钟楼就在市场的前面，是有6层的现代建筑。来此游玩的人们把它当作瞭望台。直到战前还可以每人交上25分钱登楼眺望美丽的高原都市与巴东高原的景色，但是现在已经被禁止了。因为在钟楼楼顶挂上了空袭警报触发器。附近还有汇聚了小学、中学的学校一条街。人口200万的都市里，小学有20座，中学有2座。这里是兰印普及一般教育最好的地方，米南卡保人一定是要上学的。10年前还有相当于专门学校级别的法律学校和师范学校，但是当局将其废止了。特别是师范学校有着60年历史，是兰印资格最老的，生源一直扩展到远处的爪哇。①

《苏门答腊纵横记》中，记载这里住有警察署的汽车检查官、照相馆、杂货商等十名日本人，还有北干巴鲁日本人会的支部。

第25军司令部的军政监部在此落成之后，日本人一下子增加了。以下是根据前面提到的做过宪兵的两个人所做的记录，再现

① 涩川环树：《兰印踏破行》，有光社，1941年初版，1942年再版。原载《读卖新闻》，1940年11月18日。

当时武吉丁宜的场景：

> 武吉丁宜除了宪兵队以外，没有其他的战斗部队。但由
> 于设有铁道司令部、军乐队、野战邮政队总部、货物厂、兵器
> 厂、汽车厂、防疫供水部、野战建筑总部、陆军医院、市政厅、市
> 民医院和警察署等，便有很多人居住于此，包括军人、在军队
> 从事杂役的人以及公司职员等民间人士。
>
> 自然，"料亭和女招待"是必然会出现的。以将校和同级
> 官员、公司职员为服务对象的"治作"和"立花"两家高级料亭，
> 大约 20 名的艺伎互相斗艳。给兵士们提供服务的慰安所也
> 陆续开放。慰安妇中，据说还有被恶劣的日本商人以到食堂
> 工作为借口骗来的、痛哭不止的十四五岁华侨少女。当时，苏
> 门答腊和其他的南方地区不同，是片和平乐土，基本上没什么
> 像样的战斗，因而色情行业十分盛行。当然，不仅有从事色情
> 行业的女性，也有不少女性在陆军医院当护士，在司令部、军
> 政监部当打字员，在偕行社（亲陆军将校的团体）、商业公司等
> 工作，武吉丁宜就有上百名女性。

1944 年 2 月，日后成为作家的户石泰一作为见习士官被分配
到司令部参谋部的庶务班。他很快就被任命为少尉，一直待到了
投降。他在回顾军队生活的作品《熄灯喇叭与兵队》①中描写了武

---

① KK 畅销出版，1976 年 7 月。户石泰一 1942 年毕业于东京大学文学科，同年又修完
　硕士，作为专门学校的老师被召集到苏门答腊，配置在一辆重兵中。他把与当地各
　色人等的交往进行了归纳，写出了很有特色的文章。不过他描写的主要是北苏门答
　腊的亚齐和打巴奴里。萩原朴：《我的"大东亚战争"》，河出书房新社，1992 年 7 月。

吉丁宜的样子,用幽默的言语渲染了当时安稳的生活。他这样描述到达武吉丁宜当天的情形:

> 很快,三五成群回来的伙伴们表达了同样的看法:"这个镇子真是缺乏干劲啊。"在新加坡司令部的人看来,这里完全就是远离前线的大后方。
>
> 看看走在街上的军人,穿军服的都是士兵和下士官……看着像将校的人都穿着合身的开襟上衣、法兰绒等日本国内都见不到的上等材料的裤子,潇洒地拎着文明棍,慢悠悠地走着。一点都不觉得像是在战场。
>
> 待发现了有日本人艺伎的日料屋之后,大家更是兴奋。这些艺伎穿着长摆和服,梳着日本发髻。

书中有一篇名为《武吉丁宜的优雅每日》的文章,其中写道:

> 武吉丁宜原本是荷兰人的避暑胜地,所以有很多很摩登的房子。因为荷兰人是"敌对国外国人",所以全被赶了出来。这些房子都给日本的将校和军队关系人员用了。最初,房子里有很多衣柜,洋服也很多,一帮先辈诸公便让人稍作剪裁而穿了起来。
>
> 不过,剩下的也没有什么好房子了。我等少尉分到的是看起来像学校职员住宅的房子。小房间很多,墙壁的另一头是印尼的女子学校。不过,面向道路的地方有一个大开间,食堂也很大,大冰箱有两个,一个放鱼肉蔬菜,一个放水果点心。当时的日本,如果不是特别富有的家庭,连普通的往里放冰块

的冰箱①都没有，更别提电冰箱了。在食堂下一层有带淋浴的浴池。厕所类似现在团地②盖的厕所，虽然是洋式，但在周围围上木板，改造成日式风格的蹲便池。洗澡的地方也不是浴盆，而是设了日式的汽油桶③泡澡。厕所中的排泄物直接落入小坑中，坑下面有潺潺流水，排出来的东西一下就不见了。不只这里有这种流水，后来我们去的宿舍虽然是纯粹的印尼样式，但是下面也同样有清流流淌。宿舍的厕所里没有便器，厕所的房间中央全体凹陷下去，其中有一个非常非常小的孔。装满水的啤酒瓶放在房间一角。便后没有手纸，而是用左手和水来冲洗。O参谋曾说"用了这个，多么顽固的痔疮都能治好"，对此大加赞赏。

（中略）

下午4点工作结束，下班后日头还是很好。直到9点左右天才黑下来。④ 偕行社（宾馆）的庭院中有打网球的地方。高等官食堂和偕行社都有桌球台。大家或是穿着白色的瘦削长裤和开襟上衣打网球，或是去打台球，对此非常热衷。后来，不知是谁发现了高尔夫球棒，也有球，只不过没有高尔夫球场，有球棒也没用。于是，大家用锉刀把球棒那个像大勺子的部分给弄掉，把球棒当成文明棍来用，这种改造还蛮流行。

---

① 以前没有电冰箱的时候，所谓的冰箱是一个木箱子，其中有放冰的夹层。把买来的冰放入夹层中冰镇食物。——译者注
② 日本的大规模公寓楼集体住宅小区。——译者注
③ 二战前后的日本，将废弃汽油桶用来泡澡的情况很常见，桶底部用柴火加热后入浴。——译者注
④ 文中写的时间是东京时间，当时因为是占领区，所以用和日本本土一样的时间。事实上现在的印度尼西亚苏门答腊和日本有着2小时的时差。

最后，我们的班长都加入进来，把这些球棒的脑袋哐啷哐啷地斩掉了。

"这个镇子真是缺乏干劲啊。"这话似乎是好久以前说的了。一天又一天，在同样气温、不分四季的生活里，连时间都忘掉了，很容易变得"堕落"。去一趟兼日本料理屋的将校慰安所，梳着日本发髻的艺伎就会从铺着榻榻米的房间里迎出来。向年轻的艺伎借张唱片练习小曲，一时也很流行。手摇着留声机（那时候还不用 player 这样的洋词），反反复复听着咿咿呀呀的"春—雨—"，自己也会唱了。我一开始是对荷风和镜花①的花柳小说很不屑的，但后来也有一段时间迷上了，一个月之后竟然把"春雨"的小曲全唱了下来，自己都吃了一惊。

麻将也非常流行。不出去喝酒的晚上都是玩麻将度过的。

"喂，以后回了日本可要保密啊。家里人肯定相信我们是在酷热多病、满是瘴气的丛林里，挥汗如雨地努力着呢。"一边玩着牌，一边这么想着。②

户石泰一这样描写这里的安稳光景：

大道两侧，排列有武藏野青梅街道③的榉树两倍大的

---

① 永井荷风和泉镜花，都是日本明治到昭和时期的著名小说家。二人文风都较为浪漫，永井荷风以圆熟暧昧的"花柳小说"闻名。——译者注
② 根据曾在军政监部工作人员的回忆，武吉丁宜的自来水与煤气都整备齐全，巴爷公务有电无自来水。
③ 日本各地为了防风而在家周围建起树林，叫作屋敷林，是较有特色的景色。青梅街道的屋敷林比较有名。——译者注

树①，一直延伸到老远。树荫下小马(应该还是小马驹的当地马)拉的车，发出很轻的声音前进着。

户石泰一有颓废派倾向，大学时曾经师从太宰治。战后他一边担任都立定时制高中的老师，一边从事创作活动。对工会活动也颇为尽力，曾担任过都立高等学校教职员工会的副委员长。可以说他有着和郁达夫类似的气质。武吉丁宜地方不大，两人说不定在哪里遇见过，只是臆想一下也觉得很有意思。②

日本人为自己所占领的武吉丁宜带来的不只有"料亭和女招待"，还有"神社"。军司令部里建造了鸟见神社，1943 年 6 月 24 日举行了镇座式③。第 25 军因为叫"富集团"，所以也希望通过神社借来神武天皇在大和国鸟见山即位那样的荣耀。④ 神社虽不算大，但也足够配得上"苏门答腊神社"之名的，是个很有存在感的建筑。战败后，神社很快便和军部内的防空洞一起被炸毁了。军司令部建在钟楼、宪兵队总部的高台之下，本来也计划在宪兵队总部

---

① 此处的街边树应该是欧洲七叶树。曾在司令部工作，战后 27 年重返此地的田中正佐久有过记录。在政局不稳定的 20 世纪 50 年代内乱中，这些欧洲七叶树被连根拔掉，房子烧了。曾经的景象灰飞烟灭。田中正佐久：《与苏门答腊之牵绊》，富之怀思编委会：《富之步 怀思集》，1981 年 6 月。

② 户石泰一于 1978 年 10 月 31 日去世，享年 59 岁。他也写过以苏门答腊为题材的小说。他曾通过友人、作家小田岳夫为笔者提供关于战败后苏门答腊情况的信息。

③ 即落成仪式。建好后，请神明来镇守之意。——译者注

④ 战争当时，日军各选 1—2 个汉字作为代号。第 25 军的代号为"富"，为什么选这个字，原因不清楚。但按照本段文章的逻辑，或可推测这个"富"与日本神话中的"天富命"有关。天富命是开拓之神，曾辅佐神武天皇。神武天皇是《日本书纪》记载的第一任天皇，日本国的创始者。——译者注

背后建一个苏门答腊神社的。

钟楼下还建了一个日本庭园。作为慰问团一员来到这里的漫谈家大辻司郎①这样写道：

> 不可思议的是，这里种植着国内的映山红与菖蒲，挖成葫芦形的池塘里游着红鲤鱼；有两间茶室风格的开间和室，铺着青色的榻榻米；细竹斜编而成的天花板，日式的瓦房顶，这些全都是采用当地原材料，由原本是木匠、泥瓦匠和庭园师的士兵们煞费苦心做出来的。搭建和室和庭园都是很费时间的，这些真是值得长久保存。对故乡害着相思病而神经衰弱的人，看一眼这庭院便可收到治愈之功效。②

武吉丁宜的钟楼附近也有一家海天旅馆。和巴爷公务的海天旅馆一样，都是吴玉泉经营的。这间旅馆的对面是他经营的海天食堂。据吴玉泉说③，日军占领后，郁达夫把店名改成日语写的"みやこ食堂"。④

根据战前的资料⑤，武吉丁宜距离郁达夫常去的巴东，坐火车

---

① 漫谈是日本的一种演艺形式。大辻司郎是发明了这个演艺形式的人。他原本是默片电影解说员，后来就把巧妙讲话的艺术发展为漫谈。——译者注

② 《苏门答腊从军记》，非凡阁，1943 年 10 月。

③ 1988 年 3 月，笔者到访时，海天旅馆的经营者把旅馆的名字改成了 SURYA，还在营业。对面的食堂已经成了大学的建筑物。（SURYA 在梵语、印地语中意为太阳、太阳神，印尼文化受印度教影响也很深。——译者注）

④ みやこ写成日语汉字是"都"（Miyako），意思是皇宫所在地、首都、都会等，日本现在也有很多大饭店以此为名。——译者注

⑤ 《南洋案内》，南洋协会，1941 年 1 月。

要 3 小时 15 分(一等座 1.40 荷兰盾,二等座 0.54 荷兰盾),开车要
6 个小时。

SURYA 旅馆招牌(译者摄于 2019 年)

第四章　平常生活

如前所述，郁达夫在巴爷公务定居不久，就被武吉丁宜的宪兵队招去做翻译。既然他不要宪兵队的俸禄，就不得不找其他的手段来谋生。何况，他还得维持在宪兵眼里的富商形象。

郁达夫从新加坡出逃时带了很多钱，到达巴爷公务的时候还剩下几百荷兰盾①。胡愈之等人每人有不到 100 荷兰盾。离开石叻班让时，新加坡的侨领李振殿和刘武丹给郁达夫他们七人每人都带了 100 荷兰盾当旅费，基本在旅途中就用完了。虽然巴爷公务的生活水平很低，但是过了两三个月也就都花完了，郁达夫的钱也很快要见底了。他们打算做点什么小买卖，一来能隐藏身份，二来能维持生活。正好在实武牙（Sibolga，打巴奴里的州府所在地）②的某援助组织负责人秘密托人给文化界难民们带了一笔 400 荷兰盾的救急费，正好捎到了巴爷公务。他们就用这笔钱作为资本，向当地的华侨又募集了一两百荷兰盾的投资，开办了"赵予记酒厂"③。

---

① 因为是荷兰殖民时代使用的货币，所以中文叫荷兰盾，当地人称为卢比。（现在的印尼货币仍然是卢比）当时新加坡使用的是叻币。根据 1942 年 3 月的《第 25 军军政部调查班苏门答腊调查报告》，爪哇银行兑换券日元 100 元大约为 124.2 荷兰盾。这应该是战争开始之前的报告。1942 年 2 月 23 日，管辖苏门答腊的马来亚军政部开始发行军票。小林英夫：《日本军政下的亚洲》，岩波新书，1993 年 11 月。叻币、荷兰盾和军票与日本货币等价，100 叻币等于 60 荷兰盾的黑市操作也是有的。到了战争末期，苏门答腊也遭受了强烈的通货膨胀冲击，这是当年在那里的日本人都难以忘记的事。

② 实武牙（Sibolga），现译为锡博尔加，印度尼西亚北苏门答腊省西海岸港口。——译者注

③ 关于酒厂名字的由来，胡浪曼的《缅怀郁达夫先生》（下）中说，很明显是用了予让为智伯报仇的故事。开酒厂即相当于予让以漆涂身和吞炭，目的是为了隐藏身份。（转下页）

这个酒厂名义上的老板是赵廉,即郁达夫,负责人则是张楚琨和胡愈之。酒厂开张伊始没能赚钱,但半年之后,驻守此地的日军越来越多,酒的销量暴涨。每个月都能赚几百荷兰盾,这样不仅解决了郁达夫等人的生活问题,而且通过给宪兵们送酒,更让日本人相信了他是有钱的华侨,没起过任何疑心。

关于这个酒厂,张楚琨在《忆流亡中的郁达夫》的记载最为详细。当时市场上的酒供应量不足,有个日本老太太造的酒,但不受欢迎。郁达夫以注册人的名义申请了"许可证",他是表面上的老板,负责人和造酒的实际工作却是张楚琨负责。下面引张楚琨的原文①:

> 酒厂的创业十分艰巨,四百盾要办个酒厂,对文化人来说,比合著一本巨书难多了。哪儿找厂址?哪儿找技术人才?怎么搞基建?怎么购置工具?课题是崭新的,考验是严峻的。
>
> 依靠爱国侨胞许乃昌的支持,解决了厂址问题,在拉母西

(接上页)战国时代,晋的予让开始做官时一文不名,但智伯重用了他。智伯被赵襄子杀死后,为了给智伯复仇,予让用漆涂身装成癞疮,吞下火炭把嗓子弄嘶哑,但最终没能如愿,于是自尽。

不过,张楚琨在《忆流亡中的郁达夫》中称,赵予记酒厂的名字是郁达夫起的,但就像赵廉没有什么特别的由来一样,酒厂的名字也没有什么特别的意义。但收有该文的书的编者有一段脚注:有观点认为,在闽南语中,赵廉的发音和"着粘"相同,意为被追捕。

"记"指代商店,一般用在经营者姓名的后边。笔者在 1972 年 5 月探访赵予记酒厂时,听当地的华人说,酒厂的房子已经没有了。但是,1995 年 9 月再去的时候,当地的印尼人向导说还有,并且带笔者去看了。当年的酒厂所在地拼写为 Lahusilang 或 Ramosiran,用中文写为"亚浮斯廊"或"拉姆西朗",位于靠近武吉丁宜方向,离居民区稍远的地方,从郁达夫最后住的地方骑自行车大约 10～20 分钟。

① 张楚琨:《忆流亡中的郁达夫》,收录于陈子善、王自立编:《回忆郁达夫》,湖南文艺出版社,1986 年 12 月,第 589—620 页。——译者注

朗胡愈之园舍的对面还有一片难民园,空地数亩,茅舍数椽,一口井,房子空着,没有人住,随时可搬进,技术人才找不到,只有自力更生。

我们花一百盾盖了一所"阿答"(茅草)工棚,花一百多盾定制数十个发酵用的大木桶、大玻璃瓶和土法蒸馏锅,其余作为购买原料、瓶子、木箱的流动资金。许乃昌的内兄欧阳允成教我一点酿造米酒的方法(荷兰统治时期不许私人酿酒,允成是在国内农村酿土酒学的),还钻研从日文翻译的一套《工业大全》的酿造一章。我在大学是学法律的,化学工业一窍不通,这时也只好试验、试验、再试验,在实践中摸索前进了。

第一锅酒的诞生,是在郁达夫、胡愈之、沈兹九、邵宗汉等人的围观中完成的。郁达夫第一个品尝,喝了一口说:"还可以,不够浓。"那时我用两斤米酿一斤酒,不懂加糖泡子,酒醇而淡,成本很高。

我又死翻《工业大全》,然后又试验。郁达夫每次到酒厂来,看我老捧着这本破烂的大书,总是笑着说:"啊啊,你又在钻《工业大全》!"他把酒厂当作一桩正经事业来办,每次从武吉丁宜来,总在酒厂呆半天。

两种酒上市了,一种叫"双清",一种叫"初恋"。沈兹九在日本留过学,取了日本人所喜欢的酒名。①

---

① 关根文说酒的名字是"初恋"和"太白"。有一些当时住在武吉丁宜的日本人还记得"初恋"这个酒名。

沈兹九,1898年生于浙江。曾就学于浙江女子师范学校,在学生时代与工厂主的弟弟、一位大学生订婚,婚后育有一女。后来丈夫病死。之后去日本留学,1925年毕业于东京女子高等师范学校图画专修科。关于沈兹九的女高学生时 (转下页)

我押货上巴雅公务市上分给零售户,也常常上武吉丁宜推销。武吉丁宜离巴雅三十三公里,有火车可达。郁达夫在日本人中大事宣传,又很认真地委托那里的商家代理,商人看"赵大人"面上,颇为卖力。

巴爷公务这里似乎比较安全。文化界人士、抗日活动的青年等也都慢慢聚集过来,酒厂对他们来说是获得收入的好渠道,张楚琨说:

酒厂办得有点起色,胡愈之的成本会计算得很精,逼得我非千方百计降低成本不可。我把酒糟了两次、三次、四次甚至五次,每次加大量的棕榈糖,于是成本低了,酒精度数高了,味浓烈了,利润猛增了。凡参加工作和干活的都拿二十元工资(当地物价廉宜,维持生活不成问题),老板的应酬费不在此限;沈兹九、邵宗汉干轻活,装装酒;吴柳斯、汪金丁、林醒黄等不久也来酒厂凑伙,当了酿酒师;杨骚、高云览则在酒厂暂作

(接上页)代,加藤正子著有《调查研究 东京女子高等师范学校的中国人女子留学生》(《御茶水女子大学女性文化资料馆馆报》第 6 号,1985 年 7 月)。根据包立民:《郁达夫之死新说的辩证》,邵宗汉的妻子张绿漪是沈兹九的女儿。

日语杂志《人民中国》1981 年 1 月号中,有沈兹九的《日本回想,女高师的 4 年间》一文。据此文,她在女高师毕业后,有很短的一段时间在东京帝国大学当旁听生。在《申报》和《妇女生活》做编辑,1936 年,发起成立"上海各界救国联合会",自己做执行委员,是一位女性活动家。在皖南事变后,她去了新加坡,给胡愈之做助手而后结成连理。战后,在新加坡的《南侨日报》《风下》《新妇女》等报纸杂志做编辑。1948 年回国,中华人民共和国成立后任《中国妇女》杂志社社长、全国人民代表大会代表、全国政协委员等,1989 年 12 月 6 日去世。

沈兹九在《流亡在赤道线上》中写的和张楚琨的叙述略有不同。她说当地华侨称这款酒为"双清",是她给起了一个日语名字"初恋"。

"寓公",准备转移。巴雅公务真是沸沸扬扬了。

1942 年 9 月 18 日,汪金丁[①]从北干巴鲁来到巴爷公务,在赵予记酒厂帮助造酒,一直待到战争结束。据他说,酒厂的劳动者大多是印尼人。

日本人也为酒厂出过力。

酒厂遗址(笔者摄于 1995 年)

虽然逃难的文化人通过造酒赚了钱,但还不足以维持多人的

① 根据《郁达夫在南洋的经历》,收录于《回忆郁达夫》。

汪金丁(1910—1998),原名汪林锡,北京人。中学毕业后在河北省当教师。此后在北京、上海展开文学活动,加入中国左翼作家联盟。1938 年 1 月从上海至新加坡,一边做教师,一边在报纸杂志上发表作品。在新加坡沦陷前,和郁达夫一同避难。战后也在新加坡当教师,1948 年经香港回国。1950—1985 年任中国人民大学教授。

生活。于是，众人之中的方君壮①发明了用草木灰的清液代替苏打制造肥皂的方法，在酒厂的地皮上又开了肥皂厂。方君壮接着还开了造纸厂②，名义上的老板也都是郁达夫。后来，肥皂厂和造纸厂因为经营不善而倒闭了，酒厂则在日军投降后依然经营。

造纸厂遗址（1972 年关根文摄影）

郁达夫一边做着酒厂老板，一边被宪兵用来当翻译。据胡愈之说，他辞掉翻译工作是在 1943 年的 2、3 月左右。但是根据汪金丁在战后早期写的回忆录③，郁达夫是在被宪兵带到了亚齐当翻

① 方君壮(1905—1981)，广东晋宁人，就学于交通大学物理化学专业。1926 年在澄海从事农民运动时，加入中国共产党；1927 年赴南洋，"二战后"在槟城担任《现代日报》的主编。1950 年 9 月，报纸被停刊，他回到广州，在广州侨务委员会担任副主任。
　　在酒厂与他一同工作的林醒黄，直到战前一直在新加坡的中学担任体育老师。后被卷入了后文中将讲述的，因洪根培而起的婚姻纠纷。
② 造纸厂在向武吉丁宜方向去两三公里的路边，建筑一直保存到了 1988 年 3 月。
③ 《郁达夫的最后》，《文艺生活》(海外版)第 13 期，1949 年 4 月。

译回来之后才辞职的。王任叔的《记郁达夫》记载,1943年初夏,自己住在棉兰郊外的时候,遇到了从亚齐归来的郁达夫。(棉兰是比亚齐更靠南的东海岸州州厅)如果是这样的话,那么从2、3月到初夏,郁达夫至少出了有两个月的差了。如果刚辞掉翻译工作,又立即被派去出差似乎不太合理。笔者认为,胡愈之在文中没提这些,是因为他对郁达夫在宪兵队当翻译的时期不是特别在意。与之相比,汪金丁的叙述比较详细,没什么矛盾之处。据他说,出差亚齐与郁达夫辞任翻译有着密切关系。下面归纳一下汪金丁的话。

去亚齐出差非常突然。郁达夫得到消息没几天就出发了。自己也不知道到底去哪里,什么时候回来。朋友们都非常担心。出差前不久,苏门答腊的报纸[①]上登载了同盟

---

① 此处的原文是"苏门答腊新闻"。根据井上勇《马来、苏门答腊新闻》,《国际文化》27号,1943年9月。日本的同盟通信社和地方较有影响力的13家报社,在获得日本陆军批准后组成了昭南新闻会,当时苏门答腊地区发行的报纸就是这个新闻会直接经营的4家报社:棉兰《苏门答腊新闻》(印尼语),1942年11月3日创刊;棉兰《苏门答腊新闻》(中文),1942年11月3日创刊;巴东《巴东日报》(印尼语),1943年1月1日创刊;巴东《苏门答腊新闻》(日语),1943年6月8日创刊。

关于汪金丁所说的《苏门答腊新闻》,笔者向他本人询问时,得到的回答是日语的报纸,具体记不清是在巴东还是武吉丁宜发行的了。

张紫薇在《郁达夫流亡外纪》中是这样记述的:有一次,棉兰发行的《苏门答腊新闻》上登载郁达夫、巴金等人已经到了北京的消息。在荣生宾馆给郁达夫看了这份报纸,他说"这个消息,对我是很好的"。后来巴东的日语报纸也登了同样的新闻。

笔者在1992年夏天去了雅加达的国立图书馆,想要阅览日军占领下的苏门答腊发行的日语和中文报纸。可惜馆藏只有在巴东发行的日语报纸《苏门答腊新闻》,而且也只有1943年10月1日的第100号到1944年1月20日的第193号。在笔者所见范围内,并没有这则新闻。(笔者事前曾询问了雅加达国立公文书馆,得到的回答是只有国立图书馆收藏这类报纸。1988年春,笔者又向巴东的图书馆咨询,回答是完全没有中文和日语的报纸)如果像汪金丁所记,在这份报纸上找到了这则新闻的话,应该能判断郁达夫去往亚齐是在初夏。另外,《苏门答腊新闻》的复刻版在日本已经发行了,江泽诚监修、讲解,Yumani书房出版,2017年4月25日。(转下页)

社①的电讯，称重庆的抗战文艺领袖、作家郁达夫已经到了南京，参加了和平运动等。所以这次郁达夫的出差，大家都纷纷猜测，莫不是日本人使的什么坏吧？

　　郁达夫出差之后，一个多月都没有音信。去宪兵队打听，宪兵也装作不知道的样子。这样朋友们就更担心了。当地的一些华侨认为他可能回不来了。大部分人都非常为他担心。但也有为他遭了不幸而高兴的。比如，有从新加坡来此避难的华侨文化人跑去他家借了家具的，当地的小学校长还逼迫诗人杨骚去学校教日语。②

（接上页）另据中国国内的资料，1937 年，苏门答腊的棉兰发行有 3 份中文报纸，日军占领后，印尼中文报纸只剩 1 份发行，即在雅加达的《共荣报》，其余均被禁止。方积根、胡文英：《海外华文报的历史与现状》，新华出版社，1989 年 11 月。关于这份棉兰的中文《苏门答腊新闻》，可能在当时编书时有所疏忽或者没能找到相关信息吧。

　　关于巴东发行的《苏门答腊新闻》，笔者曾经写过论文——《〈苏门答腊新闻〉之原版》，《史》第 80 号，1992 年 12 月。美国康奈尔大学图书馆藏有很多日军占领印尼时期的资料，笔者曾向其咨询，得到的反馈是，他们只藏有棉兰发行的马来语《苏门答腊新闻》。另外，位于荷兰的战争研究所也持相同回答。

① 笔者查询了同盟通信社发行的《同盟旬报》第六卷第 22 号（1942 年上旬）到第六卷 36 号（同年 12 月下旬）以及《同盟时事月报》（系《同盟旬报》的更名）第七卷第 1 号（1943 年 2 月）到第八卷第 5 号（1944 年 6 月），没有找到汪金丁和张紫薇提到的这篇报道。不过在《同盟时事月报》第七卷第 8 号（1943 年 9 月）中有一篇名为《作家们悲惨生活的哀叹》的报道，其中讲述了巴金、谢冰莹、田汉、茅盾、老舍等作家在重庆生活困窘，承受着难以忍受的痛苦。文中有"曾经同留学日本的郁达夫、郭沫若等人一起创办了创造社的浪漫派剧作家田汉"这样的句子。印刷的时候，在郁达夫和郭沫若之间正好有个换行，也能读成郁达夫在重庆。这篇报道可能是误传，也可能是记忆有误。

② 杨骚曾在日本东京高等师范学校留学。小谷一郎：《东京高等师范学校就读过的中国人（一）》，《左联研究》第二辑（1992 年 5 月）中，载有复印的 1922 年（大正十一年）同校生名单，其中"文三、予"一栏中，记有杨骚的原名杨维铨，不过似乎没有毕业。杨骚是著名诗人，1900 年生于福建。据说在日本与女性作家白薇同居过。1924 年回国，1925 年去往新加坡，1927 年回国，在上海从事写作活动。七七事变后，辗转福州、重庆，于 1941 年再赴新加坡，协助陈嘉庚编《闽潮》杂志，开展抗日活动。在苏门答腊避难时，化名杨笃清。离开巴爷公务后，在南苏门答腊靠做肥皂生活。1944 年 6 月，与当地华侨的女儿结婚（与白薇已在上海分手）。战后回到新加坡，从事教育和编辑工作。1952 年经雅加达回到北京，1957 年 1 月去世。杨骚翻译出版过谷崎润一郎的《痴人之爱》、金子洋文的《洗衣房和诗人》等。据实藤惠秀监修：《中国译日本书综合目录》，香港中文大学出版社，1980 年。

但是,郁达夫终于还是回到了巴爷公务。据他所说,是跟着日本人去侦察在苏门答腊北部亚齐的联军间谍。日本人表面上看起来特别秘密,但实际上去了哪都要喝酒找女人。他们也确实逮捕了一些有嫌疑的人。不过日本人不懂荷兰语,看到物证也不明白,所以什么事都要先问他。他只要巧妙地翻译,嫌疑很大的人也会被减轻嫌疑而获释,重要的物证他则藏起来销毁了。

和郁达夫一起出差的日本人晋升了一级。郁达夫的报酬似乎也有所增长。但这之后,郁达夫越来越轻视日本人。郁达夫本是相信日本人会很快一扫东南亚,然后和纳粹会合的。他自己是日本通,又亲眼见过苏门答腊的英军不战而退全军溃逃的样子。因此他认为战局发展会变得曲折复杂,不同意朋友们的见解。但是,现在他的想法也变了。他见识了日本人的暴虐、颓废和腐败。他相信日本法西斯是绝不会有出路的。听了胡愈之的解说(胡愈之是国际问题专家),郁达夫认为自己从宪兵队的苦海中抽身的机会来了。正好在这时,苏门答腊有了独立的军政监部,与马来亚进行分开统治。武吉丁宜被预选为苏门答腊的首府。形势变得复杂,郁达夫必须要从宪兵队脱离。朋友们也开始做分散避难的准备。

关于郁达夫辞任翻译,汪金丁文章的大意是:

从宪兵队出来是很难的。他们不让郁达夫走。对于他们来说,能找到同时会中文、英文、荷兰语和印尼语的人并不容易。更重要的是,随时都能让他们张口借钱的人更难得。(一起避难的人说,宪兵们总是跟郁达夫要钱)张楚琨也说“老板的应酬费不在此限”。郁达夫不得不装病,故意伤害自己的身体。为了能患感冒,每天早起用冷水浇身;为了能咳嗽而抽大烟、喝酒。试了各种方法,终于得到了一纸肺病证明。

　　他去了沙瓦伦多①的医院,给那里的日本人医官送了好几瓶酒,请他证明自己确实生了病。后来宪兵队也批准了他辞职。

　　沙瓦伦多在离武吉丁宜坐火车 100 公里的内陆,有著名的翁比林煤矿。他应该是为了获取一纸证明而专门去了这个谁都不认识他的地方。

　　齐亚出差成为辞职契机。在从亚齐归来的途中,郁达夫见到了王任叔。王任叔在《记郁达夫》中写道,自己收到了邵宗汉②的邀请,1942 年 10 月开始向棉兰方向出发,途中在著名的疗养地先达③住了 3 个月。此后他化名何秀生,通过家具制造厂得到身份证。1943 年 1 月,转移到棉兰的郊外。王任叔在那里加入"苏门答腊人民反法西斯同盟"并作为领导人,编辑抗日地下出版物《前进日报》。自从他到了棉兰,就没有直接同西苏门答腊的朋友们联系,而是通过邵宗汉作为中介传消息,自然同郁达夫也是完全断绝了联系。但是王任叔一直没有忘记来自郁达夫的温暖情谊,也没忘记过他的悲惨遭遇。

　　1943 年初夏的早上,一位在书店做老板的"同志"去了在棉兰郊外隐居的王任叔那里,问他赵廉在棉兰,想不想去见见。王任叔的叙述大意是:

　　他想,郁达夫一定是从亚齐归来了。之前赵予记酒厂的负责人张楚琨曾到过棉兰,说郁达夫跟着宪兵走了两个多月还没回来,

---

① 沙瓦伦多,Sawahlunto。——译者注

② 邵宗汉是记者。20 世纪 40 年代进入槟城的《现代日报》。随着日军进攻,和妻子张绿漪一同逃到苏门答腊。战后,在复刊的《现代日报》从事编辑工作,1949 年经新加坡回国。他在苏门答腊使用张德生的化名。

③ 先达,Pematangsiantar。——译者注

音信全无。西苏门答腊的朋友们都非常不安,张楚琨是来打探消息的。结果什么也没得到,又匆匆回去了。① 能和郁达夫见面,对王任叔来说真是莫大的安慰。这位书店老板告诉他,某家旅馆的店主知道赵廉是郁达夫,而且说,在旅馆周围的新兴商人中,这早就是公开的秘密了。这些商人在西苏门答腊经商,也出入当地的宪兵队,就得到了消息。当那家旅馆里来了一个留小胡子的男人,在登记簿上写下"赵廉"的名字后,旅店主觉得自己的熟人、这位书店老板可能知道这个神秘人物,就告诉了他。

王任叔让书店老板去打探旅馆的情形,但郁达夫没在。郁达夫也一直在找王任叔。他在前天就到了棉兰,第二天请了假住在旅馆。他故意在旅馆登记簿上写下了赵廉的名字,觉得说不定王任叔能看到。他还去了电影院和所有的书店寻找,没找到王任叔,却找到了出售的《郁达夫选集》。失望之余买了一本聊以自慰。到了第二天早上,又打算通过卖小商品的商人(都是浙江绍兴人)去寻找王任叔(王任叔和郁达夫也都是浙江人)。最终,还是郁达夫先找到了王任叔。

郁达夫特别高兴。王任叔看到他身上流露出一种从长期的重压中解放出来的欢快。郁达夫很快就提议去饭馆,他的话似乎讲也讲不完。他说,离开西苏门答腊两个多月了,亚齐州的其他地方哪都没去,就和日本宪兵一起在村子里寻找抗日分子,进行搜查和审讯,两个月没休息一天。从村子到市里,再从市里到村子里,昏天黑地地搜查。回了棉兰可算能在外面住宿休息了。

---

① 张楚琨本人并没有提到这件事。据汪金丁说,张楚琨确实为了了解郁达夫的情况而去了亚齐。郁达夫被宪兵带去亚齐是从事代号"ス"的搜查工作,被迫当翻译。后文中将详细讲述这个工作。

为什么郁达夫会被宪兵带到苏门答腊最北边当翻译呢，下文原文引用王任叔对这个背景的交代：

> 这亚齐是印尼最强悍的民族集居地。十九世纪七八十年代，这是一个独立的王国，荷兰在那里征伐了三四十年，到一九〇四年，才完全征服。日军占领了马来亚，他们曾渡过海峡，把日军引来，首先打走荷兰人。不到三个月，看看新来的主人比荷兰还不如，他们唱着"猪子赶走了，狗子进来了，亚齐人民，困苦死了"的歌，举起反抗的火把——到处抗租抗税，和日本斗争。一时被日军武力镇压下去，大概已转入为地下的斗争了。日本宪兵要在那里做二个月的侦查工作，决不是偶然的。

亚齐族以精悍勇猛而闻名。《军队生活十年》的作者吉谷武也说，在进攻亚齐州的州厅所在地班达亚齐的时候，受到民众热烈欢迎的同时，有一些人却一直顽强抵抗到最后。

那时，郁达夫这样说：

> 日本人不很注意中国人的事。这和马来亚不同。他们要中国人的是钱。

王任叔问起了他以后的打算。劝他想办法脱离宪兵队。他回答说："这一回，我要试试看了"，"回苏西去后，他们还要去卜干峇鲁。他们说，在那里有印尼人共产党，他们已有谍报，他们要去捉，但我不再想跟去了。"

王任叔写道：

　　显然，达夫已经有了变化。这变化表现在他敢于透漏一些日本宪兵部的消息。他进宪兵部以来，一向警戒自己，说出内里的事来的。我以为这变化由于达夫一时身心获得解放的缘故。但后来愈之告诉我：他是在这次工作中恨透了那日本宪兵的残酷。在日本住了十多年的达夫，对日本民族不免有多少好感。达夫在谈论政治的时候，总把中国政府的贪污腐败和日本政治某些清明和合理的现象相比拟。所以有人认定，达夫是感情上热爱祖国，思想上却接近于日本的，因此他个人有和日本人和解的可能。他一般说来，是爱日本人的。但这回，他却从日本宪兵的残酷行为中，看到了日本民族的凶暴是不可救药的。他心里已经由恐惧转为愤怒了。这怕就是他对我们说出一些宪兵部机密的原因吧。

　　郁达夫他们从饭馆出来后，去了前面提到的书店玩麻将。

　　在那里我们"边谈边打"是很适合的，达夫向旅馆去转了一转便来了。牌还没有打到一圈，大地书店的门被彭彭的打起了来，"赵样赵样"①的日本人声音，送上楼来，他便匆匆下楼去，但还约定我们等着他，别走散了，他去去就来。

　　约莫去了半个钟头，他真的回来了。我们重新就位，他在桌边咕诘着："日本人可真没有人才，连一份电报，也得我去翻的，什么都不懂，怎么做事呀！只会捉人。"

　　可是重整旗鼓还不到一圈，楼下的高声叫喊又起来了：

---

① "样"是日语的人称敬语接尾词，相当于称呼某某君。——译者注

"赵样赵样"。这回的声音,和以前不同,带有命令和训斥的调子,粗率而沉重,还夹着愤怒。达夫马上放下牌,脸子一沉,滚下楼去。楼下是日本人的大声的说话,和达夫的恭顺的回答。我从楼梯穿隙望过去,达夫全显出一个中国式的听差的窘急的状态。——是什么力量支配了这傲慢的文人,而至于如此低首下心呢?生命像一条孤单的电线,在狂风吹过时,嘘嘘发声。四面密布的阴云,又增加凄凉的情调。我们的朋友,处在这样的情景下,又怎能叫我不悲哀而愤怒呢。

王任叔后来又进一步讲述了事情经过,但并未交代他是如何知晓的。据他叙述,日本人来找郁达夫,是因为要找地方去玩女人。郁达夫被用来做差遣。之后,宪兵决定就那么乘着夜色回西苏门答腊。郁达夫有了一点空,又回去书店。但书店关门无人。他记得在此避难的邵宗汉的家,但没记住具体的门牌号。他在昏暗的路灯下到这敲敲门,到那敲敲门,搞了半个小时,寻找一个叫张德生的家。出发时间是夜里两点,他直到出发前的一小时还在找,最后只得放弃希望。他希望些什么呢? 王任叔说,他只希望跟一个可以说话的朋友说一声:"我要回去了,黑夜二点钟的时候,我们要赶回苏西去了。"试想一想,一颗没着落的心,连要找到一些临别的温情,也不能得到呢。黑夜全个包围着他,他能得到一个喘息的机会吗? 孤独的人生,凄凉的身世!

这之后,关于郁达夫的消息,王任叔只是偶有耳闻。据他说,郁达夫回了西苏门答腊之后就辞掉了翻译的工作。如果郁达夫的辞职的确在亚齐回去之后,王任叔的记忆也是正确的话,

那么郁达夫的辞职即使不到初夏，也至少会晚于 1943 年的 2、3
月份。

王任叔讲述的辞职理由和胡愈之、汪金丁的叙述有所不同。

据他说，郁达夫编造的理由是，一直给日本人帮忙就做不了自
己的生意，亏空了 2 万多，再不闻不问的话就要破产了。日本人相
信了他的话，允许他仅偶尔作为局外人过来帮帮忙，还给了他几千
几万担①的甘比②输出许可证。

郁达夫除了装病，还用了上述借口，终于从宪兵队得以脱身。

当时，巴爷公务的文化人们瞒着郁达夫成立了秘密组织。胡
愈之的《郁达夫的流亡和失踪》中，有下列简单的记述：

> 也是为了政治认识的不相同，所以我们一些朋友在苏
> 门答腊建立秘密小组，展开华侨抗日宣传工作，研究印尼问
> 题，都没有让达夫参预。达夫或者有些知道，也只当作不
> 知道。

汪金丁和张楚琨说得更详细。张楚琨说，因为有郁达夫在宪
兵队做翻译庇护他们，所以才得以成立了这个组织。下面引用他
《忆流亡中的郁达夫》的原文：

> 凭着郁达夫的掩护，我们在日本统治下建立了一个秘密组
> 织——"同仁社"。领导人是胡愈之、参加者有沈兹九、汪金丁、邵

---

① 一担是 100 斤，50 公斤。
② "甘比"，即 gambir，棕儿茶。——译者注

宗汉、王任叔、吴柳斯①、张企程②、高云览和我，每周在胡愈之的"椰庐"座谈一次，主要是交换报上、收音机里和耳闻的消息，分析敌人的动态，讨论联军反攻的可能性和时机。胡愈之认为应该排除"速胜论"，看到战争的长期性，胜利取决于欧洲战场，即苏联和英美联军转入反攻的到来。后来形势发展证明了他预见的正确。

郁达夫没有参加"同仁社"，我们没有让他参加，不是不信任他，而是照顾他的处境。参加这样的地下组织使他不便，成为负担。但他是看出来的：有一次我们正在开会，他闯进来，环视了一下，笑笑说"我等会儿来"。大家不约而同地说"别走，在聊天哩"。他对我们的态度十分谅解。

根据汪金丁的叙述再加以补充③，此处提到的报纸应该是印尼语的。④ 能读印尼语报纸的最初只有胡愈之。通过他的介绍，

---

① 吴柳斯，20 世纪 30 年代在马来亚的怡保中学念书，后在新加坡当教师，40 年代初任《南洋商报》的记者，太平洋战争后才遇到郁达夫。他比郁达夫迟一些到苏门答腊避难，在赵予记酒厂工作。之前有一段时期在巴爷公务附近的镇子上做肥皂。1945年 6、7 月的时候，被郁达夫叫到了巴爷公务。战后，任新加坡《南侨日报》广告部主任，后经香港回国，在广州的《羊城晚报》工作。他在战后不久发表了几篇回忆郁达夫流亡生活的文章，包括收录在《回忆郁达夫》一书中的《忆流亡在苏岛的郁达夫》等。（原注中提到吴柳斯曾任《羊城晚报》一把手，但经与吴柳斯共过事的、译者自己的友人之家人回忆，吴柳斯似乎未担任过一把手。——译者注）

② 张企程，1913 年出生，浙江人。20 世纪 30 年代在左翼世界语联盟从事国际通讯活动，40 年代在武汉的《新华日报》工作。太平洋战争开始的 4 个月前到达新加坡，从事《南洋商报》的电报翻译业务。开战后，晚于郁达夫等人到苏门答腊避难。战后，经新加坡回国，1946 年冬重返新加坡，在《南侨日报》和《风下》工作。后回国，任中华全国世界语协会秘书长、中国翻译工作者协会理事等。

③ 汪金丁：《郁达夫在南洋的经历》，收录于《回忆郁达夫》。

④ 根据原宪兵的口述，苏门答腊的普通居民是不允许拥有收音机的。前文提到的《日本军政与苏门答腊独立》记有，在日军占领后的印尼，除了日语之外，报纸、收音机、学校、公共机关、企业等，在正式场合都只允许使用印尼语。

其他人也开始对印尼研究感兴趣起来。沈兹九和汪金丁找了值得信赖的印尼人学印尼语，还将学到的知识与各种信息复印成小册子，与各地的同仁进行交流。通过这个秘密组织，他们得以联络到了很多不属于同仁社同志的朋友。

　　笔者向原武吉丁宜宪兵队的队员们问起过这个秘密组织的事，答案是压根就不知道。如果他们听说过什么的话，肯定会采取一些手段吧。

胡愈之创办并主编的《南侨日报》和《风下》周报（笔者所藏书影）

第五章　再组新家

辞去了翻译工作的郁达夫，后来就一直作为赵予记酒厂的老板待在巴爷公务。他虽是一家之主，但并没有其他家庭成员。日本人不断问起他的家人在哪。他总推说妻子已经死了，孩子在中国国内；还说他是从北干巴鲁移居到这里来的。尽管如此，一直单身看起来总归不大自然。为了不让日本人起疑，也为有个人照顾他，朋友们都劝他结婚。

于是，1943年9月，他在巴东和一位华侨之女结婚了。张紫薇在《郁达夫流亡外纪》中详细地记录了郁达夫与妻子结婚的经过和结婚当日的情况。

郁达夫在巴爷公务住下后，就常常到巴东去。他做翻译的时候也是如此。巴东是西海岸州的州府，根据1940年左右的调查统计，当地人口约有52 000人，是苏门答腊仅次于巨港和棉兰的大城市。巴东乘火车7公里可以到达西海岸最好的港口直落巴由港①；东北方向80公里是苏门答腊最大的煤矿翁比林煤矿的出口港，同时也是周边物产的输出港。

据张紫薇推断，郁达夫动不动就去巴东的一个理由是去买他喜欢的各种书，另一个目的就是女人，去找妓女之流。郁达夫以生病的理由辞去了翻译工作（据张紫薇说，辞职也是有前提的，即在必要的时候必须去帮忙。郁达夫没有完全拒绝的原因是，考虑到万一华侨遇到了困难也还有营救的机会。另外，张紫薇说，郁达夫

---

① 直落巴由港，Teluk Bayur，又名 Emma Haven。——译者注

辞掉翻译后也常常在巴东的饭馆请宪兵吃饭，一起喝酒，这是为了看上去不同他们绝交，避免引起他们的误解而采取的"和而不流"的策略），但生着病的人总往巴东跑是不合宜的。张紫薇说，郁达夫是一位"热情奔放，旷达不羁的人，叫他不走动，怎么能够呢?"正好，巴东刚刚开业不久的荣生旅馆生意兴隆，很多人都找过去谈生意。张紫薇便和旅馆的投资人商量，把郁达夫列为名义上的投资人，这样就有了常去巴东的理由。（当地人都对会说日语、在宪兵队工作的郁达夫敬畏三分）

据张紫薇说，郁达夫在巴东曾有过两次谈婚论嫁的经历，其中有一位三十多岁，在荷兰受过教育，在荷兰人学校的幼儿园当老师，不过最终都不了了之。第三次，郁达夫突然来告诉张紫薇自己定了婚约，是武吉丁宜的海天旅馆老板给介绍的。关于这次结婚，张紫薇这样描述道：

> 新娘是姓陈的，据说是某校总理哥哥的女儿，但后来又说是姓何，并且芳名叫丽有。这事，达夫先生也是莫名其妙。好在他的结婚原来是有掩护作用的，这些枝节问题也就不必去找寻什么答案了。

从巴爷公务来到巴东的郁达夫，在结婚前日写了这样的结婚证底稿：

> 结婚证书
> 男：赵廉
> 原籍：福建

年：四十岁

女：何丽有

原籍：广东

年：二十岁

以上二人在昭和十八年九月十五日在巴东结婚，因在战时一切从简。此证。

结婚证人：吴顺通

介　绍　人：戚汝昌

吴元湖

昭和十八年九月十五日①

这份原稿交给了一个名为逸华的人，誊写了一式两份。结婚喜宴在荣生旅馆摆开，邀请了巴东的华侨精英、各党派代表人物、社会名流等，也招待了日本宪兵。婚礼并没有特殊的仪式。宴席开始前，张紫薇宣布结婚，然后证书交给二人各一份就告结束。张紫薇按照郁达夫所说，在新郎房间的入口处挂上红布，写上"结婚"二字，窗户外面摆了一排花篮，插的都是鲜花。但郁达夫直到婚礼开始之前都没有换衣服，一直在玩麻将。

当年出席过喜宴的人回忆说，"我实际并没有在新娘脸上看出喜怒哀乐，但从郁达夫的举止上看，似乎对结婚充满了无尽的喜

---

① 郁达夫生于 1896 年 12 月 7 日，当时应该是 48 岁。根据张楚琨的记述和其他资料，证人吴顺通应该是巴东的华侨侨长。另一名介绍人戚汝昌的情况不详。吴元湖可能是武吉丁宜与巴爷公务两地的海天旅馆的老板，但这样就与前文中提到的吴允潭姓名相异。笔者曾就此向吴允潭写信询问，但家属回信说他在 1991 年 5 月去世。另据张楚琨记载，在当时日军占领时期，纪年必须使用日本的年号"昭和"。原宪兵也证实了这一点。昭和十八年是 1943 年。

照片中的商场曾是郁达夫结婚摆喜酒的荣生旅馆(笔者摄于 1988 年 4 月)

悦。如果是我观察有误的话，那就是他的本性就如此豪放"。① 第二天早上，郁达夫来拜会张紫薇，从口袋中掏出一张纸，说这是昨晚作的，想请他过目。纸上写着"无题四首用诗纪中四律原韵"②，是四首七律诗。

　　前文已提到，郁达夫到了苏门答腊之后留下的诗非常少。这四首诗的原文，张紫薇说"还珍藏在我的书箱里"。《文潮月刊》继登载

---

① 施五：《婚礼——记郁达夫先生之三》，新加坡《星洲日报》，1946 年 9 月 9 日。（原文未找到，根据日文译出。——译者注）

② 此处的"诗纪中四律"指的是《毁家诗纪》中的四首七律。《毁家诗纪》包括旧体诗 19 首和 1 首词，以及相关注释。此处的四首是分别用了其中的第九、第十三、第十一和第十首的相同韵字所做的和韵，即次韵。（韵脚相同，次序也相同的和韵。——译者注）

了《郁达夫流亡外纪》之后,隔了两期,又在第二卷第 6 期(1947 年 10 月)中登载了这四首诗的珍贵照片①。张紫薇说,这诗"写得非常恭楷,一笔不苟"。笔者第一次见到这张照片时,感到十分惊奇。看惯了郁达夫那向右下斜的字体,这张照片上的字差异极大,不禁怀疑是否为郁达夫亲笔所写。中国的郁达夫研究者们也有着同样的感想。不过,也有学者②认为"此时他的笔风已复与往时有很大的不同"。或许为了避免暴露身份而故意变换了字迹。不过仔细辨认的话,无疑就是郁达夫的字。下面对这四首诗依次进行介绍。

结婚赋诗的照片(笔者复印自《文潮月刊》)

---

① 载《新文学史料》1980 年第 4 期。

② 晨曦:《郁达夫的玩笑式婚姻——何丽有的近况及她对郁达夫的回忆》,新加坡《联合早报》,1983 年 7 月 27、28 日。

一

洞房红烛礼张仙，碧玉风情胜小怜。

惜别文通犹有恨，哀时庾信岂忘年。

催妆何必题中馈，编集还应列外篇。

一自苏卿羁海上，鸾胶原易续心弦。

注释：

张仙：神的名字。传说之一为，五代后蜀被宋所灭。后蜀皇帝孟昶的爱妃花蕊夫人被送进汴京。花蕊夫人将绘有孟昶的挟弓射猎图挂于寝宫。宋太祖赵匡胤驾幸时见此画，疑心顿起。花蕊夫人回应道：此人乃张仙，为人添子送福。此后这个张仙之说便流传至民间。

碧玉：相传为宋汝南王之妾名。小家碧玉之由来。

小怜：北齐后主高纬之妃，善琵琶、歌舞。

文通：即江淹，文通是其字。南朝梁人，以文章著称，代表作是《恨赋》《别赋》。

庾信：北齐人，以宫体诗著称。起初侍奉南朝梁，后被西魏所虏，西魏灭后入侍北周。虽升任高官，但怀念南朝故土。晚年诗作极沉郁，《哀江南赋》为其晚年诗之代表。

催妆：即出嫁的仪式，女方要男方多次催促才能梳妆。新婚之夜有做催妆诗之习俗。

中馈：女性在家中做饭的样子。代指妻。

外篇：内容严密、极有逻辑的书称为内篇；与之相对，外篇指大略讲述事情经过的书。

苏卿：即苏武，字子卿。武帝时出使匈奴，拒绝劝降，被放逐到北海牧羊十九年之久。昭帝即位后与匈奴讲和,苏武得以回归。《汉书·苏武传》记载,苏武回朝时,有和胡人妻子所生的孩子名通国。

鸾胶:鸾鸟是传说中的灵鸟,凤凰的一种。相传用凤喙麟角所煎成的膏胶可以结断弦。人们称这种膏为续弦胶或鸾胶。后多用以比喻续娶后妻。

续心弦:即续弦,娶后妻。

二

玉镜台边笑老奴,何年归去长西湖。
都因世乱飘鸾凤,岂为行迟泥鹧鸪。
故国三千来满子①,瓜期二八聘罗敷。
从今好敛风云笔,试写滕王蛱蝶图。

注释:

玉镜台边笑老奴:《世说新语·假谲》中,温峤妻子死了。堂姑刘氏嘱咐温公给她的女儿寻门亲事,温公私下已有自己娶其女的意思,就回复说有合适的人家,随即送了一个玉镜台作为聘礼。结婚时行了交拜礼后,新娘用手揭开婚纱大笑说:"我本来就怀疑是你这老东西,果然不出我所料!"

鸾凤:比喻英俊之人。

---

① 郁达夫似乎颇为喜欢"满子"这一典故,在他另一首《赠姑苏女子》中,有"故国烽烟伤满子,仙乡消息忆秦楼"之句。"满子"实为何满子,唐玄宗时著名歌者。白居易诗:"世传满子是人名,临就刑时曲始成。一曲四调歌八叠,从头便是断肠声。"后为曲名《河满子》。唐代张祜有诗:"故国三千里,深宫二十年。一声何满子,双泪落君前。"郁达夫的新妻亦姓"何",此处或是谐音。关于"满子"的用典解释,译者与作者想法不同。——译者注

鹧鸪：似鸡而小，叫声如"行不得也哥哥"，古人常借其声抒写离愁别绪。

满子：幼小的孩子，郁达夫的妻子小的时候从中国到苏门答腊。

瓜期：瓜的繁体字（瓜）可拆分为两个八字，因此女子十六岁也称破瓜。另外破瓜也指破身。

罗敷：战国时赵国邯郸的女子，泛指美女。[①]

滕王蛱蝶图：滕王是唐高祖第二十二子李元婴的封号。李元婴擅长绘画，尤其是画蜂蝶，此处指他画的蝶。

三

赘秦原不为身谋，揽辔犹思定十州。
谁信风流张敞笔，曾鸣悲愤谢翱楼。
弯弓有待南山虎，拔箭宁惭带上钩。
何日西施随范蠡，五湖烟水洗恩仇。

注释：

赘秦：作为秦的人质。这里把日本比喻为秦，指自己被迫给宪兵队做事。

身谋：为自己谋划。

揽辔：《后汉书·范滂传》，范滂受命考察冀州之乱，"登车揽辔，有澄清天下之志"。后以此指平定天下之抱负。

十州：位于八方大海之中，传说中的神仙居所。和九州意思相同。

张敞：汉朝人，汉宣帝时任京兆尹。极有能力，但威严不足。他

为妻子画眉的故事广为人知。"张敞笔"意指夫妇之间亲昵无间。

　　谢翱：南宋诗人，曾侍文天祥。宋亡后，文天祥为元兵所虏，不屈而死。谢翱在后汉严光（即严子陵）归隐的钓台处祭拜文天祥，作有《西台恸哭记》一诗，在诗中吟咏宋亡后的悲愤。严子陵钓台就在郁达夫故乡富阳，富春江的上游。

　　弯弓有待南山虎：李广射石的故事。汉将军李广曾经把石头看成老虎而射箭，箭整个射进了石头。山南指陕西省的终南山之南，李广曾在终南山隐居。①

　　拔箭宁惭带上钩：带上钩是勾住腰带的用具。春秋齐国的管仲与公子纠和齐桓公争夺权位，公子纠失败。管仲用箭射中了齐桓公，但射中的是带钩，所以齐桓公并没有死。

　　西施范蠡：传说西施在向夫差复仇后与范蠡泛舟而去。

　　五湖：或指太湖，也有其他各种解释。

四

老去看花意尚勤，巴东景物似湖濆。

酒从雨月庄中赏，香爱观音殿里熏。

水调歌头初按拍，摩诃池上却逢君。②

年年记取清秋节，双桨临风接紫云。

---

① 唐代诗人王维《老将行》中有"射杀中山白额虎"之句，作者可能误记为"山南"。——译者注。

② 诗一中提到的出典花蕊夫人，其存世的百余首《宫词》中，描绘"摩诃池"的内容颇多。"摩诃池"位于成都，始建于 585 年，在唐代成为景区，为皇上游玩之地。后妃宫女在摩诃池中竞渡玩乐。该池 1914 年被填平。此句中应也有引用此典之意。另外，"摩诃"一词本为梵语、印地语的 Maha，意为"伟大的"，在佛教、印度教中都有很深的含义。此诗作于印尼，又是观音殿附近，或许取该典很是应景。不过，郁达夫是否解此词意，译者不得而知。—— 译者注

注释：

巴东：即当时的所在地，印尼的巴东。

湖渍：即湖滨。湖应该指的是郁达夫故里的西湖。当时作为海军报道员进入巴东的日本作家鹿岛孝二曾这样写道："这里的海岸和日本一模一样。有沙滨，有松木，海波拍打着岸边，真的是熟悉的湘南海岸风景。"《米南卡保之镇》，《大洋》，1943 年 9 月。

雨月庄、观音殿：张紫薇在《郁达夫流亡外纪》中提到，雨月庄是巴东的饭馆名。张紫薇说巴东只有一座庙，郁达夫经常去玩，而且只要去那个观音殿必会抽签，而且会很认真地进香鞠躬。

按拍：打拍子。

摩诃池：位于四川成都，此处或指从巴东到武吉丁宜的途中某个蓄满清水的池塘。

紫云：紫色的云，瑞云。

上述的每一首诗中都能看出郁达夫的思乡之情。用结婚托物言志表达了坚决抗日意志的第三首诗最值得注目。张紫薇说，"我最喜欢他的'拔剑宁惭带上钩'，他也爱这句"，"现在帮他们点忙不要紧"，流露出甘受韩信胯下之辱的心境。

关于新娘的经历、两人的夫妻生活等，何丽有日后有所叙述。但由于她是文盲，自己直接说的话和通过她的孩子们撰写的书面记录共有三种①，互相之间都有出入。笔者只能求同存异地概括

---

① 草原：《访问郁达夫夫人》，新加坡《南洋文摘》第 8 期，1960 年 8 月。马力：《赘秦原不为身谋——访问郁达夫在香港的遗孀何丽有》，香港《广角镜》第 29 期，1982 年。晨曦：《郁达夫的玩笑式婚姻——何丽有的近况及她对郁达夫的回忆》，新加坡《联合早报》，1983 年 7 月 27、28 日。

如下:

　　她出生在中国,是广东台山人,幼年时被姑父带到了巴东,所以到了印尼后改了姑父家的姓,叫作陈莲有。何丽有是郁达夫根据她的容貌(胡愈之曾说,绝对称不上美人)起的带有戏谑之意的名字,意即"何丽之有"。她只会说粤语和印尼语,和不会讲粤语的郁达夫在一起时用印尼语交流。成婚之前,对即将成为自己丈夫的人一无所知,只从介绍人那里听说对方是中国了不起的人物,就同意了结婚。结婚一周后,两人在巴爷公务开始了婚姻生活。两人住的地方叫打西戎(Tasijong)街。① 郁达夫每天早上 6 点多起床。因为他爱喝酒,每天一起来就会喝酒,边喝酒边吃花生,然后喝粥。8 点多到酒厂,11 点多回家,下午就不去酒厂了。吃过午饭后还要吃点喜欢的水果,香蕉之类的。下午不是看看书就是和朋友闲谈,晚上如果不去朋友家玩麻将,就是陪着日本人,把他们叫到家里请他喝酒,有时候还给他们点钱。郁达夫经常对何丽有说,日本兵对中国人非常残忍,如果能让他们少抓点人,少杀点人,

---

① 笔者在 1972 年 5 月由曾宗文做向导去看郁达夫的旧屋。听他讲起郁达夫在巴爷公务所住地的变化。最初郁达夫住的是一个荷兰式的房子。三个月后被日军接管,接下来住在一个面向大路,比前一个房子大一圈的房子,住了半年,也不得不交给了日军。武吉丁宜的宪兵队收走了那座房子,宪兵队的人每两三天就去一次巴爷公务,把那座房子当作联络点。第三个房子就是郁达夫一直住到失踪的家,在第二所房子的斜向右手边,也是面向大路有点像商店的房子。不过其他人谁也没有提到过第二个房子的事情,或许有什么蹊跷。郁达夫最后的房子是间平房,房顶是镀锌铁板,前面横宽大约 3.6 米,是个很简陋的房子。内部也得一见,由板子分割成三间屋,怎么看也不像是大商人能住的房子。包思井曾说,郁达夫专门迁居到这里是因为有收音机,这种说法似乎站不住脚。(郁达夫的家是面向大道的小房子,偷听收音机是不可能的。华侨侨长蔡承达倒似乎偷偷拥有一台收音机)张紫薇说,郁达夫结婚前后是住在洋房的,但被宪兵所占,被"指定"住到这个像商店一样的房子里。这似乎比较符合事实。

花钱还是值得的。一个月有两三晚写写文章或者书信,晚上十一二点左右睡觉。

认识何丽有的人都证实她容貌既不出众,也没什么学识教养。胡愈之说,郁达夫经常称自己的妻子为卜哆①(印尼语意为傻瓜),某个原宪兵曾形容她是"比别人慢了一火车"。郁达夫与这样的女性结婚,还是有一些其他的打算的。胡愈之在《郁达夫的流亡和失踪》中这样描述道:

> 达夫为什么要娶一个"傻瓜"做老婆? 这就是他的苦心。因为如果是娶一位有智识的姑娘,怕会被泄露他的秘密,使日本人发觉他是郁达夫。而他那位新夫人,直到如今也还不明白她的丈夫赵廉是怎样的人呢。

但是,如同张紫薇所言,"赵夫人"依自己的成长环境生活处事,待人接物与身份十分相称,日本宪兵看不出一点破绽。关于郁达夫的婚姻生活,张紫薇说:"达夫先生的这段生活,可说是相当舒服的。内心的苦闷,那是另一问题。"汪金丁也在《郁达夫在南洋的经历》中提道:"他的新夫人做饭菜很拿手,但尤善理家。"张紫薇的文中还提道:"丽有女士在家,'娘姨'两三个,供她使用。"

郁达夫在此地同这样的女性结婚,除了隐藏身份之外,或许还有其他的理由。日本人曾提到,关于何丽有,郁达夫曾说:"她是个傻瓜,老婆还是傻点好。"或许他从第二任妻子,才貌双全、心气很高的王映霞那里遭受了妻子不贞(郁达夫个人的理解)引起的家庭

---

① 卜哆,Bodoh。——译者注

争端、婚姻破裂的巨大精神打击,因此自嘲式地这样说。在郁达夫家庭争端发生前的 1936 年 3 月 7 日的日记中,郁达夫曾这样写道:"女子太能干,有时也会成为祸水。"无论如何,在远离故国的异乡之偏隅过着潜伏生活,郁达夫也一定是觉得寻到了一个再合适不过的伴侣。一同避难的朋友中,有人询问郁达夫为什么找这样一位夫人,回答是:"我完全是为了同情她的身世,而与她结成伴侣的。"朋友们认为"由此看出他的为人和心地了"。① 因此,郁达夫的结婚态度也可略见一斑。

这样,二人的安稳日子一直持续到郁达夫失踪那天。婚后一年,两人有了一个男孩。1945 年 9 月 30 日,郁达夫失踪几个小时后,他的女儿出生了。

这两个孩子在十几岁的时候有一张合影,照片上写的名字是大雅和美兰。不过在巴爷公务同郁达夫熟识的关根文说,男孩的名字是大亚。根据"文化大革命"之后大亚本人写的关于父亲的文章,以及其他相关者的访谈都证明了这一点。

1984 年春节,笔者在香港九龙的安置区见到了郁大亚,得以直接和他谈话。在他那里不期然地看到了苏门答腊时期的郁达夫的照片。当时笔者曾就此事写过文章②,后来又持续和他有过通信,在此把经过做一概括介绍:

郁大亚给笔者看了三张照片。一张是张紫薇的《郁达夫流亡外纪》中登载的,郁达夫抱着男婴的照片,不过是翻拍。《郁达夫流亡外纪》中称"此像于胜利之后摄于八鸭公务"。

---

① 吴柳斯:《忆流亡在苏岛的郁达夫》,收录于《回忆郁达夫》。
②《苏门答腊潜伏中的郁达夫的照片》,《东方》第 40 号,1984 年 7 月。

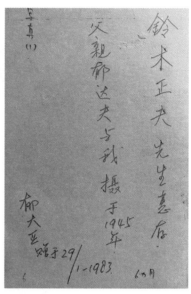

郁达夫与何丽有的长子大亚 　　　　照片背面郁大亚的手书
（照片由郁大亚提供）

第二张是郁达夫穿着白西装的照片，也是翻拍。笔者是第一次见到这张照片，似乎以前从来没公开过。郁大雅（大亚）本人说，这是妈妈交给他的照片，他一直保存着，没问起过照片的来源，可能是父亲给母亲的，也可能是母亲从别人那里得到的。母亲去世了，也没办法追查了。

第三张也是初次见到的，是何丽有抱着男婴的照片。这张照片颜色已经褪去，肯定是原片。笔者随便把照片翻过来一看，却不禁惊叹出声。那是明确无疑的郁达夫的笔迹，用钢笔写着："赵大亚　三十三年甲申六月初三（旧历）申时（三时半午后）生于光务"。

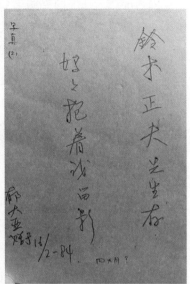

何丽有与长子大亚
（照片由郁大亚提供）

郁大亚的手书

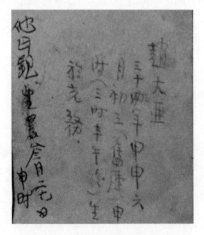

照片背面郁达夫的手书

　　因为郁达夫在苏门答腊的名字是赵廉，所以儿子也不得不姓赵。大亚应该是取自"大东亚（共荣圈）"或者"大亚细亚"，和戏谑地给何丽有改名一样，大亚也是经过"深思熟虑"起的名字。香港的杂志《广角镜》第120期（1982年9月）中登载的郁大亚《绝不容许日本文部省篡改侵华历史——怀念我的父亲郁达夫》一文中，他使用了大雅和大亚两个名字。或许他觉得大亚有点忌讳，所以也随手用了同音的大雅，但他本人还是喜欢父亲给起的大亚之名。他和笔者通信的署名全都是大亚。民国三十三年旧历六月三日是公历1944年7月22日，郁大亚自己并不知道照片中的第一张和第三张的先后顺序，但他认为第一张是摄于1944年末或者1945年初，第三张也应该是那个时候拍的。根据《郁达夫全集》第12卷，第一张照片是大亚6个月时拍摄的；第8卷中提到，第三张照片是大亚4个月时候拍摄的，笔者尚不清楚这个时间记载的依据。张紫薇的《郁达夫流亡外纪》中则记载，第一张照片摄于抗战胜利后，这是很明显的错误。郁达夫在苏门答腊潜伏的时候也是拍照的。1944年初，他的"真实身份"被宪兵知道了，此后对拍照也就无所忌讳了。

　　从第三张照片上对郁大亚出生地点、日期和时间的记录里，感觉到郁达夫深爱这个孩子。笔者问起他何时改名为郁大亚，何时知道自己的父亲是作家郁达夫的。郁大亚说，进了小学就把姓从赵改成了郁，记事的时候起，母亲就告诉他父亲是郁达夫先生。

　　当时根据郁大亚所说，母亲何丽有住在香港新界，但由于她不会讲普通话，所以笔者没有去见她。根据《访问郁达夫夫人》及笔者与郁大亚的谈话和来信，整理何丽有母子在战后的情况如下：

　　郁达夫失踪后，酒厂又营业了9个月。这些收入都在郁达夫的亲密伙伴蔡清竹那里存着①。酒厂关门后,她们母子三人没有任何工作和收入,一天比一天穷,在巴爷公务又住了四年后搬到了巴东,得知蔡清竹辗转去了新加坡和雅加达。后来蔡清竹每月给他们寄去 200 荷兰盾作为生活费。

郁大亚和郁美兰在巴东上学,仅有 200 荷兰盾的生活十分清苦。于是何丽有去面包房工作,大亚和美兰也一起卖点心帮助生计。1954 年,何丽有和台山籍小商人刘松寿再婚,迁居到了尼亚斯(Nias)岛。刘松寿和前妻有两个女儿,然后又和何丽有生了三男二女。

何丽有在尼亚斯住了三个月之后,从雅加达的蔡清竹那里来了一封信,叫大亚去雅加达上学。何丽有请求他把郁美兰也接过去,于是两个人都过上了靠着蔡清竹读书的生活。

1960 年,印尼的排华政策导致商业萧条。他们没有印尼国籍,只好在棉兰集合,一起回了中国。在棉兰等船期间,很多何丽有从未谋面的人来见她,送她钱物。这是因为当地的报纸报道了郁达夫遗孀要回国的消息。

回国后的何丽有受到了政府的照顾,住在了海南的一个农场。但很快她的丈夫②病死了,一家人都靠何丽有微薄的收入支撑着。

1976 年,何丽有打算重回印尼。虽然得到了政府的许可,何丽有带着一个女儿到了香港,但没有得到印尼的批准,所以就那样留在了香港,在香港当制衣厂的女工。何丽有最初住在香港九龙的木屋区,后来那里发生了火灾,就搬去了新界的安置区。她最初

---

① 见后述,蔡清竹是在郁达夫死后被朋友们指定为照顾郁达夫遗族的人。1956 年左右回国,1973 年 12 月在厦门去世。

② 1949,何丽有再婚,嫁给一个普通的商人,又生了两个女儿。——译者注

回中国时,印尼给她的护照上写明姓陈,1976 年从中国出发时,公安的登记人员把名字错写成了"陈友莲"。其本人不识字,所以也没有改正的机会,就一直作为陈友莲生活着。直到 1991 年 11 月 18 日因脑溢血去世,享年 69 岁。

长男郁大亚亲口告诉笔者,他回国后的经历是: 初中二年级搬到北京,高中毕业后在北京做了 6 年的汽车修理工,1972 年年底去了香港,当了很长一段时间汽车公司的修理工,又在某家公司担任司机。后来他又来信说做了出租车司机。他的妻子是苏门答腊人,二人育有两个男孩,大儿子得到了新加坡政府奖学金留学。

据新闻报道①,郁美兰在回国后受到了胡愈之的照顾,靠父亲的稿费支持得以从高中毕业,考入北京石油学院,毕业后在新疆的炼油厂工作了 10 年,1980 年开始在南京炼油厂附属技术学校任教,现任南京市对外侨办的处长。她的丈夫是胡愈之的外甥。

---

① 戴礼刚:《郁美兰忆念父亲郁达夫》,《人民日报》海外版,1986 年 12 月 19 日。

第六章　酒公赵廉

在这个郁达夫安了家、准备隐姓埋名过日子的巴爷公务,不断有日本人到来。因为巴爷公务设有分州厅行政机关,从分州州长到职员都安排有日本人。这些人代替了之前的荷兰人指挥着当地职员。

1943年1月开始,名为富9719部队(独立汽车第257大队,通称"山下部队",队员约有900人)的运输部队来此驻扎。实际配置在巴爷公务的是总部、第四中队和材料厂。[1] 山下部队的人员以福冈、佐贺和长崎三县的汽车司机为主。为得到当地人的支持,他们积极宣传,充分利用运输部队容易得到糖的好处,让部队里擅长做点心的人做了羊羹分给当地人;军医也下去给当地人治病。因此,他们直到日本战败几乎没发生任何问题。《赤道之下的血泪》中记载,这支部队在刚刚战败后还举行了运动会,让当地的印尼和中国女孩穿上和服跳日本舞。"本来独立运动非常激烈,当地人和支那人很容易对此感到反感。但这支久留米人[2]编成的辎重兵,平素十分擅于把握民心,山下司令官人品很好,部队人和当地人是不分你我,其乐融融。"

巴爷公务有警察署、监狱和兵器厂,管事的都是日本人。

巴爷公务周边有货物集散地,还有台湾拓殖、野村殖产、东山农地、京都烟草、日本渔网等二十多家民间公司的驻点。

---

[1] 当时的第一中队在北干巴鲁,第二中队在邦基南(Bangkinang——译者注),第三中队在武吉丁宜驻扎。

[2] 久留米是地名,在日本福冈县。——译者注

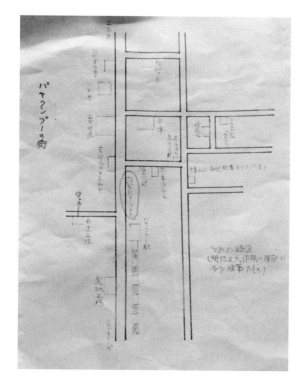

図中地点：
赤道
分州厅官邸
分州厅
山下部队
山下部队下士官兵宿舍
酒厂
造纸厂
去往武吉丁宜的路
郁达夫最早的家
市场
卖酒的商店
蔡华侨侨长的家
海天旅馆
失踪时住的家
巴爷公务车站
电影院
鸡粥食堂
中华饭店
每天晚上玩麻将的店

巴爷公务略图（根据关根文的原图补充而成）

　　下文引自伊藤虎丸、稻叶昭二、铃木正夫编《郁达夫资料》附录
Ⅰ《访谈记录〈郁达夫的流亡和失踪〉》中，关于郁达夫在巴爷公务
生活部分的日本人的话。

　　下文中，非宪兵人员所说的内容都是笔者当面询问，事后又通
过书信确认的；只有池内大学一人未曾谋面，是通过书信联系，后
打电话进行补充确认的。撰写本书时，笔者根据当时的书信与记
录整理，并和关根文再次面谈，进行了内容补充。出版《郁达夫资
料》时，由于大滨令宜的确认书信来得较晚，没来得及编入。现在

大滨令宜已经去世了，没法取得他的认可，在此把他的回答收录进来，由此产生的后果由笔者负责。

笔者进行访谈调查的时间在 1968 年末至 1969 年初，战争已经结束 23 年以上了。当事人的记忆模糊出错也有情可原。下文中的记录尽量记录当事者的原话，实在不清楚的情况下，才由笔者在括号内加入补充：

一、关根文（原米星产业株式会社巴爷公务代表处负责人）

赵君是我亲密的朋友。我们关系非常好，他在各个方面也可以说是我的老师。在日本人当中，他和我最好，所以我是很清楚他的为人的。虽然如此，关于他以前的身世，他应该是感觉到有危险，所以闭口不谈，所以我也不知道。而且我本来也是个商人，当时不知道赵君是那样了不起的文学家。现在回忆起来，完全没有往那方面想过，真的是太遗憾了。不过，昭和二十年①1 月或者 2 月的时候，他曾说过他用过 YU-DA-FU 和另外一个名字，一共三个名字。

我作为指定经营人被派到巴爷公务是在昭和十九年 1 月，负责日商的子公司——米星产业的烟草集中交易和农园经营。公司在军政监部的指示下工作，但我上任的时候武吉丁宜没有合适的住所，没办法只好去了巴爷公务。到达巴爷公务的第二天见到了赵君。一位姓蔡的侨长介绍他为我在工作中做翻译。我最初将名片递给他的时候，他一边随意地用令人惊异的纯熟日语说"啊，是关根君啊，请坐"，一边将我引向座位。我简直惊呆了。（关根文的

_____

① 1945 年。——译者注

名字是"文",和郁达夫的名字是一样的①,但似乎郁达夫并没有表现出对这件事的关心)赵君温厚笃实,极讲信义道德,实在是如何夸奖都不为过的典型的中国人。我在去苏门答腊前曾长期待在中国,对中国人的气质很了解。我感到赵君实在是非常了不起的人。就这样我们很是意气相投,成了几乎每天都要见面的朋友。虽然在巴爷公务有数不清的日本公司的代表处,但我得到了在华侨中很有威信的赵君的支持,也有幸把工作稳定开展了下去。

赵君给人的印象是,留着不加修饰胡子的学者。家小而简陋,进门的正中放着四方形的桌椅,左侧高高地堆着书。他说,搬过来的时候反正是先搬它们。我去到他家时,他总是坐在藤椅上,一边喝酒一边看书。他有什么书、读了什么书我完全没注意过。他说算上中国的方言在内自己能说 9 种语言。日语是毫无瑕疵的完美。比如,我写信时,他能从后面瞄一眼说:"关根君这个字写错了哦。"据他说自己的父亲在神户经营古玩,所以会说日语。

我赴任时,他身边已经有了一位二十七八岁的女子。开始我以为是女佣。但后来她肚子大了,生下了一个男孩。赵君说孩子的名字是大亚,还给我写出来看过。他有时管妻子叫"娘娘",有时叫女宁②,还会开玩笑说她是个卜哆(傻瓜)。我经常吃赵夫人做的菜。

昭和十九年 6 月,他那间离华侨街 3 公里左右的赵予记酒厂首先制造了名为"初恋"和"太白"的酒。很多日本军人和公司职员都喝过他的酒。酒厂的资金是华侨们出的,实际的运营人也是华侨。赵君似乎是对外联系和顾问的角色。造酒原料的米属于统一

---

① 郁达夫名郁文。——译者注

② 富阳方言称妻子为"老娘",女人发音为"女宁沟","宁"即"人"。印尼语的妻子为 nyonya。此处不知道是富阳方言还是印尼语。——译者注

管理的物品，我也通过进米得到了一些工作，也帮他张罗过酒瓶的事。我以前在南京服兵役时候的中队长佐藤吉太郎凑巧来了巴爷公务，出任兵器厂厂长。于是我拜托他制造了酿酒所需的蒸馏器。另外，赵君他们还经营造纸厂，用竹子做原料造纸，做出非常白的薄纸，可以卷烟草；没有漂白过的厚纸用作包装纸。我和这家造纸厂有着全面合作，从巴东的三菱商事买进漂白剂的漂白粉，从日棉购进抄纸工序需要的棉布。后来慢慢地这些东西都很难买到了，造纸厂过了1年半就关门了。赵君还帮助华侨们成立了肥皂厂。他似乎是靠从华侨们挣得的钱中支取一部分维持生计的。

他对日本人一向抱有善意，完全没有敌意。在华侨那边也是深受好评，完全没有被视作汉奸。每一个星期或者十天左右宪兵似乎都会来找他探听动向。据说他以前当过宪兵队的翻译，但这方面的经过他从没提起过。他有时候坐我的卡车搭便车去巴东，有一次在卡车中，他愤愤地说："有人觉得我是中国的间谍，如果觉得怀疑，好好调查一下不就得了。"

赵君和我计划战争结束后一起开个贸易公司。赵君要没有失踪的话，我应该不会回到日本吧。听别人问起赵君的事，仿佛和他再会了一般，真是高兴。

二、秋山隆太郎（原苏门答腊西海岸州巴爷公务分州州长）

在苏门答腊最有印象的就是赵君了。我从昭和十九年年初到战后的昭和二十一年4月一直担任分州州长。赵君在我上任后马上就来打招呼了。巴爷公务虽然有姓蔡的侨长，但他只会说印尼语。与之相比，赵君日语水平高，又深得华侨信任，是个很有能力的人。因此华侨政策都通过他推行。

郁达夫最后居所,右手边穿白衣的是关根文(照片由关根文于 1972 年提供)

原郁达夫最后居所(译者 2019 年摄于巴爷公务)

就这样，于公于私我都和赵君相互信任，关系变得非常好。他非常亲日，但对于我的分州州长职务还是有所忌惮，总保持着一步距离。赵君常请我吃饭，有时还会做野生猪肉来吃。有一次我带去了老虎肉（附近的老虎很有名），但中国人似乎对虎抱有神兽的观念。郁君不肯做老虎肉来吃，完全就是个好好先生的样子，看不出有文人的派头。

秋山隆太郎在和笔者会面后，在"赤道会"的《赤道标》杂志第109 号、110 号、111 号（1969 年 7 月、8 月和 9 月）上，连载了自己的文章《准将卡迪尔的最后时光》。"赤道会"是战时住在苏门答腊和新加坡的日本人团体。这是一篇秋山隆太郎回忆苏门答腊时代他的部下、战后加入印尼独立军的某日本人的文章。但文中有一些提到了郁达夫的部分，因此加以介绍。①

　　巴爷公务分州的面积大约就像爱知县那么大，人口大约10 万。中心和赤道相连，有 800—1 000 米高的高原。早晚凉爽到穿一件衬衫会觉得冷。粮食的产量比较丰富，人情也十分醇厚。为军队供给大米和劳动力都没什么问题，这两点就决定了每年军政监表彰苏门答腊优秀农村时，本分州总会独占鳌头，基本能在一等、二等和三等中占掉两个。

　　在虎村中捕获了野猪，就着鱼松喝酒的时候，肉的处理就交给了张君。②

　　张君是巴爷公务的华侨中很有威信的人，名叫张廉，50

---

① 秋山隆太郎已病故。
② 张君即郁达夫。——译者注

多岁,日语说得不错,头脑也很灵活。他很亲日,只要拜托他就会解决和华侨的各种问题,因此我们也和他非常亲近。他曾经当过宪兵队的翻译,但主要经营着一家名叫"赵予记酒厂"的造酒厂,同时还制造烟草。家中有位有点糊涂、像自己孩子一样的妻子。家里有中文、日文和其他外文的各种书籍,令人不禁感叹可真是个读书人。日后得知,这位张君曾经是中国文坛名噪一时的郁达夫。郁达夫在大正末期毕业于东京帝国大学,在日本居住过一段时间,后来回了中国。是可以和鲁迅相提并论的中国一流文人,也是在中国第一个出全集的文人。在战时的中国,曾有传言说他失踪了。后来,他经马来到了苏门答腊,在巴爷公务作为一介卖酒翁生活。战后,有传言说是被日本宪兵干掉了,因为他知道日本宪兵的内部情况等。

三、池内大学(曾用名池内秀夫,原日本发送电株式会社职员)

我作为日本发送电公司(即现在的东京电力公司)的职员被派到苏门答腊是在昭和十八年的 3 月。在巴东上任后,因为军政职员人手不足的原因,在军政部兼任了半年工作。此后和秋山君一起被派到了巴爷公务。我几乎一个人从事着同产业和交通等各方面的斡旋工作。当时酒厂需要糯米,因此赵君就来拜托我。我们两个人都爱喝酒,所以每天都用特殊配给的米做原料造酒。两人给酒起名叫"古浓富士"①,造了很多。当时我只有 28 岁,不管他是觉得我傻乎乎的,还是把我当大人,总之是十分亲切的。

---

① 印尼语的"古浓"gunung 意为山。此处是印尼语加日语,意为富士山。——译者注

不知道赵君是不是故意装出来的,总是一副好好先生的样子,每天早上就开始喝酒,脸红红的,叫着池内君池内君的乱七八糟说一堆话。有一次在酒席上,他说自己从冈山的六高毕业,然后去了东大,我并不知道他真正的情况,所以也不相信。不过尽管如此,日语、马来语、德语、法语、荷兰语都能讲得很好,尽量避谈政治和战争,总是说女人的话题,聊上不到 30 分钟你就能觉得他是个很有学问的人,模模糊糊地觉得他不是普通的中国人。从哪里来的,为什么来巴爷公务,他完全不提。

印尼人不吃猪肉,所以我经常去赵君家吃油乎乎的中国菜。我到巴爷公务三个月左右的时候,赵君和 18 岁的姑娘结了婚,一年之后生了儿子。日本很快就要迎来战败了。

我在庆应大学的同级生里有蒋介石的儿子蒋经国。(关于这一点,笔者向庆应大学三田媒体中心提出了查询,但是没能确认。池内大学已经去世了,也无法再确认)我和他说起这个,他似乎是打算顺着我的话说的,但还是感觉到他是蒋介石派的。不过无论如何,和我们这种用茶水泡白饭吃的寡淡日本人不同,中国人的肚子里有些什么那是搞不明白的。赵君也不例外。宪兵们常到赵君这里来,他也常招待他们,送他们东西。宪兵们都很高兴。赵君对他们就像大人和小孩一样,他很好地把自己隐藏了起来。总之赵君不是那种简单能对付的人,很可能暗地里和地下组织有关系。

有时候他也作诗,会告诉我做了什么意思的诗。这个时候如果夫人过来了,他就会突然转变话题,说"这家伙是个傻瓜,老婆还是傻瓜比较好"。

总而言之,赵君喜欢酒。我理解造酒,并给他提供了特需的糯米和砂糖,山下部队也给"古浓富士"不少关照。

四、大滨令宜(原苏门答腊西海岸州巴爷公务分州职员)

我得到赵君关照是在大约昭和十九年、二十年①的一年半或者两年之间,当时我在巴爷公务分州厅做军政职员。

让我开始佩服赵君的事是,当时组建了一个"勤劳奉仕队",组织当地人协助日本军队。为此做了二十面左右的队旗,需要找个擅长写毛笔字的人把队名写在旗子上。当时应该是关根文介绍的,说找一个叫赵廉的人肯定没问题。所以我们马上去拜托他,他爽快地答应了,写得非常好。在此之前就只觉得他是造酒的赵君,看到他的字,开始觉得他不是普通的华侨。他身材瘦长,长脸,血色很好,留着有点讨人喜欢的薄薄的胡子。去他家的时候,他总穿着宽大的睡衣在读书。他的家在离中华街稍远的一条小巷里,看起来像个简易搭建的房子。家里横排版②的字典、厚书堆积如山,看了就明白他绝不是个普通人。我老想着什么时候要听听他过去的经历,但每次都是闲扯,扯着扯着就结束了。不过,和有知识的人闲聊也是很有意思的。虽然有时候宪兵队请他去做翻译,但类似战局啊、参战国啊、间谍之类的话他从来没说起过。这更让人觉得他是超越了世事、胸怀宽广的大人物。我并不知道他是个文学家。他完全没有一丝半语的抗日言论,因为华侨是指不上"国家"和"政府"的。

当时赵君有个一岁还是一岁半的可爱男孩"大亚",现在也有二十五六岁了吧。如果他能像自己的名字一样,为了大亚细亚而有所贡献,赵君也会很高兴吧。

赵君酿的酒确实叫"初恋"和"太白",但是面向华侨的可能叫

---

① 1944年、1945年。——译者注
② 日文书一般都是竖排版的,此处的横排版应该指外语书。——译者注

作"古浓富士"……因为华侨的第二代第三代都不太会汉字,通用的是印尼语。

赵君是个伟大的文学家这件事,不久前关根文才告诉我。现在回想穿着睡衣随便闲聊打发时间的赵君的样子,确实有些伟大文学家的模样。不过这都是我后来的想法了,我直到现在还把他记错成"张君"呢。

五、西本矢(原山下部队第四中队军医)

我从昭和十九年 5、6 月到昭和二十一年 1 月待在巴爷公务。大概是昭和十九年 9 月,赵君来到部队的问诊室,说自己心脏不好想要看看。没有心电图所以具体不清楚,但似乎是支气管不太好。他说为了道谢请一定来店里。于是我后来每天早上都去那个店(据关根文回忆,是华侨街一家叫"鸡粥"①的店)里吃鸡粥。赵君总是同样的时间穿着睡衣过来,慢慢就变得很熟。有时候没去吃粥,后来再见到的时候,他会打招呼说今天怎么没来啊。

完全看不出他是个文学家,就是山野村夫的样子,留着两撇胡子,看起来有六十岁了。他在当地是名人,很有威望。最初来看病的时候用德语描述病情,让我吃了一惊。除了德语,还会说日语、法语、英语、荷兰语和印尼语,我觉得他不是普通人。

看不出他对日本人有什么戒备。山下司令官性格乐天,没什么军人的戾气。下午 4 点一下班就换上便服,跟副官一起在街上转,和赵君也很熟悉。可能就是那个副官说过,赵君帮助日本维持

---

① 原文店名记为日语片假名音译,转写后即 Bubur ayam。这个词在印尼语中本身即为鸡粥的意思,不知道是记忆错误,还是该店名确为鸡粥。另外,这并不是郁达夫自己经营的店,应该是关系亲近的华侨的店。——译者注

和平，简直就是巴爷公务的汪精卫。但是，就在德国投降的时候，赵君到了诊疗室，带着嘲笑的语气说"真是了不得啦！"我还觉得他真会说怪话。正巧当时在场的一个军医（后来死于吗啡中毒）也说"失败是理所当然的"。（荷兰人留下了质量不错的收音机，从中听到了日本战况不妙的新闻）我想，就是日本人里也是有这样的家伙的。在那之后就没再见他出现在诊疗室里了。

　　赵君这样的人物在那样的小舞台上死去真是可惜，希望他能活跃在更大的舞台上。

六、山下正（原名山下竧，原富 9717 部队的司令官，陆军中校）

　　我的部队原本驻扎在新加坡。昭和十七年①年底奉命换防，于昭和十八年 1 月 1 日至二十一年 6 月底驻守在苏门答腊的巴爷公务。一边维护治安，一边帮助发展当地产业，因此也和当地的原住民、华侨都打交道。和赵君相识应该是在昭和十九年初。我考虑彼此的身份，几乎不去华侨或者印尼人的家里，不过，有威望的人邀请的话还是会去的。认识赵君应该就是在这样的场合，他从没到部队来拜访过我。赵君和我之间没说过什么特别的话，就是杂七杂八的聊天。我曾经退役回乡，当了 5 年农民又出来，所以我应该是比他大得多。（山下正是陆军士官学校第二十一期辎重科 1909 届毕业生，也曾经当过陆军士官学校的教官）赵君很懂事理，是个很了不起的守信义的人，因此慢慢亲近起来。我特别信任赵君，在离开巴爷公务之前，我曾经把自己在新加坡新做的一套西服让部下赠给他作为纪念，不知道有没有送到他手上。

----

① 1942 年。——译者注

下文将介绍宪兵眼中的"赵廉"。文中的五人都是原武吉丁宜宪兵队的队员。笔者和他们都是先书信往来，除了 A 以外，后来又都有面谈。他们有些人允许笔者公开他们的姓名，但笔者出于顾虑进行了匿名。另外，笔者通过调查，得到了曾隶属武吉丁宜宪兵队的 15 名队员的姓名地址并进行联系，除一人之外全部收到了回应。事后得知，唯一没回信的那位当时在住院。而且，几乎所有的人都是善意的合作态度，只有一两个人例外。这也让笔者很有点意外。

七、A(原武吉丁宜宪兵队警务班、特高班宪兵)

我到武吉丁宜宪兵队工作是在昭和十八年的 11 月，并不认识当时做过翻译的赵廉君。但是和同事一起去过两次他在巴爷公务的家里吃饭。因为了解不深，并不知道他的为人，其他也没有什么印象了。赵廉君曾经在神户生活过，这一点不记得是他自己说的还是从同事那里听来的了。

八、B(原武吉丁宜宪兵队警务主任)

我在武吉丁宜宪兵队的时候是从昭和十八年 7 月到十九年 10 月。当时赵君已经辞去了宪兵队的工作，在巴爷公务制销符合日本人口味的酒，包括日本烧酒等。他还有一家以竹子为原料制造卷烟用纸的企业。据说，武吉丁宜有一家叫作"东京庵"(这个东京庵可能指的是前文中提到的"みやこ食堂")的日本饭馆，也是他经营的。我在宪兵队负责警务，巴爷公务有山下部队驻守，附近又有欧洲战俘，因此我常去那边，赵君家也去过好几次。我从他那里听说他以前在武吉丁宜宪兵队当过翻译，大概是从昭和十七年到十八年初。

他留着两撇小胡子，日语实在是很好。好像是谁说过他在横滨上的中学。因此很多日本人在他那里进进出出。他对日本人说话也是见人下菜碟,有的时候恭敬,有的时候贫嘴。对我就是正常的样子,没有什么敌意,但肯定也是暗自注意不流露出来而已。在巴爷公务工作的一个同事(战后离队逃走了)苦笑说,有时从赵君那里收到信件,对方的日文太好了,自己不知道该怎么写回信才好。

我从武吉丁宜分队升迁到东部的峇眼亚比做分遣队队长之后,听那边的一个人说,赵廉就是曾经做过《星洲日报》主笔的郁达夫,本来要去爪哇,没去成就到了苏门答腊。说这话的人是新加坡过来的,不到 30 岁,在当地做肥皂,也是那边的渔村中少有的知识分子派头的人。我没觉得他的话可信,也就没对别人说。

九、C(神保长嗣[①],原武吉丁宜宪兵队警务班)

我和赵君有一年左右的频繁接触。从他自己和从前辈那听来的话综合来看,他在日本接受高等教育,从新加坡逃到了巴爷公务。日军进驻的时候住在巴爷公务。他在武吉丁宜宪兵队做翻译是事实。后来在昭和十八年初辞去翻译,在巴爷公务经营一家赵予记酒厂直到战争结束。我们把那里当成联络点经常进进出出,总赵君赵君地叫他。他很会待人接物,也是个很有派头的人,在他周围的邻居和华侨之中也很有口碑。家里有一个年龄差距有点大的夫人和一个孩子。

十、D(原武吉丁宜宪兵队队长)

我和赵君在昭和十八年下半年,大概半年左右的时间一起在

---

① 神保长嗣积极协助铃木先生的研究工作,并应邀到中国参与杭州电视台综合频道制作的电视专题片《追寻郁达夫》,公开谈起往事。如今斯人已逝。铃木先生认为可以在新译中公开他的姓名。——译者注

笔者(左)与郁达夫长孙郁峻峰(中)、神保长嗣(右)
(2006 年摄于神保长嗣家中)

武吉丁宜宪兵队工作。我也去过很多次巴爷公务的酒厂，对他也算是有所了解。我所知道的他是这样的。

日本军队在攻占新加坡之前，昭和十七年 1 月下旬还是 2 月上旬左右，他本和荷兰军队一起逃往爪哇，但当时邦加岛①海域已经在日本人掌握之中了，于是他逃到了望嘉丽附近，经过北干巴鲁，在十七年 5 月到达巴爷公务。然后开始给武吉丁宜宪兵队当翻译。战时就是做翻译和造酒，既不是作家也没有写作活动，也可以说看起来似乎没有。但是他在中国人之中威望很高，现在想想他的言谈举止，就觉得他是中国的名作家这件事是毋庸置疑的。

我在昭和十八年 5 月去武吉丁宜时，他已经不做翻译了。但宪兵队必须要翻译的情况下还会用他。我是队长，不直接用到翻

① Bangka——译者注

译。但似乎只要让他翻译,总是有对中国人有利的倾向。一说你翻译得不行啊,他就会说点奉承话。另外,只要跟他接触就能了解到华侨的动向。他和战后离开宪兵队的两个人关系很好。我也偶尔去过巴爷公务的赵君那里喝酒。记得昭和十八年被请去喝他的喜酒,具体几月份不记得了。听说新娘是巴东的华侨之女。赵君说自己的父亲在神户工作。我听到流言说,赵的名字和招牌应该都不是真的。后来我调到了司令部,在闲聊中也听说过类似传言。后来我在武吉丁宜的时候,听说过他还有一个名字。

十一、E(原武吉丁宜宪兵队)

我一直在武吉丁宜宪兵队待到昭和十九年6月战争结束。本来我是近卫兵,后来被作为宪兵事务员分配到宪兵队,在宪兵队负责粮食和日用品。为了买柴火我经常去巴爷公务,在那里受到赵君的很多关照和优待。虽然他看起来就是一介村夫,但是能说13种语言,让人觉得他是个有知识的人。最初我是由其他宪兵带着去的。赵君以前在宪兵队当翻译,和大家很亲近。在他家院子里有个大汽油桶,在其中发酵黑糖来酿酒①,他给我们喝过这个。

前文第二章中,笔者曾指出,群司次郎正说自己在占领后的苏门答腊见过郁达夫是有误的。不过,郁达夫在苏门答腊蛰居中倒是可能遇到过他熟悉的日本文学家。林芙美子曾经作为报道员,于1942年10月至1943年5月被派往南方,经马来、婆罗洲、爪哇,在1943年3月3日乘飞机前往巨港。她把这期间的见闻写成

---

① 将黑糖溶液加入发酵米后蒸馏而成的黑糖烧酒,在现代日本只有鹿儿岛的奄美大岛制作生产。——译者注

纪行文《苏门答腊——西方之岛》,发表在杂志上。[①]

1930 年 9 月 10 日,林芙美子在上海由内山完造为她召开的欢迎宴上,见过鲁迅和郁达夫等人。在宴席上,郁达夫似乎把杜牧的七绝《过华清宫绝句》写了赠予她。她在《秋之杭州与苏州》[②]一文中提到过。1936 年秋,郁达夫赴日,林芙美子在 12 月 12 日参加了在日比谷山水楼召开的郁达夫欢迎会。同席的有横光利一、村松梢风和大宅壮一等人,留下了她与郁达夫并排合影的照片。

战争刚结束的时候,林芙美子在与冰心、佐多稻子一同参加的座谈会[③]上,问冰心"郁达夫怎么样",引出了"被日军抓住杀死了,中国文学在战争中受到的最大打击就是失去了他"这一回答。

第四章的注释提到过在巴东发行《苏门答腊新闻》。该报纸在 1944 年 1 月 20 日有一篇报道,称作为陆军报道员在苏门答腊各地观摩的作家林房雄,于 1 月 14 日同西海岸州长官矢野兼三展开了连歌对谈。矢野兼三也是虚子门下的俳人,俳号是蓬矢。郁达夫曾翻译过林房雄的《爱的开脱 Etiquette》一文,登载于 1928 年 1 月发行的杂志[④]上。另外,郁达夫在 1936 年 5 月发表的《日本娼妇与文士》一文中,对林房雄的变化进行了言辞激烈的抨击。郁达夫和林房雄二人应该是直接见过面,或者有过书信往来吧。

---

① 《改造》1943 年 6 月号、7 月号。在 7 月号的末尾有"待续"的字样,但似乎并没有继续发表。

② 原载《读卖新闻》,1930 年 11 月 7 日、8 日、11 日、12 日,此处的引文出自 8 日。

③ 《中日女作家座谈会——与谢冰心同席》,《每日新闻》,1946 年 11 月 29 日。另外,佐多稻子也曾被军队征用,在 1942 年 8 月至 1943 年早春被派遣到南方,去过苏门答腊。从她文章中可见,她也去过武吉丁宜和巴东。

④ 《一般》第 4 卷第 1 期。

1946 年 11 月 29 日的《每日新闻》(笔者摄自微缩胶片)

　　前述这两位在当时比较著名的作家到访巴东和武吉丁宜,郁达夫是无论如何应该知道的。《苏门答腊新闻》的报道中提到,1943 年 10 月 4 日,武吉丁宜电台开始播音(巴东和棉兰的电台先于武吉丁宜开始运作①),虽然普通人被禁止使用收音机,但为了让人们听到广播,镇上的主要道路都装有扬声器。特别是林房雄来访这样的事,郁达夫很可能会听到消息。在异乡的他也很有可能出于怀念之情,在什么地方偷偷地去瞄上他们两眼吧。

---

① 巴东广播电台开设于 1943 年 4 月。根据山本照《棉兰的战后混乱》(NHK 南放送会编:《南十字星下——南方放送派遣者的回忆》,1989 年 8 月)一书中收录的丸山勋所写的《南方之忆》一文,武吉丁宜广播电台配备有中波 50 瓦、短波 2 000 瓦的发射机(覆盖苏门答腊全岛),另外还有短波 500 瓦的发射机作为备用。文中记述在整个苏门答腊地区共开设有 7 个电台。

第七章　身份暴露

最初被误认为间谍，备尝疏离之苦的郁达夫，澄清事实后成了巴爷公务一带的名人。尽管人们依旧不知他的过去，但他作为赵胡子是极有人气的，受到中国人和日本人两方的推崇。胡愈之在《郁达夫的流亡和失踪》中讲述了当时的各种事情和他身份暴露后的情况。

> 不论华侨或印尼人都知道他是一个不平常的人。但因为当地的人和他感情都好，所以没有人去根究他的底细。巴爷公务的华侨都明白他是外来的难民，但知道他的姓名的仍不过是几个熟朋友而已。
>
> 可是到一九四四年初头，情形就不同了。当地日本军部已把苏岛军政监部迁移到武吉丁宜。这个偏僻的山城成为军事与政治的重镇。苏岛宪兵总部亦设于武吉丁宜，全部人员都是从昭南岛调过来的，宪兵总部内有一个福建籍的工作人员，名洪根培，是在昭南岛兴亚炼成所①受过训练的，对新加

---

① 兴亚炼成所应该指的是兴亚训练所。兴亚训练所是第25军的军政部设立的，旨在培养马来和苏门答腊的当地人为己所用。1942年5月15日，昭南兴亚训练所开设，第一期有84名学生，其中有48个马来人、19个印度人、15个中国人、2个欧亚混血儿。昭南兴亚训练所一共开办三期，共280个学生。1943年7月关闭。1943年2月15日在马六甲开设了马来亚兴亚训练所，还在苏门答腊的巴图桑卡（Batusangkar——译者注）（在武吉丁宜东北约十公里的偏僻村落）和班达亚齐相继开设了训练所。巴图桑卡的兴亚训练所在1944年4月改为上级官吏学校和相关机构。富政令第21号，即《兴亚训练所令》，登载于《富公报》第8号，1942年12月22日。《富公报》的复刻版在1990年5月由龙溪书舍出版。明石阳志著有《兴业训练所与南方特别留学生》一文，载早稻田大学社会科学研究所印度尼西亚研究部编《印度尼西亚——文化社会与日本》，早稻田大学出版部，1979年7月。

坡文化界情形一向十分熟悉,一九四三年到了武吉丁宜以后,就知道赵廉是郁达夫的化名。但最初还不敢告发,到了一九四四年一二月间,他才向宪兵总部告发郁达夫是联军间谍,并且由巴爷公务中华学校前任某校长作证。这位校长因为性情乖张,被校董会解职,他要达夫替他帮忙,保全校长的位置,达夫没有答应他,他怀恨在心,所以和洪根培勾通了去告密。

靠近巴图桑卡的米南卡保古皇宫(译者摄于 2019 年)

据汪金丁《郁达夫在南洋的经历》,洪根培在 1943 年后半到武吉丁宜宪兵队当翻译①。据说洪根培很快就和郁达夫混熟了。洪

---

① 前文中提到的《摄影集·远去的苏门答腊》中,有一张照片标记为"苏门答腊宪兵队编制纪念",摄于 1943 年 5 月。其中就有洪根培。前文中提到的另一本《苏门答腊纪行》中,转载了 1943 年 8 月 29 日苏门答腊宪兵队登辛加朗火山的照片(原出处在苏门答腊宪兵队总部发行的册子《南十字星》)其中也有姓洪的人,可能就是洪根培。笔者向照片上的其他宪兵打听过,但没人记得是个什么人。笔者之所以判(转下页)

根培告密的梗概参见下述汪金丁的文章：

苏门答腊的日本军政监部成立不久，约在一九四三年下半年，武吉丁宜的日本宪兵部里，有个新来的叫洪根培的翻译，是在昭南岛兴亚所受过训练的汉奸，他很快就同达夫相熟起来，并且表示他好象也是"自己人"。达夫对人虽有时敏感多疑，但有时又很不介意。凑巧这时姓洪的看中了巴东一位姓黄的侨商的女儿——原新加坡南洋女中的学生。在一次酒宴席上，他央求达夫为他做媒，达夫不加思索就贸然答应了。等到达夫知道这位黄小姐正是在我们酒厂做工的林先生（也是从新加坡逃出来的）的未婚妻时，他对自己的失言非常懊丧。他说他可以再去找洪根培，把情况讲清楚。依达夫的估计，这家伙无论怎样无法无天，总不至于强迫行事。

次日下午，达夫从武吉丁宜回来，没回家便先到酒厂。他告诉我上午已找过洪了，干脆回绝了为他做媒的事。我问洪有什么表示？据说洪显得很不高兴，不过没说什么。我又问起："你看洪会怎样？""他能怎样？我不怕他。"达夫说时很生气。接着他说他要去找老金他们（指愈老和兹九同志）："我看他们要及早离开。"看着达夫默然匆促走去，我想他可能感到

（接上页）断那是洪根培，是因为当时总部的翻译过一阵很快就会被派到第一线分队当翻译。据原宪兵回忆说，当时的翻译基本都是台湾人。另外，曾有台湾人写文章详细地介绍了洪根培是如何告密揭发郁达夫的。笔者没有向那位作者确认过。张紫薇在《郁达夫流亡外纪》中说，这个洪根培在巴东有亲戚，是结党作恶之人。笔者向汪金丁打听过洪战后的动向，但他也不太清楚。（译者所见，照片中标注为"洪"的人十分瘦小，似乎戴眼镜，因为照片模糊看不清楚。毕竟没有全名，铃木先生也认为必须谨慎，因而没有引用照片。——译者注）

不安,姓洪的会不会善罢甘休?

　　很快就有人通知我们,说洪根培在大放厥词,非把那姓黄的弄到手不可,还威胁说:"他赵廉别以为我不知道他们。"

　　事不宜迟,经过一番紧张的准备,设法办理通行的手续,凑巧又有辆运货车去棉兰,于是在一天夜晚,愈老同兹九同志由一位当地青年陪同,悄悄顺利地离开了巴爷公务。与此同时,在酒厂工作的林先生也去了巴东,同他的未婚妻仓促成婚。

　　大约是一九四四年二月初,达夫从巴东回来,破例没到酒厂来。我赶到他家时,他神色很坏,一个人在饮酒。他对我说:原在巴爷公务华侨小学做校长的孙某,头一天晚上到武吉丁宜他住的旅馆去找过他。孙某在宪兵部被打得鼻青脸肿,他是去那里为洪根培做旁证的,说是他也是不得已,并且还请达夫帮忙。达夫说:"我真想当面揍他,不过我猜想他不敢再回巴爷公务了,我把他臭骂了一顿。"

　　看来洪根培已经向宪兵部告发了。

　　接着,记得是在旧历除夕,林先生在巴东家里被宪兵捕去了。

　　达夫听到这意外的消息,立刻赶到巴东,在了解被捕的经过之后,他到宪兵部为林去担保。林先生很快获释了。

洪根培向宪兵队告密的消息传来,众人都觉得情况危急。胡愈之劝郁达夫去别的地方逃难。据胡愈之记载,郁达夫这样回答:

　　我是躲避不了的。最近宪兵每天到我家里来喝酒闲谈,虽然没有说穿,显然我已被监视了。我是逃不了的,索性不动声色,等事情暴发了再做打算。但你们应当先离开。不然,事情怕牵连的太大。

胡愈之说:

达夫的话是不错的,当时宪兵还在进行侦查中,对达夫不过是暗示监视而已。如果他想离开巴爷公务,就会立即被捕的。至于我们这些朋友,当时还没有被宪兵注意。于是和达夫商量之后,我和兹九去棉兰,张楚琨、高友庆先生等则去巨港。我是在二月底离开巴爷公务的,当时并没有遇到什么阻碍。

汪金丁告诉笔者,高友庆就是高云览。

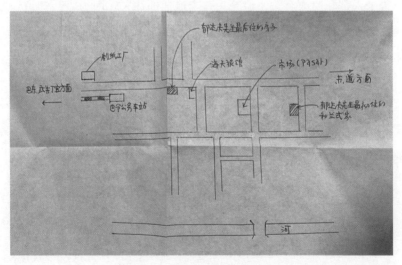

汪金丁先生 1994 年寄给笔者的亲手绘制的地图

　　按张楚琨所记,他自己早前已经离开了巴爷公务,郁达夫结婚的消息都是在南苏门答腊听到的。胡愈之、沈兹九夫妇则经棉兰辗转到更远的东北苏门答腊的高原马达山①,安全地迎来了日本战败。②

　　汪金丁待到了最后,没有离开巴爷公务。根据他写给笔者的信,他不离开的理由有二:一是妻子是闽南人,在附近族人远亲较多;他自己也会讲印尼语,一旦有事很快就能找到地方躲起来。二来酒厂必须正常营业,没法离开——于是他成了留在巴爷公务直到最后的少数避难者之一。

　　尽管逃到了远离巴爷公务的深山中,胡愈之等人还是非常记挂留在原地的郁达夫等友人。据说,后来传到他们耳中的有关郁达夫的消息是这样的——宪兵队总部接到洪根培的报告后开始调查,逮捕了巴爷公务、巴东、石叻班让和望嘉丽等地的十几个华侨,每个人都和赵廉有关。但宪兵并未逮捕郁达夫。因为宪兵知道郁达夫不是间谍,也不怕他逃走,便秘密监视着他,并且指望通过他来钓到他的朋友。

　　胡愈之说,与赵廉相关的事件在1944年8月完全调查完毕。

　　　有一天一个常到达夫家中去的宪兵,又去他家中,一见了达夫,突然改变了平时的称呼,不再称"赵先生"而称之为"郁先生"。那宪兵说:

----

① 马达山,Berastagi。——译者注。
② 关于胡愈之在苏门答腊的潜伏生活与其间的活动,笔者著有一文《关于胡愈之的幻想小说〈少年航空兵〉——他在南洋的活动之一部》,《横滨市立大学论丛》(人文科学系列)第42卷第3号,1991年3月。

"郁先生,你害的我们好苦。为了你的案子,我们工作了有大半年,到上海东京都去调查了。"

达夫神色异常镇定,就回答道:

"你们为甚么不问我,你们早问了我,我早就告诉你们了,费这么多的时间去调查干么?哈哈哈……现在请你干一杯罢。"

后来宪兵又说,他为了调查这件案子,用去不少钱,达夫就送了他一千盾军票。这事情过后,达夫照常住在巴爷公务,没有发生别的事故,宪兵也并没有把这件案子公开出去,除了几个宪兵以外,其余的日本人仍不知道赵廉是郁达夫,只把他当作一平常的华侨商人。

上述胡愈之所记的宪兵与郁达夫的交谈,和汪金丁、张紫薇、王任叔的记述大同小异。不过,在张紫薇和王任叔的记载中,该宪兵是宪兵队长。

张紫薇在《郁达夫流亡外纪》中讲述了这样一件事情。洪根培告密,使宪兵知道赵廉就是著名作家。在他直接告密之前,某个日本人似乎已经知道了这件事。据张紫薇讲,郁达夫婚后不久,有一天到张紫薇那里,手里拿着四千荷兰盾。说:"我看你的景况也没有什么好,这两千盾钱,你拿去用吧。"张紫薇推脱了一阵,最后还是收下了。如何用这笔钱呢,想来想去他用 1 500 荷兰盾买了一只钻石戒指作纪念。虽然他没对任何人说,但不知怎的被文教科副科长,一个叫市村的人知道了。某天晚上,市村到张紫薇那里,问他认不认识赵廉,是不是拿了他 2 000 荷兰盾。然后问他怎么花的那笔钱,知不知道赵廉就是郁达夫。张紫薇装作不明白的样子,市村就写在纸上给他看。张紫薇说:"这个名字在书上见过。""那他人在哪里?""不知道。""认得他的脸吗?""不认识。"市村瞪着他,张紫薇又重复了一遍"不知道"。市村警告他说,刚才的对话不要告诉任何人,然后就走了。后来张紫薇把这件事跟郁达夫说了,他也觉得很奇怪。张紫薇说,最后也不知道是谁告的密。

这个叫市村的文教副科长确有其人。笔者曾见过他并问起这件事。[①] 但是,关于这件事也好,赵廉也好,郁达夫也好,他都完全不记得。不过对于可能是张紫薇的人,他倒似乎有些印象。

曾在新加坡的郁达夫,在日军占领下的苏门答腊的巴爷公务,用赵廉之名过着潜伏生活这件事,真的只有他的亲密朋友和一部分日本宪兵相关人员知道吗?

其实不然,这件事在一些华侨,以及他们隔海相望的熟人之间,知晓范围很广。下面简述一二。

郁达夫给张紫薇 2 000 荷兰盾的时候,同时还带了一首胡迈的诗,并说"我为他做了一首和韵",于是从桌子上放着的烟盒里抽出衬纸写了下来。下面介绍他的原诗与郁达夫所做的次韵和诗。

> 铁马金戈动地来,仓皇烽火出亡哀。
>
> 悠悠生死经年别,莽莽风尘万念灰。

---

① 市村的全名为市村芳男,战时在苏门答腊西海岸州政厅工作,厅所在地为巴东。战后他在茨城县的一所中学担任校长和村教育委员长。1986 年 10 月曾和笔者面谈,时任茨城县樱村历史民俗资料馆馆长。当时在苏门答腊居住的中国人,接触过且能举出名字的日本人少之又少。此处举出了市村的名字,且确实为真实存在的人物,仅这一点就极为珍贵。根据 1942 年 8 月 15 日制定的《第 25 军军政监部服务规程》,总部总务部的四个科中有一个文教科,把"教育相关事项"作为业务的一部分。支部所在的州应该也是同样。不过,张紫薇把市村当成了"宪兵部的人"这一点是有疑问的。

天外故人差幸健，愁中浊酒且添杯。

今宵愿有慈亲梦，吩咐晨鸡莫乱催。

前文中也提到过，胡迈是郁达夫在新加坡时的朋友。他在新加坡沦陷后依然留在当地，作《昭南日报》的主编。他本人讲[①]过自己是如何得知郁达夫在苏门答腊并寄诗的。根据他的叙述可以大概知道其中的经过。

新加坡沦陷半年后，黄思[②]到了胡迈那里，说一个朋友从苏门答腊来到新加坡，提到郁达夫变了名字隐居在巴东，开了一家酒厂。如果想要和他写信的话，可以拜托那位朋友。于是胡迈在仓促之中提笔写了一首诗，拜托黄思传书。第七句"今宵愿有慈恩梦"（胡迈的引文中，"慈亲"是"慈恩"），出典自白行简的《三梦记》，讲了三个奇妙的梦境应验的故事。后来因为"慈恩"二字太过晦涩，就改成了《三梦记》中的"梁州"。因为当时交通不便，通信又有所忌惮，因此诗句改了的事情并没有告知郁达夫。

在战乱中分离的友人，忽而得知其还健在于异乡的消息，喜不自胜的郁达夫即作诗相和。张紫薇记录如下。另外，郁达夫把胡迈和自己的两首诗写下来之后，说了句"大约是这样的"。尚不清楚这首诗是根据张紫薇保存的郁达夫自书的纸片记录的，还是凭他自己记忆记下的。因为没听说纸片留下来，估计是后者。

---

① 《达夫漫忆》，收录于《回忆郁达夫》。根据马昆编著《新马文坛人物扫描》（马来西亚书辉出版社，1942 年 8 月），胡迈在《昭南日报》任主编，一年后"始获自由"。这首诗应该是此后作的。

② 黄思是记者，战前在《星洲日报》编辑电影话剧副刊，翻译国际通信。战后在《星洲周刊》《星洲日报》做主编。1982 年 9 月去世。

故人横海寄诗来,词比江南赋更哀。

旧梦忆同蕉下鹿,此身真似劫余灰。

欢联白社居千日,泪洒新亭酒一杯。

衰朽自怜刘越石,只今起舞要鸡催。

注释:

江南赋:指同何丽有结婚时所作的《无题四首》之第一首中庾信的《哀江南赋》。

蕉下鹿:比喻人生中的得失如梦。出典《列子·周穆王》,郑国一樵夫打死一只鹿,怕被别人看见,就把它藏在坑中,盖上蕉叶,后来去取鹿时,忘了所藏的地方,于是就以为是一场梦。听了他说梦的人去把鹿取走了,樵夫又在梦中见到了取走鹿的人,遂起争执。

劫余灰:大难之后的灰烬。

白社:地名,在河南洛阳以东。借指隐士所居之处。晋代董京去洛阳时,经常投宿于白社,"披发行乞,逍遥吟咏"。据说以"漱石枕流"闻名的孙楚常常去拜访董京。

新亭:位于江苏省江宁县今江苏南京的一座亭子。东晋名士常在此设宴,感叹国运衰败,有"新亭泪"之典故。比喻忧国之情。

刘越石:晋刘琨,字越石。他曾发誓共讨石勒,和《乱离杂诗》第二首中出现的"祖逖"是好友。

无论是苏门答腊还是新加坡,都处于日军严酷的占领下。他们之间到底是如何进行联系的呢?笔者在 1984 年 2 月于广州见到了徐君濂,直接询问了他。徐君濂在《星洲日报》是郁达夫的同事,关系很好。他专门通过在新加坡的熟人,联系上了在马来西亚的胡迈后回答了笔者。据说，当时华侨中有人在新加坡和苏门答腊之间秘密经营商业小船，通过这些经营商船的人可以通信。

1945 年 9 月 20 日，郑振铎写了《忆愈之》一文。据此文，新加坡沦陷一年后，郑振铎收到了胡愈之用化名寄来的明信片。（郑振铎听到流言说胡愈之在南洋病死了，所以写了这篇文章，日后收录在他《蛰居散记》一书中）

在《星洲日报》和郁达夫是同事的吴继岳，在新加坡沦陷一年后靠露天摆摊营生。据他说，一个姓林的同行告诉大家[1]，郁达夫和胡愈之等人都换了名字在苏门答腊住着，郁达夫改名为赵廉，给日本宪兵做翻译。这位林姓同行是和郁达夫一起出逃到苏门答腊，又悄悄返回新加坡的。

前文中提到的，在望嘉丽与逃亡途中的郁达夫相遇的郑远安说，自己在 1944 年见到了潜伏在巴爷公务的郁达夫。他又是怎么知道郁达夫在巴爷公务的呢？[2]

1972 年，笔者在马来西亚的槟城见到了一位曾留学日本的名叫刘果因的人。他在战争期间曾在马来半岛的怡保给日本宪兵队做翻译。他说自己在做翻译的时候已经知道郁达夫在苏门答腊的事。

---

[1] 《值得我们永远怀念的爱国诗人郁达夫先生》，收录于《回忆郁达夫》。

[2] 郑远安住在新加坡，与笔者有书信往来。他提供了当时的事件经过：他被叔父带到巴爷公务。郁达夫化名赵廉住在巴爷公务的事，之前从商人们那里听说过。他说商人们虽然都知道这件事，但是很尊敬文化人，对他们遭遇战乱感到非常同情，不会没道德地去告密。在巴爷公务遇到郁达夫的事情，在爪哇的报纸上曾经刊登过，但是手头没有留下这份报纸。洪根培在战后行迹不明。估计是换了名字偷偷回了新加坡。他是福建金门人，他和郑远安曾经在新加坡住得很近，只差几道门，所以面孔是认识的。在战时为日本军队工作的中国人会遭到很严酷的惩罚。在望嘉丽给日本人当翻译的台湾人，在战后的无序状态中，被民众处以私刑。郑远安曾目击枪杀的场面。估计洪根培也是很害怕这个吧。郁达夫来避难的时候，望嘉丽没有电，收音机是接上了汽车电池运转的。

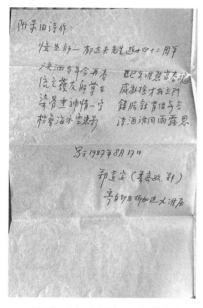

1987 年,郑远安给笔者的亲笔信中所附追忆郁达夫的诗作

战后第二年,王任叔在新加坡的杂志《风下》发表了回顾避难生活的文章《邻人们》[1],其中提到,他在苏门答腊的农村听到了华侨们谈论有关郁达夫的奇妙传闻。

第七章中提到的宪兵 B 说,他在离巴爷公务 250 公里的东海岸州的小港口城市峇眼亚比做宪兵分遣队长的时候(1944 年 9 月以后),给他们做密探的中国人向他们告发了在巴爷公务的赵廉就是郁达夫。

前文中,说到宪兵面对面抖出了郁达夫身份的时候,应该只有郁达夫和宪兵两个人在场。不过无论是胡愈之还是其他提到这个事情的中国人,都描述得如同亲眼所见一般。他们应该是从郁达夫口中听说这件事的。笔者没能调查出当时那个宪兵是谁。宪兵队员轮换得很频繁,不会在一个地方长期待下去。虽然有人认为那个人是宪兵队长,但即使是宪兵队长也频繁更替,从宪兵分遣队时代到战争结束换了 7 个人。另外,不得不考虑到郁达夫有一点爱夸张。笔者有点怀疑胡愈之等人说的这件事是否真的存在。

另外,最近出现了一份新的证言,来自郁达夫身份被揭穿时碰

---

① 1950 年 3 月,生活·读书·新知三联书店出版了《邻人们》的单行本。

巧在场的人。对这份陈述也很难全盘接受，但毕竟是非常珍贵的信息，笔者曾经介绍过①，在此再度引用。

1992年2月20日，新加坡的中文报纸《联合早报》中刊出了《沦陷时期的郁达夫》一文，介绍了退休的老记者包思井的演讲。包思井在2月16日新加坡文艺协会召开的元宵晚宴上，做了名为《新加坡到米南卡保——郁达夫的小城春秋》的演讲。他的发言梗概是：

郁达夫在苏门答腊的小镇米南卡保避难时，和当地的华侨一起办了肥皂厂、酒厂和造纸厂。包思井是这三个工厂的会计。化名为赵廉的郁达夫因为会说日语，为华侨做出了很多贡献。他流畅的日语引起了日本特务龟田三郎的注意。某天晚上，龟田三郎以过生日为由，要求郁达夫准备酒菜宴请自己。在酒席上，龟田三郎想要灌醉郁达夫探出事实，还提出要一起作诗。不幸的是，郁达夫在酒席上作的十余首诗成了龟田三郎发现郁达夫真相的线索。龟田三郎把这个赵廉用日语写的诗寄到了东京情报总部。经过查证，终于发现了这个住在苏门答腊的、日本人眼中的"神秘支那人"是中国文坛有名的郁达夫。如此这般，身份被发现的郁达夫在日本人手中送了命。

这篇文章介绍了包思井引用的郁达夫的日语诗《咏花蝶谷高山》之中译。（花蝶谷在前文中提到过，指武吉丁宜的旧名 Fort de Kock 之中译）

不得不说，这篇文章极不寻常。不仅是笔者第一次听说郁达夫在苏门答腊蛰伏中用日语作诗，而且第一次明明白白地指出了看穿郁达夫身份的日本人名字。日语诗不仅被翻译成了中文，还

———————————

① 《郁达夫在苏门答腊用日语作诗了?!》，《中国文艺研究会会报》第133号，1992年11月。

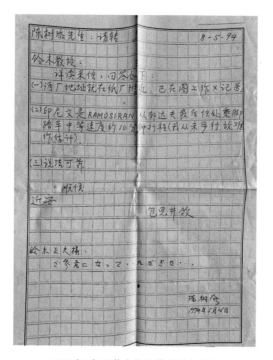

1994 年,包思井先生给笔者的亲笔信

出版印刷了。这么重大的事实为什么到现在才被发现呢？在胡愈
之的《郁达夫的流亡和失踪》中,包思井是在郁达夫失踪现场的众
人中唯一能举出名字的人。关于包思井的情况,笔者手边没有更
多的资料。恰逢 1992 年夏天得到了去新加坡的机会,笔者有幸在
熟人的尽力帮助下见到了包思井本人①,听到的信息要点如下：

包思井和笔者面谈时 75 岁。他直到 74 岁退休,一直致力于
报纸、杂志和教科书的编辑工作。他毕业于上海商业学院,1939

---

① 铃木先生在日记中记载,和包思井见面于 1992 年 8 月 26 日晚,但没有留下照
片。——译者注

年下南洋,担任(上海)生活书店的新加坡支店店长。太平洋战争开始后,眼看着新加坡要沦陷了,他就和郁达夫在同一天乘另一条船往苏门答腊逃难。

他在巴爷公务以郁达夫为中心的酒厂、肥皂厂和造纸厂工作过。由于不是重要人物,所以也没有必要逃到其他地方去,就那么安全地迎来了战争结束。因为包思井要向郁达夫报告工作,所以当时每天早晚都会见面。

化名为赵廉的郁达夫,真实身份是如何暴露给宪兵队的呢?

对做过宪兵队翻译的赵廉那纯熟的日语一直抱有怀疑的宪兵队总部特高科科长龟田三郎,在 1944 年 9 月,自己 44 岁生日的时候向赵廉提议一边喝酒,一边写日语诗相酬。当时包思井就在屋外。龟田三郎是东京帝国大学的文科毕业生,所谓他作的日语诗,实际上是照搬自己老师小泉八云①的。但赵廉的诗更胜一筹。龟田把赵廉所作的 12 首诗以电报的形式发给了东京情报总部支那部。一周后,龟田三郎的部下就过来和赵廉说了很久的话。后来,赵廉就去了包思井那里,向他要 3 000 荷兰盾。于是包思井给了他 3 000 荷兰盾,那是当时能够买一栋小房子的钱。

情报总部支那部调查了赵廉的诗后,三天后回电。据说,能够作这样的日语诗的中国人只有四个:鲁迅、周作人、郁达夫和郭沫若。但是,鲁迅是革命家,而且已经死了。周作人是亲日派;郭沫若是浪漫派,诗风不太一样。那就只剩下郁达夫了。包思井说,现

---

① 小泉八云:日本小说家,民俗学者。出生于希腊,原名帕特里克·列夫卡迪奥·赫恩(Patrick Lafcadio Hearn),1896 年归化日本,改名小泉八云,在东京大学担任英国文学教授。他收集日本民间文学著成的《怪谈》十分有名。就译者所知,小泉八云的日文水平并不高,擅长日文诗更是无从谈起,这也是很蹊跷的一点。——译者注

在还记得郁达夫将自己用日语作的 12 首诗中的一部分翻译成中文,讲给自己听。他想把这些事讲出来。直到现在才说的理由是,说不定郁达夫还活着,公开出来怕给他带来麻烦。

　　以上是包思井对笔者说的事,其中有很多值得商榷的地方。笔者在新加坡的故知、一位郁达夫研究家当时也出席了元宵晚宴,听了包思井的话觉得"很难相信"。1967 年 5 月,原苏门答腊宪兵组成的"苏门答腊宪友会"发行了会员名簿,其中没有龟田三郎这个人。(这个名簿的制作依据有二:一是昭和二十一年 10 月 30 日第 25 军司令部发行的"第 25 军宪兵队人员被滞留于联军处者及被处刑者名簿"的原本;第二是复员后的宪兵们互通有无所掌握的苏门答腊宪友名簿,其中分为"死亡确认""住址确认 甲""住址确认 乙"和"在当地逃亡"四个部分)如果真有这样一个人,笔者做了这么长时间的调查,如何也该听说一二,但是完全没有。如果 1944 年的时候龟田三郎是 44 岁的话,他应该是东京大学 1920 年上半年毕业的。查找《东京大学毕业生名录(明治四十一年—昭和二十五年)》(东京大学,1950 年 10 月)的文学部毕业生,没有见到这个名字。另外,小泉八云只在东京大学执教到 1903 年。除了这几点之外,还有一些值得怀疑的地方。最关键的是,包思井公开这些信息的时间不能不说有些太晚了,事情已经过去太久。不过,作为郁达夫身边之人为数不多的回忆之一,必须说有很重要的价值。

　　下面附上郁达夫所作的"花蝶谷"一诗。这是一首把白云间的默拉皮火山拟人化为女性的诗。

　　　　咏花蝶谷高山
　　　　你头戴宽大无边白帽

身穿瑰丽五彩长袍

肩上披着两道长长乌黑光亮辫条

水注注的眼珠深埋眉梢

浓香扑鼻发白小口樱桃

胸前两颗大番茄狂似小鹿奔跑跳跃

九曲十八弯腰枝苗条

热情如火日日燃烧

我愿常留花蝶谷

与伊人对饮美酒

品尝四季佳肴

还有一个人知道郁达夫在苏门答腊,且听说过郁达夫在苏门答腊作诗。此人名叫大白,曾经在战前给《星洲日报》的《晨星》投稿。在他撰写的回忆郁达夫的文中①这样写道:

新加坡沦陷大约一年后,有一天,一个朋友说郁达夫先生在苏门答腊避难,化名赵予,被迫给宪兵队做翻译。听说当时他还写了一首铭志诗赠给中华公学。②

之后附上了这首五绝。

赵盾自明罪,予让今事胡。

达人惟叹息,夫子许之乎。

---

① 《忆念郁达夫先生》,新加坡《星洲日报·总汇报联合版》,1946年5月29日。
② 原文未找到,根据日文译出。——译者注

注释：

赵盾自明罪：赵盾是春秋时期的晋人。掌国政，因为总是劝诫赵灵公，险些被灵公所杀。本欲逃亡，尚未离开之时，灵公为赵穿所杀。赵盾没有讨伐赵穿。此后史官董狐书曰，"赵盾弑其君夷皋"，认为是赵盾杀了灵公。这里或许是郁达夫自己反省不该在新加坡沦陷前出逃。

予让：见前文注。

中华公学的确是新加坡的学校，但不明白为什么要赠诗给那里。这首诗的每一句的首字连起来就是"赵予达夫"，似乎意在暗示自己还活着。引用这首诗的大白也在文中写道，虽然感动于这则传闻，但也还是半信半疑。

此后又过了 30 年，在李向的一篇文章①中，记述了于沫我（20世纪 30 年代后半期在新加坡从事商业活动和写作，1983 年去世）曾告诉他，这首诗似乎是郁达夫在武吉丁宜的时候创作的。作者李向称，到底是真是假现在也无从考证，但是从内容看来，是借古代的贤臣义士之典故表明自己心迹的，和当时郁达夫的心境十分相合。

《郁达夫文集》《郁达夫全集》和各种郁达夫诗词集均没有收录这首诗。笔者向《郁达夫文集》的两位特约编辑之一询问了这件事，回答是，可能当时出版时还没有发现这首诗，所以没能收录。《郁达夫全集》的编者可能也没有见过这首诗。确实，知道这首诗的人似乎不多，即使是知道的人，也会觉得这首诗出现的场合太过于凑巧，反而对它是否为郁达夫的真作感到踌躇难断吧。

---

① 李向：《郁达夫在新加坡》，新加坡《南洋商报》，1975 年 2 月 15 日。

第八章　暴露之后

胡愈之在《郁达夫的流亡和失踪》中记叙，郁达夫的身份暴露后，他依然如常生活在巴爷公务，宪兵也没有公开这件事：

> 当时我们研究这件事，觉得也没有甚么奇怪。因为郁达夫是一个著名作家，在日本的名声很大，宪兵侦查的结果，知道他在沦陷时期，并无反日的实际活动，但他有民族的良心，如果把他拘捕起来，他一定宁愿牺牲，不愿用郁达夫的名义和敌人合作。如果把他杀掉徒然显示日本的残暴，对于日本并无好处。所以这一件案子实在不好办。倒不如把这案子瞒下，暂不举发。同时仍加严密监视，好在他是逃不了的。我相信日本宪兵既没有把他拘捕，又不强迫他和日本合作，原因当在于此。

另外，王任叔在《记郁达夫》中提到，宪兵没有公开郁达夫的事，有可能还在暗中结网。而且，"达夫并没有间谍行为，而久碍于宪兵部的面子，不好张扬：连自己部里有个抗日分子冒名做翻译，这说出去，未免太那个了。"

他们这些见解多多少少触到了事情的核心，但并不一定是正确的解释。另外，宪兵并未把郁达夫当成什么重要人物。后文会详加分析。

总之，尽管郁达夫的身份被宪兵掌握得一清二楚，但还是过着同之前没什么区别的生活。

　　妻子何丽有回忆，当时的日常生活就像前面讲的那样。郁达夫一个月有两三晚写文章和书信。他自学生时代开始便事无巨细地记日记，既出版过其中一部分，又写过推崇日记文学的文章①。郁达夫的人生中，有相当长一段时间内都作为文学家立身，因此，写作既是职业，更是自身的习惯与处世之道。这样的他，即使顾虑时局，过着潜伏生活，真的会搁笔不写吗？体验过这样少有的潜伏生活，总会想为了日后的创作准备些材料，应该有些类似的记录吧。何丽有是文盲，想要"瞒着"她毫不困难。尽管如此，他却只写了目前我们所见到的这些有限的东西。如果真是这样，看看同样条件下的胡愈之、王任叔那些精力十足的活动，郁达夫未免也太不中用，太没本事了吧②？特别是和从事抗日地下活动，克服了各种困难，依然笔耕不辍的王任叔比一比的话，这种感想就更强烈了。

　　的确，现存的郁达夫避难中写就的东西非常少。第六章中，池内大学曾说郁达夫有时似乎在作诗。王任叔也提到过看到他写的诗，那这些诗后来都去哪了呢？

　　郁达夫逃离新加坡时带着的行李里，应该有林语堂拜托他翻译成中文的《瞬息京华》。这些文章和译文后来又去哪了呢？

　　包思井在战后第二年发表的文章③中，提到了《瞬息京华》。他这样写道：

---

① 《日记文学》，《洪水》第 3 卷第 32 期，1927 年 5 月 1 日。
② 胡愈之研究印尼语，著有汉译印尼语辞典（原稿散逸）和语法书，还写了面向华侨少年的长篇幻想小说《少年航空兵》。王任叔写了小说和赞颂印度尼西亚的长诗。战后，他用所学积蓄发表了不少与印尼相关的作品。
③ 思井：《郁达夫先生和书》，新加坡《南侨日报》，1947 年 8 月 29 日。收录于《回忆郁达夫》。

　　日本投降前三个月，郁先生在沙果山上办了个小农场，备作避难用的。有一天，他从市镇里上山，带了些酒菜和一个木箱来。酒菜吃完之后，他叫把那个木箱收藏起来，那时也不知道里面所藏何物。他失踪后打开来看，原来是林语堂的《瞬息京华》英文本两册，里面林语堂特地把人名、地名、古典词句详加注解以便郁先生翻译的。在同书上郁先生也批了他的译语，两个人的批注都很小心，这从写的字上可以看得出。

　　在这篇文章中，包思井还提到，在箱子中还有莪赫斯基①的英译小说《远东》以及丘吉尔的《战时演说集》，应该是打算在战乱时翻译的。

　　1993 年，笔者曾写信向包思井询问郁达夫翻译的《瞬息京华》在他失踪后去了哪里，以及郁达夫在巴爷公务是否从事创作活动。收到了他写于同年 7 月 22 日的回信，其中很多事情都是第一次听说，概括如下。

　　日本的四艘航母被美军击沉（指 1942 年 6 月的中途岛海战）后，郁达夫预测到战局将有大变化。为了防止日本宪兵对付抗日分子，他有一段时间隐身于离开市镇 4 公里左右的农场中。他带着装了四本书的小箱子，每天都边喝咖啡边精读那四本书，用红蓝笔加注。由于这个农场是德国人经营的，所以他能够听到新德里的东南亚联军短波的新闻，尤其特别注意收听英国的战略家鲍威尔②的详细分析。鲍威尔认为战局仍将持续。于是郁达夫为了做

① 名为莪赫斯基的人物没有找到。苏联作家巴甫连科（Pyotr Pavlenko——译者注）在1936 年发表了作品《在东方》，此处或指此作品。
② 鲍威尔，H.C.Bovell。——译者注

长期的生活准备而回了市镇，开始经营小工业。他把这四本书和其他大量的书藏在山里。他失踪后，印尼警察和当地华侨朋友们劝避难的人们赶快逃跑，以防被宪兵迫害。于是朋友们从西苏门答腊逃到了东部的北干巴鲁，没人顾得上那四册书。应该已经丢失了。

郁达夫在这种风雨飘摇的动荡时局中，愈加思绪万千，感慨不已。在日本宪兵严密的监视下，他一直无法心安，自然没有写长篇的心情，便正好用自己擅长的旧体诗以抒怀，给友人们传阅。因为害怕暴露身份，这些诗应该都是看完即处理掉的。诗分为两类，一种是怀念友人，最常见的是怀念创造社的文学同人和李筱英的，还有一种是评论时局的，刘海粟[①]在巴爷公务亮明身份后，军部就把他送回了新加坡，进而送到了上海汪精卫的南京政权那里。郁达夫为此事作了名为"和为贵"的诗，在诗中表达了中日两民族和平共存的愿望，但也批判了日本军国主义对和平的破坏。结尾两句令人印象深刻"长江江水生洪波，不能战者不能和"，非常明确地拥护抗战政府，斥责投降政权。凭这一点即可断定郁达夫是一位大义凛然，旗帜鲜明地爱民族、爱国家的文人。

根据包思井的回忆，1943 年 7 月，日文版的《苏门答腊新闻》头版登载了新闻，日本作家三岛正夫代表大本营来宣传慰问身居巴东的作家们。包思井说，三岛是日本通俗社会小说作家。当时

---

① 刘海粟是和郁达夫有二十余年交情的著名画家。抗日战争爆发后，他下南洋与郁达夫重逢。刘海粟在各地开巡回画展（郁达夫也提供了帮助），画展的收益送给祖国用于支援抗战。太平洋战争后，他从新加坡逃亡爪哇，藏在岛内的洗衣店中。1943 年2、3 月期间被日军抓获，送到上海。据说他守节不屈。中华人民共和国成立后先后任南京艺术学院院长、名誉院长，中国文学艺术界联合会委员，全国政协常务委员等。1994 年 8 月去世。有很多文章记述过刘海粟和郁达夫之间的交情。

大家都认为，三岛是郁达夫的老朋友，如果郁达夫向他亮明身份，说不定有一丝逃离的希望。在包思井的文章中，把这件事和刘海粟亮明身份被日本军护送到上海的事情放在一起，应该是为了赞扬郁达夫不苟且偷生的气节。

不过，包思井所说的名叫三岛正夫的作家并不存在。能上报纸头版的知名作家，应该是很容易判定的，这里的三岛正夫说不定是前文中提到过的林房雄。①

从以上各种事情判断，郁达夫在苏门答腊蛰伏的时候，作了一些旧体诗，但很有可能丢掉了，没打算留下来。郁达夫在结婚时给张紫薇的四首诗，应该就是故意变了笔迹写的。这样费心也要写下来送人，或许是对于结婚这样严肃的事情，作为文学家无论如何也想要留下纪念作品吧。

被认为是郁达夫在苏门答腊避难所作的，还有一首七绝与一份写于 1945 年元旦的遗嘱。

> 十年孤屿罗浮梦，每到春来辄忆家。
>
> 难得张郎知我意，画眉还为画梅花。

这首诗第一次出现在中国的出版物，是在杭州的杂志《西湖》1978 年 10 月号上。在于听、周期编选的《郁达夫诗词选》28 首中，这首诗作为最后一首，加上了"题新云山人画梅"的标题。编者注如下：

---

① 三岛正夫和林房雄的音韵可以说有点相像。对于不懂日语的外国人听来，可能没法正确记住，而且时间又过了很久，记忆也有出入。（三岛正夫的发音是 Mishima Masao，林房雄的发音是 Hayashi Fusao。——译者注）《苏门答腊新闻》创刊于 1943 年 6 月 8 日，林房雄访问苏门答腊是在 1944 年 1 月左右。

　　这是现在收集到的作者所作的最后的诗。由郭老保存惠赠。作者原题署名为"乙酉春日苏门啸隐书",由此可窥见当时作者处境。郭老追记有"郁达夫题画梅诗,乙酉乃一九四五年,达夫以此年秋遇难"①。

1981 年浙江人民出版社出版的,周艾文、于听编《郁达夫诗词抄》中也收录了这首诗,并附有更加详细的编者注:

　　这是目前所能收集到的作者最后年代写的诗。据说,作者一生前友人于抗日战争胜利后寄郭沫若一诗画影印照片,画为倒垂梅枝,时方著花,有一画眉栖息枝端。此诗题于图下。诗后署"乙酉春日苏门啸隐书"。从署名可以想见作者当时的心境。史载隐士孙登(字公和)孑然一身居住汲郡北山的土窟中,夏则编草为裳,冬则披发自覆。名士阮籍到苏门山去,遇见了他,向他请教。但孙登只是大笑,一句也不回答。阮籍回来,走到半山,听见孙登长啸一声,犹如鸾凤之音。这就是所谓"苏门啸"的来历。郭沫若在此画的印件上记:"郁达夫题画梅诗。乙酉乃一九四五年,达夫以此年秋遇难。张郎为谁? 惜信遗失,无可考见。"

　　同年,香港的杂志《广角镜》上登载了此处提到的照片。② 可惜照片很小看不清楚,没法明确辨认是否为郁达夫的笔迹。不过

---

① 未找到原文,由日文译出。——译者注
② 《广角镜》第 119 期,1982 年 8 月 16 日。马力的《赘秦原不为身谋》中也可见。

上述编者们应该认定了是郁达夫的真迹。《广角镜》上刊登的两帧长方形照片，是这幅画的正反两面。正面照片在左，绘有梅树枝条和鸟，下有题诗，左手有"乙酉春日苏门啸隐书"字样；反面照片在右，应该是郭沫若的字，写着"郁达夫题画梅诗"，下面分两行写着"乙酉乃一九四五年，达夫以此年秋遇难"。不知出于何种心境，他抄写了一遍正面的诗，又在左边写着"张郎为谁？惜信遗失，无可考见。"

香港杂志《广角镜》上登载的画梅诗照片（笔者摄自微缩胶片）

关于"题新云山人画梅"之标题是如何加上去的这一点，虽然杂志的画根本看不清无法判断，但有一行记叙性文字。郁达夫的一位遗属告诉笔者，因为此处的署名是新云山人，所以编者以此为依据加了这个标题。

事实上，这首诗是第二章中提到过的，1967 年 4 月发行的新加坡《南洋文摘》中，署名为"荣"的人以"郁达夫未发表的诗"为题刊登的 4 首诗中的一首，题为《题张乙鸥梅花图》（不过第一句的前三个字是空白，张乙鸥身份不详，参见第 2 章注释）。

无论如何，可以判断这张照片是通过到苏门答腊避难的人或者华侨之手，作为郁达夫的诗辗转到了郭沫若那里；然后，郭沫若加上了批注的照片又到了《郁达夫诗词选》和《郁达夫诗词抄》的编者（周期和周艾文应该为同一个人）的手里。

题新云山人画梅

十年孤屿罗浮梦，每到春来辄忆家。
难得张郎知我意，画眉还为画梅花。

注释：

孤屿：孤岛，指苏门答腊。

罗浮梦：罗浮是广东省的山名，山麓有名胜梅花，隋朝的赵师雄曾在那里的梅花村投宿，夜里在梦中遇到了梅花精。

通过梅花的画作，咏思乡之情，让人们很容易了解作者所处的境遇。

遗嘱也是文言体，张紫薇在《郁达夫流亡外纪》的开头引用了它。遗嘱的文末注有"乙酉年元旦"，因此应该是 1945 年大年初一（阳历 2 月 13 日）所作的。从开头一句"每年岁首，例作遗言"可见，郁达夫每年都会做类似的遗嘱。张紫薇只知道其中的两份，这一份是其中之一。张紫薇是如何得以引用这份遗嘱的呢？前文注中提到过的马力《赘秦原不为身谋——访问郁达夫在香港的遗孀何丽有》一文也引用了一模一样的遗嘱，说明是郁达夫请好友蔡清竹保管的。因为没听说留下郁达夫的手书，所以张紫薇应该是抄写了一份，或者是凭自己记忆写的吧。遗嘱内容如下：

余年五十四岁，即今死去，亦享中寿。天有不测风云，每年岁首，例作遗言，以备万一。

自改业经商以来，计将八载，所得盈余，尽施之友人亲属之贫困者,故积贮无多。统计目前现金约存二万余盾;家中财产,约值三万余盾;"丹戒宝"有住宅草舍一及地一方,长百二十五米达,宽二十五米达,共一万四千余盾。凡此等产业及现款金银器具等,当统由妻何丽有及子大雅与其弟或妹(尚未出生)分掌。纸厂及"齐家坡"股款等,因未定,故不算。

国内财产,有杭州官场弄住宅一所,藏书五百万卷,经此大乱,殊不知其存否。国内尚有三子:飞、云、均,虽无遗产,料已长大成人。地隔数千里,欲问讯亦未由及也。余以笔名录之著作,凡十余种,迄今十余年来,版税一文未取,若有人代为向出版该书之上海北新书局交涉,则三子之在国内者,犹可得数万元。然此乃未知之数,非确定财产,故不必书。

乙酉年元旦

这份遗嘱中,年龄、经历有不少和郁达夫的实际不符。(比如,和离婚的王映霞除了一个夭折的孩子之外还有三个孩子,名为郁飞、郁云和郁荀,而且也没有提到和第一位妻子孙荃所生的三个孩子。藏书500万卷有些过于夸张。郁达夫本人逃出新加坡的时候曾说是3万册,王映霞也说是3万册)这些不符之处该怎么解释呢? 是张紫薇凭记忆写下时犯的错吗? 张紫薇这样说过:

如到观音亭求签,每次总是一本真诚的面孔,顶礼焚香,看不出他是一代文豪,假如不知道他"赵廉"先生或"赵胡子"的人,一定谁也不去注意他,谁也把他当作一般"善男信女"似的人物看待的。

这也许就是他自己制造的"保护色"吧? 这张"遗嘱",也许是他自己感到"保护色"还不够浓,还得于"适当"时期,地点,渲染一下,也未可知。①

巴东被认为是"观音亭"的庙(笔者摄于 1988 年 4 月)

这份遗嘱(《郁达夫文集》和《郁达夫全集》中都收录了该遗嘱)如果就是郁达夫自己写的原文,那么就应该是像张紫薇所解释的那样,为让周围的人看不穿自己的真心而故意"创作"的。用亦真亦假的经历,做出一个不同于"郁达夫"的"赵廉"形象。但是,张紫薇又说:郁达夫对自己的失踪是有所预知的,只不过不知道是哪一天而已。事实上这份遗嘱并没有给遗属起到任何作用,只是对自己的死一语成谶罢了。另外,在苏门答腊出生的长子在遗嘱中名字写成了大雅,这或许也可能是遗嘱伪作的一个证据。

---

① 了娜:《郁达夫流亡外纪》,《文潮月刊》第 3 卷第 4 期,1947 年 8 月。——译者注

前文提到,胡愈之说洪根培向宪兵队总部告密,称郁达夫是联军的间谍,时间在 1944 年一二月。郁达夫开始"每年岁首"写遗嘱的行为如果与此有关的话,应该就是从那一年的阴历新年开始写的。

台湾的刘心皇著有很多郁达夫相关著述。在其《郁达夫与王映霞》①一书的附录中,还有一份"遗嘱",用口语体写成,有句读。内容为:

> ⋯⋯中日不但是邻国,从历史、文化上来看,也是非常接近,因此中日应该携手并进,而不应有敌对。今日虽有不如意之事发生,但以后仍是携手的。

这份遗嘱并未收录在《郁达夫全集》等作品集中,也没有在其他地方见到过。如果这份遗嘱是真的,那就是为了迷惑日军而故意写下保存的了。

张紫薇在《郁达夫流亡外纪》中,介绍了自己从郁达夫那里收到的一封短信,信中提到了在与何丽有结婚之前,与两位红颜知己中的一位相关的内容。

信的抬头为"紫薇兄"(前略),似乎前面的部分被省略了。

信中写道:

> 饭店西施,若无回音,亦乞置之,因此间又有一件公案,或

① 台湾畅流半月社,1962 年 7 月。笔者曾写信询问刘心皇是在哪里看到的这份遗嘱,回信说是在南洋的报纸上,但具体记不清是哪份报纸了。

者可成眷属，当较巴东小姐为适合也。匆告，顺颂财祺！

　　"饭店西施"指的是在巴东华侨经营的马来饭馆中，曾经相过亲的一位有点胖，不会讲国语的姑娘。虽然郁达夫有些中意她，但没有收到对方的回信。"公案"本意应该是比较难办的事，但据之后张紫薇的叙述来看，应该指的是与在荷兰人的幼儿园当老师的女性之间谈婚论嫁的事情。"巴东"的小姐应该指的是郁达夫一见倾心的中荷混血姑娘。信的结尾原文是"匆告，顺颂财祺"，不忘以商人口吻顺祝生意兴隆。署名是"赵廉敬启"，日期为 7 月 11 日。张紫薇应该是在那时得到了这封亲笔信吧。

　　前文提到宪兵 B 曾讲起，郁达夫偶尔给负责巴爷公务事务的宪兵写信，因为日语太好令对方苦恼无法作复。关于郁达夫的日文书信，和中国文学家交往颇多的增田涉这样说过：

　　　　郁君的日语极好。我们请他在《大鲁迅全集》的宣传册中写了推荐文。我记得自己看到他那用汉字平假名混写①作成的文章很是惊讶。当时即使是能写日语文章的中国人，比如鲁迅，也是用汉字片假名混写。不在日本长时间生活，非常习惯了日本文章的人是不会写汉字平假名混写文的。我一直这么觉得。②

----

① 现代日语的书写系统是汉字与假名混写的。这种混写体大约在平安时代（794—1185）出现。幕末、明治（1868—1912）初期，一般知识阶层书写的正式文章都是汉字片假名混写，普通百姓和日常文章用汉字平假名混写，后来渐渐发展成汉字平假名混写为主。现在通用汉字平假名混写，反而是汉字片假名混写显得古意十足。——译者注

② 此处的《大鲁迅全集》是 1936 年秋郁达夫赴日时，改造社计划出版的。郁达夫用日文写的宣传页《鲁迅之伟大》登载于《改造》1937 年 3 月号的广告页，可以在《郁达夫全集》中见到。

郁达夫的日文推荐文《鲁迅之伟大》(笔者复印自原件)

令那位日本宪兵作难的信到底是怎么写的呢？真是不禁想要一睹为快。

笔者曾询问曾宗宜是否有什么郁达夫写的东西。在巴爷公务，曾宗宜全家都与郁达夫关系很好。他说自己的父亲(曾玉印)曾经有过，但是不知道在哪里遗失了。

大滨令宜也说过，郁达夫轻而易举地就为"勤劳奉仕队"写了二十面左右的旗子。

上述这些郁达夫在蛰伏中写就的诗、书信和其他的断简残篇，以后说不定能够发现。草原在《访问郁达夫夫人》[①]中记载，曾经询问何丽是否有郁达夫的遗墨。她回答说，郁大亚五岁那年，因为邻居失火，当地人士帮她搬迁东西，在慌乱中，有些帮她搬东西的人竟然把东西搬到自己家里去了。遗墨也就在那时候完全失散了。中国和印尼恢复了邦交，印尼对华裔的各种限制也基本取消了，说不定这些东西有朝一日能够出现。笔者衷心期待着，郁达夫在苏门答腊的生活全貌能由此更趋明朗。

虽然郁达夫的潜伏生活看起来很平稳，但随着战局的推移，苏门答腊也发生了各种各样的事。

1943 年 5 月，第 25 军的主要部队近卫师团更名为近卫第二师团（东京的近卫第一旅团为主体编成了近卫第一师团），第四师团也划入第 25 军的麾下，进驻苏门答腊。经过一年三个月，1945 年 1 月，移驻到泰国。在进驻马来和苏门答腊时，第 25 军的司令官是山下奉文中将；1942 年 7 月换成了斋藤弥平太中将；1943 年 5 月，随着军司令部从新加坡（昭南）转移到武吉丁宜，参谋次长田边盛武中将成为第 25 军司令。1944 年 10 月，曾任大本营报道部部长的谷荻那华雄少将接替西大条胖少将，成为第 25 军的参谋长兼军政监。

继文学家、文化人之后，军队的高级官员和政治家们也纷纷来到苏门答腊岛。1943 年 6 月，南方军司令官寺内寿一巡视武吉丁宜和棉兰；同年 7 月，首相东条英机巡视了巨港；同年 10 月，参谋总部的竹田宫视察了武吉丁宜。1944 年 4 月，大本营参谋三笠宫

---

① 草原：《访问郁达夫夫人》，新加坡《南洋文摘》第 8 期，1960 年 8 月。

视察武吉丁宜；同年 7 月 22 日，小矶国昭接替东条英机组阁；9 月
7 日，首相小矶国昭发表了将来要让印尼独立的声明。为了出席
1944 年 10 月 11 日召开的独立预备庆祝大会，第七方面军（新设
立于 1944 年 3 月，第 25 军归于其下）司令官土肥原贤二大将访问
了武吉丁宜。

　　日军占领了曾经分别属于英国和荷兰的新加坡、苏门答腊后，
想要把新加坡和面向印度洋、位于苏门答腊中部的港口城市巴东
联通为交通要道。1944 年 4 月，日军组织了中部苏门答腊横断铁
道建设队，开始铺设自北干巴鲁至慕阿拉的 220 公里铁路，意在接
通慕阿拉和巴东已有的铁路。这个在赤道之下名不见经传的地
方，短时间内一气呵成的困难工程，不同于为人所知的泰缅铁路，
几乎没什么人听说。路基的修筑主要由当地人和荷兰军的俘虏来
完成，每天动用约 6 000 人。当地劳力主要来自苏门答腊岛内和
从爪哇征集带来的人。规模最大的时候一天有 3 万人在工作。如
此这般，有点讽刺的是，这项工程在日本战败日，1945 年 8 月 15
日那天完工了。然后，这段铁路就被用作遣返日本侨俘，过后就被
废弃了。① 战后，由于虐待俘虏等罪名，建设队长、上校被判无期
徒刑，继任上校被判 8 年徒刑，收容劳力的军医院长被判 15 年徒
刑。军司令官、参谋长兼军政监、会计少将和军医上校四个人被判
死刑。起诉他们的一部分理由也是关于修建这条铁路。

　　当时有个说法"缅甸是地狱、苏门答腊是天堂"，日军占领的苏

---

① 关于苏门答腊铁道的建设，可参见笠谷孝《横断铁道建设的经纬》、奈须川丈夫《横断
　铁道建设工事概要》，均收录在回忆录《富之步伐》中。笔者也写过有关文章。有《苏
　门答腊横断铁道工事》（《史》第 86 号，1994 年 12 月）。新书还有江泽诚：《"大东亚
　共荣圈"与幻之苏门答腊铁道》，彩流社，2018 年 9 月。

门答腊几乎没遭受到来自联军的进攻,因此在那里的日军也没有体验到派往南方其他地区的士兵们体验到的各种悲惨生活。所以不少人反而很怀念当时驻军时期的光景。

尽管如此,苏门答腊也还是迎来了间或有空袭、潜水艇出没于近海的日子。联军的反击开始了。1944 年 8 月 24 日,巴东东北10 公里的一家水泥厂遭到了舰载机的攻击;同日,巴东的港湾设施遭到了潜水艇的攻击。日军为了防止敌军在巴东海岸用登陆艇攻击,决定在这里堆积石头建成壁垒,打着"勤劳奉仕"的旗号,每天使用 2 000～3 000 的当地人,用人海战术进行施工。尽管如此,据说印度洋的大浪还是破坏了这道壁垒。①

1944 年 12 月,在连接巴爷公务到巴东的路段,发生了列车从巴东班让附近的铁路桥翻落的大事故,死了五百多人,伤者甚多。武吉丁宜的宪兵分队负责调查这起事故,组成了十人特别搜查班。当然,主要就是为了调查有没有幕后黑手。最终结论是,线路保养不善导致损毁。为了稳住民心,从军司令官开始,军队对死者进行了救护和援助,发放了慰问金和奠仪,不惜花费重金。负责搜救的宪兵们不断在现场活动,从现场中心的当地人那里听取事故情况和事故前后出现在附近的人员动向等。既然出了这么大的事故,郁达夫也说不定被用作翻译被派到那里吧。②

在日军占领的苏门答腊,和郁达夫最相关的,甚至可以认为是和他失踪有关的事,就是所谓的"ス工作"了。在《日本宪兵正史》

---

① 关于这道壁垒的内容,参见秋山隆太郎:《巴东的海》,《赤道标》赤道会,1975 年8 月。
② 关于这次铁道事故,可参见全国宪友会联合会编纂委员会编纂:《日本宪兵正史》(全国宪友会联合会总部,1976 年 10 月)以及《赤道之下的血泪》。

中以《苏门答腊总司令官的叛乱未遂事件》为题收录。以下引
全文：

　　被收容于苏门答腊棉兰战俘收容所的前荷兰军总指挥官
罗洛夫少将，自昭和十七年末开始，预计联军将反攻，即利用
出入战俘收容所的商人等同外界保持联系。

　　罗洛夫少将企图为联军反攻的登陆部队做向导，并组织
意图搅乱日军后方的地下人员，在苏门答腊全境策动为日军
所用的荷兰人、原住民士兵，以及与荷兰军有关系的华侨，图
谋扩大、强化其组织。

　　昭和十八年中期后，他同乘潜水艇登陆、轰炸机空降入境
的间谍等人密切联系，更伙同这些间谍使用作为军资金的金
块，使用伪造的军票，强化、扩大其组织。

　　昭和十七年末，苏门答腊宪兵队总部特别工作队久松晴
治中尉等人，得到了在北苏门答腊的亚齐州山林内有秘密潜
入的敌军间谍根据地的情报。在侦缉中，昭和十八年3月上
旬，在亚齐州的塔坎贡①山中逮捕了荷兰军大尉芬泰库洛克。
侦讯结果发现，苏门答腊全境都有地下抗日组织。

　　平野丰次上校十分重视该情报，命令小分队去侦察地下
组织。这一工作被命名为"ス工作"。各分队都举全力开始搜
查，大约费了半年的时间，终于查清了地下组织的大概。于
是，各分队出动的准备工作完成。

　　昭和十八年9月20日，苏门答腊宪兵队总部以及各分队

———————————
① 塔坎贡，Takengon。——译者注

共同开展大逮捕,被逮捕的嫌疑人共有 160 余人,还发现了为策划行动而偷偷准备的小型枪支弹药和隐藏身份用的衣服,均被没收。

被捕的主要人员如下:

首领:荷兰军苏门答腊总指挥 少将 罗洛夫(处决)

北部军指挥官:上校 霍森斯(处决)

队员:大尉 芬泰库洛克(释放)

中尉 斯莱尔(释放)

被捕的 160 人中,通过调查发现有清楚犯罪事实的大约有 70 人。送至军事法庭,审理结果是首领少将罗洛夫等人被处死刑。昭和二十年 5 月,陆军大臣下令执行了死刑。

调查这个事件时,主要负责的是总部特别工作队及棉兰、班达亚齐、巨港分队。

"ス工作"即"苏门答腊工作"①或者"ス号工作",荷兰方面把该事件称为"红布事件"②,因为参与的人都持一条红布作为暗号。这个"ス工作"是苏门答腊宪兵队所办过的最大事件。审判战犯时,不仅是宪兵,军人、警察等也有许多相关人员连带遭到了惩罚。

中国方面则把这个事件称为"九二〇事件"。在纪念该事件五十周年时,出版了追思当时牺牲者的书。③ 中国方面的资料都把这次事件作为搜捕清除华侨抗日秘密组织的事件,然而事实上"ス

---

① "ス"是日语"苏门答腊"一词的首字母。——译者注

② 印尼语为 Kain Merah,意为红色的布。——译者注

③《难忘的"九·二〇"》,中国华侨出版社,1993 年 8 月。

工作"是为了清除荷兰的残余间谍,主要目标是安汶①人和万鸦老人等过去的印尼系军人。这一点似乎中国方面没能完全理清,把它等同于后文中提到的"力工作"系列事件。这种误会的产生应该是日本投降后,苏门答腊的日军宪兵队组织解散、信息未流通的缘故。

清除搜捕华侨秘密抗日组织的是另外叫作"力工作"或者"力号工作"的第二大事件。"力工作"意即"华侨工作"。② 在《日本宪兵正史》中有《抗日援蒋华侨大揭发》一文,其中竟不知为何出现了"赵廉"之名。下面引用全文:

> 大东亚战争爆发前,新加坡的抗日华侨发动在南洋各地的华侨,抗日运动呈昂扬之势,又筹集了庞大资金送给重庆政府,苏门答腊也有这个强大的地下组织。
>
> 昭和十八年初以降,该地下组织再次活动,重庆国民政府的要人赵廉潜入中部苏门答腊进行指导。
>
> 获知抗日援蒋地下组织之存在的宪兵队长平野上校,发布"力工作"之命令,予以重视,命令下属各分队进行侦查。昭和十八年2月中旬,各分队进行全体动员和抓捕,抓获嫌疑人120名华侨。经调查,将有明确犯罪事实的约30人送至军事法庭。
>
> 然而,此次事件逮捕的人中并没有值得期待的要犯,也没能明确特定的组织,被认为是该运动领袖的关键人物赵廉,因

---

① 安汶(Ambon),现译为安那波,印度尼西亚安汶岛上的港口城市,马鲁古省首府。——译者注

② "力"是日语"华侨"一词的首字母。——译者注

预感或被捕而逃走,因此未能落网。

　　笔者见到这份记录十分震惊,曾著有介绍性的文章。① 此处似乎是把赵廉作为抗日援蒋地下组织的首领来看待的。日本投降后,郁达夫既没有逃跑也没有躲藏,一直留在巴爷公务。这份记载的依据何来呢? 当时笔者询问过相关人员,结论是,这份资料是由事件发生时,任苏门答腊宪兵队总部特高科科长的人提供的。该人已经去世。写明信片告诉笔者这个消息的原宪兵说,内容没有夸张和粉饰,是当时调查的结果,且被认为是真实的。但是,最终调查书没能带回战败的日本,肯定是根据记忆提供的资料。这里的赵廉,会不会是和宪兵所认定的苏门答腊华侨抗日反动团首领周斌搞混了呢?②

　　关于这个"カ工作",可以再进一步引用当时指挥工作的武吉丁宜宪兵分队队长和宪兵队总部特高科科员的回忆。从他们的话中可以了解"カ工作"的特征,及宪兵如何看待该工作:

　　　　这是对全苏门答腊华侨中的间谍、抗日运动分子一网打尽的逮捕活动之秘密代号。

　　　　前面已经提到,前一年的 9 月,已经进行了由宪兵为主力,辅以警察配合的一举歼灭荷兰残留间谍的全岛逮捕"ス工作",即审判战犯时苏门答腊宪兵队的致命罪行。

① 《郁达夫是抗日援蒋华侨地下组织的首领?!》,《中国文艺研究会会报》第 52 号,1985 年 5 月。笔名:今西健夫。
② 据《难忘的"九·二〇"》,周斌在九二〇事件后,藏身于农村,但在 1944 年 8 月被逮捕,1945 年 3 月 7 日在棉兰被杀害。

"カ工作"是和"ス工作"一样重要的作战工作。重庆政府有多名间谍潜入,导致抗日分子的蠢动与战局恶化一道愈演愈烈。因此,定于 7 月 29 日开展全岛大逮捕。在我上任之前,本队的逮捕计划已经早早做好了,虽然不是自己起草的,多少有所不安,但我还是按照之前分队长的计划,于当日拂晓时分,将抓捕队的队员们集合训话,然后开展行动。抓到了很多目标人物,在我辖区内抓获的人以武吉丁宜市内、帕里亚曼①和巴爷公务市内为最多。为了此项工作,山下部队调来中士以下级别的 20 人援助。②

之后的"カ工作"是苏门答腊岛的华侨反日阴谋事件。昭和十九年 7 月 29 日,岛内开展大抓捕,逮捕了大人物。之后,陆陆续续逮捕监禁了可疑的小人物。南方华侨是最强的援蒋力量,当然要监视他们这些面和心不和的人。日军最初进攻苏门答腊岛时,就和在新加坡一样,特别对华侨的动向进行了二重三重的秘密侦查,绝不放松。前面提到过,日军最初进攻苏门答腊时,因为藤原机关员③的告密,大多数主犯得以一网打尽。然而,在此之后,华侨的反日阴谋组织仍如雨后春笋一般层出不穷,这种顽固之势十分棘手。幸亏这次在这些组织准备某些行动之前,早一步将他们抓捕,没有酿成大祸。可惜直到最后也没能将他们完全斩草除根。④

---

① 帕里亚曼(Pariaman),位于印度尼西亚苏门答腊岛巴东。——译者注
② 河野诚:《赤道之下的血泪》。
③ 即藤原岩市。——译者注
④ 吉谷武:《军队生活十年》。

两个人的叙述日期一致。因此可以判断"力工作"的抓捕日期是 1944 年 7 月,《日本宪兵正史》一书中记载为 1943 年 12 月是错误的。

尽管宪兵努力活动,谍报活动的持续仍是不容置疑的事实。"事实上,夜里四周巡逻的时候,经常能看到在辛加朗火山的山腰地带升起红色的信号弹。宪兵队动员印尼的警察,带上部队的人去搜查,但辛加朗是跟浅间山、赤城山①差不多大的大山,什么也没搜到。"②

对一般的民众来说,获取信息的渠道狭窄封闭,有很多限制,即便得到的也都是虚假信息。然而,虽然还不知道明确的情况,日军的战败也已经在各方面显露出痕迹,特别是物资缺乏。据巴东的公司职员说,在战争末期,当地甚至可以见到衣不蔽体的女性。郁达夫经营的造纸厂因为原料不足而关门,也是因为同样的原因。同时,因为乱发军票而造成了通货膨胀。

尽管《赤道之下的血泪》的作者(战败时任宪兵队总部特高科主任)和《熄灯喇叭与兵队》的作者二人都处于容易获得信息的地位,但仍完全没预料到会战败。武吉丁宜尚且如此,可见当时的苏门答腊地区是多么缺乏战时的紧迫感。

---

① 浅间山,位于日本长野县、群马县的活火山。赤城山也是位于群马县的活火山。——译者注
② 户石泰一:《熄灯喇叭与兵队》。

第九章　失踪始末

终于,日本人和当地人一起,迎来了各自命运的转折点——日本投降。(当时的苏门答腊约有 7 万日本人)

苏门答腊的日本人和当地人是如何得知战败的呢?

从武吉丁宜宪兵分队长调到苏门答腊宪兵队总部任特高主任的《赤道之下的血泪》的作者,1945 年 8 月 15 日上午接到了来自总部队长的命令,军官们要到队长室收听天皇的"玉音放送"。收音机是飞利浦①的。因为武吉丁宜地势高,武吉丁宜电台在接收东京的电波时需要增幅,他们那里正好位置不错。特高主任和武吉丁宜分队长负责做速记。广播的声音时大时小,不知道这些人是否全部一字不漏地听清了,但至少是理解了日本接受《波茨坦公告》、宣布无条件投降的事实。脸色惨白、双眼通红的队长开车到军司令部去确认。很快,队长回来了,似乎遭受了巨大的打击,垂头丧气地说"没错,现在昭南方面的军司令部打来了电话",整个人都瘫软在椅子里。

在第 25 军参谋部庶务班工作过的,《熄灯喇叭与兵队》的作者户石泰一少尉,在 8 月 15 日早上通过整理电报得知中午将有天皇广播的消息。当时能收听的人仅限于兵团长以及独立部队的长官。不过从参谋长的房间中传出的收音机的声音,在外面也能听到。当时户石泰一有点理解不了,完全没考虑过战败的事。从他上小学以来受过的教育里,就不存在帝国陆军会失败这样的想象。

---

① 飞利浦是荷兰品牌。——译者注

被叫到参谋室后回来的班长告诉了他这件事。旁边一个平时很酷的男子，竟开始出声抽抽噎噎地哭起来。户石泰一的眼泪也止不住地淌了出来。"在全国高中毕业生运动会上输了比赛的时候，有时候会哭泣。从心底里感到惋惜，又有些甜蜜的感伤。似乎当时的心情和这有点像。同时，心里涌起的想法是：啊，这样就可以回家啦。然后慌忙打消了这个念头。"在中华街上，当天挨家挨户就挂上了青天白日旗，挂出了蒋介石的照片做装饰。似乎是直到现在才领教了华侨们的实力。第二天，8月16日，军司令部、军政监部的全体军官在广场集合，听参谋长兼军政监的谷荻那华雄训话。谷荻那华雄没说一丁点令人伤心的话，而是谈起战争的历史、兵器改革、军队编制的改革等，说战败反而对发展这些大事业更有利，看起来似乎气宇轩昂。另外，为了消灭"战争犯罪"的罪证，第25军迅速开始进行文书整理和焚烧。

　　上述二人都是可以最早获得消息的人。户石泰一等人已经知道了广岛、长崎被投下"新型炸弹"①，苏联参战，日本政府接受了《波茨坦公告》等事，然而他们都觉得这些只是障眼法。相比这二人似乎凭记忆写下来的作品，曾经担任近卫步兵四连通信中队长②的总山孝雄在根据自己那清楚的战地日记写下的《南海之曙光》③中则这样记载：

　　　　8月15日，我离开了驻扎地，苏门答腊最北部的亚齐州

---

① 美军对广岛、长崎投下原子弹后，一开始日本军方也无法确定原子弹是何种武器，确定之后因为要稳住民心密而未宣，告知民众这是"新型炸弹"。——译者注
② 总山孝雄在1945年7月16日由小队长升迁为中队长。——译者注
③ 总山孝雄：《南海之曙光》，业文社，1983年6月。

三里蒙①，正在出差。16 日深夜宿于东海岸州棉兰的师团通信队兵舍，但是无人通知我战败。翌日早上出发继续出差。19 日返回棉兰的时间很晚，20 日晨再次去了师团司令部，这才第一次从参谋部的军官嘴里听到了情况。虽然投降之事立即由绝密电报发了过来，但由于害怕在当地居民中引起骚动，为了管住他们的嘴而按下未表。我被告知，闲院宫②已经

总山孝雄《南海之曙光》
（笔者所藏书影）

把战败的诏令用飞机带到了南方军总司令部，复印件传到了师团。于是我立即于 20 日夜半飞车返回驻扎地三里蒙，向连队长报告了日本投降的事情。第二天夕阳时分，诏令的复印件到了；第三天上午 11 点，全体军官集合，举行了传达诏书的仪式。

当时棉兰宪兵队员的记录③是这样的：8 月 15 日午后，听到了天皇接受《波茨坦公告》的广播。然而大家觉得这或许是一个谋略，或者是和联合国之间达成了某种和解。在焦虑和混乱中度过

---

① 具体地名不详。——译者注
② 这里指闲院宫载仁亲王。他是一名职业军人，在战时出任参谋总长。——译者注
③ 长谷川丰记：《苏门答腊流浪人 虎宪兵潜行记》，业文社，1982 年 6 月。

几天后，21 日早晨，队长令全员于兵营的院子中集合，正式传达了
诏书。

战败时的棉兰电台台长，在 14 日就听说了第二天中午将要播
放重大消息。据他说，本来是要播放预告的，但是近卫师团参谋命
令他取消。[①] 于是他在中午广播了取消播报的消息，同时飞奔向
另外一处的局长室，听到了从东京传来的短波新闻。这位原台长
想要"留下对这个重大事件的记录"，他这样写道：这是寺内元帅[②]
的命令，8 月 15 日中午告知，投降的"玉音放送"在南方一律不予
播出。所以在马来、新加坡、爪哇、苏门答腊、婆罗洲、新几内亚，即
寺内元帅旗下的南方军所占领的广大土地上，得知终战宣告是在
8 天以后的事情了。

总之，虽然国内已经投降了，但南方军还原样存在着。为了向
天皇尽忠似乎决意一战，为此要在形式上违抗天皇投降的命令。

南方军还要继续战争的说法时有耳闻。不过，8 月 15 日的
"玉音放送"在南方地区完全没有播出的说法，和前面的叙述有
矛盾。

在爪哇的第 16 军作战参谋宫元静著有《爪哇终战处理记》[③]
一书。据此，15 日"军司令官等司令部全体军官共同拜听了广播。
因为杂音很多，没能完全听清。但是关于投降的主旨是听明白
了"。该书书后的附录"战后爪哇军大事记一览"中，记有"18 日，
战斗行动停止命令的诏令，于夕时正式传达"。

---

① 山本照：《棉兰的终战混乱》。
② 寺内寿，曾任日本南方军总司令官。——译者注
③ 爪哇终战处理刊行会，1973 年 1 月发行，1973 年 6 月第二版。

另外，新加坡市政会编的《昭南特别市史》①中，对新加坡当时的情况这样记载："8 月 18 日上午 10 点，第七方面军司令官板垣征四郎大将麾下的各部队长官和军政监部、昭南特别市的科长以上人员，集合在位于莱佛士大学②的司令部，传达了终战圣旨。"

第二章中提到过的筱崎护的《新加坡占领密录》中也有同样的叙述，书中还提到"只有上面的人才知道战败的事。从他们悄悄地说话、干部们不平静的模样可以推测一二，但我们这些在当地一心抗战、做事的人还都不知道真相。"可见，在日本人诸多的新加坡，15 日的广播也是仅有一部分人才知道的秘密新闻。

由此可知，即使都是在南方军（当时的司令部在法印西贡南部的大叻市③）管辖下，不同的地方知道战败的消息、正式传达战败消息的时间都有所不同。

当时供职于武吉丁宜电台的人④告诉笔者，军队传来命令，禁止武吉丁宜电台转播"玉音放送"，因此偷偷地录下了当时的播音。但是，没能播放反而引起了混乱，士兵们似乎造了反。由于军人们如此迫切地想知道情况，所以被迫播放了录音，晚了一天得以收听。

总结苏门答腊地区"玉音放送"的情况，即普通士兵和事务人员、普通日本人和当地人都没有听到直播，只有少部分人听到了当时的短波播音；然后，根据各地情况不同，正式传达的时间和方式

① 社团法人日本新加坡协会，1986 年 8 月发行，1987 年 12 月第二版。
② 莱佛士大学（Raffles College），新加坡国立大学的前身。——译者注
③ 西贡即现在的胡志明市。大叻市（Dalat）位于越南南部林同高原，在胡志明市的东北方，不在南方。其他有关论文也证明南方军司令部当时确实在大叻市。此处的"西贡南部"或许是引文原文的笔误。——译者注
④ 战后任 NHK 局长、理事的小林正之。

也有所不同。

巴爷公务的情况如何呢？分州州长是这样说的：

　　我方的战局一日不利于一日。然而位居一线，治理地方百姓的官员也会处于如此紧迫的局面，却是始料未及的。然而，决定命运的 8 月 15 日终于还是来了。

　　前一天，守备队长请我去一下，到了之后他说："司令部的情报很奇怪，但是我们第 25 军无论如何要战斗。抱定了全岛玉碎的信念，要为此做准备，请等待指示。"

　　我心中一震，感觉脚有点打晃。径直回到官邸，马上整理了手边一切东西，把不要的送给了张君（指郁达夫——笔者注）。把东西归纳在一个军用背包里，准备随时都可以轻装出发。另外也开始逐个联系当地的日本人。

　　然而第二天，15 日陛下的播音也传到了当地。守备队重新传达了战败的事情，改变了玉碎方针，决定复原。当晚除了管区军人，我请求所有的日本人都集中到官邸，向他们转达了上面的指示有变。集会笼罩着恐惧不安的气氛。竟然还有人太过于紧张而当场尿了裤子。①

关根文说，他记得分州州长告诉大家投降的事是在 18 号。当时广播一经播出，即在各地引起了混乱。有的认为是计谋，主张要战斗到底。

----

① 秋山隆太郎：《准将卡迪尔的最后时光》，《赤道标》第 109 号、110 号、111 号，1969 年 7、8、9 月。

过了一阵，等有所平复后再于 18 日转告的说法似乎是真实的。8 月 15 日还在担任武吉丁宜宪兵队总部特高科的军士吉谷武，在《军队生活十年》一书中写道"玉音在全体战线同时播放，我等南方军将士本应也一同获知"，然而"记忆中，统帅们向我等传达命令是在 8 月 18 日。此乃我等一生中最为苦闷之时"。户石泰一描述的，8 月 15 日当天，在军政监部的眼皮底下，武吉丁宜的华人街已经青天白日旗翻飞的景象是根本不可能的。《赤道下的血泪》描写了听过广播后，当日武吉丁宜街头的样子：

> 什么都不知道的印尼人走来走去。如果他们知道了日本已经投降会怎么样？想想就感到不安。到了傍晚，不知道是不是印尼人已经感到了日本人的不寻常，镇子里空无一人，感觉很异样。宿舍前的电影院一开始还像平常一样通着电，大声放着唱片，但音乐突然就停了。

郁达夫等避难者怎么样呢？汪金丁说，16 日早晨，郁达夫突然飞奔到酒厂，兴奋地说"日本投降了！"他前一晚在华侨侨长蔡承达的家里听了收音机。[①] 如果分州州长真的把不要的东西送给了郁达夫，也应该不会是在 14、15 号这种事态还不确定的情况下。

汪金丁在《郁达夫的最后》中描写了战后最初的情况："达夫表示相当淡漠。他认为绝对不可以'动'。日本宪兵仍然有权力可以抓人。然而达夫自己却不曾安静下来，他到过武吉丁宜，也写信给

---

① 汪金丁：《郁达夫在南洋的经历》，收录于《回忆郁达夫》。

棉兰巴东和北干的一些侨领。他似乎不想多和我们谈到他个人的计划。"华侨之间也有各种派系,暗中较劲;国民党的 CC 系特务组织也在暗中盯着郁达夫。

关根文说,郁达夫失踪后,和郁达夫如同师徒关系的华侨小学老师曾宗原说自己从武吉丁宜的广播中,听到了郁达夫用中文、英文和日文三种语言播放日本投降的消息。关于这一点,当时负责武吉丁宜电台节目策划的人说,直到把电台交到联军手中为止,从没有发生过这样的事。由于没有其他人提到过类似的事,有可能是哪里搞错了。

一旦明白日本战败是不可逆转之事实,武吉丁宜的宪兵中就开始有人自杀,普通士兵也同样。总部在巴爷公务的山下部队以九州人居多,士兵自杀事件层出不穷。投降初期自杀的人主要是怀着相信日本不败的纯粹信念,决心以身殉国的人;过了一段时间,猜想到后面将会受苦,对自己的健康失去信心等理由自杀的人,以及和当地女性一起殉情的人也慢慢出现。也有人不想缴械投降,从马来逃到苏门答腊,叫嚣战斗到底。别的地方还传来了宪兵被联军严酷惩罚、全员被枪杀等流言,继而开始出现宪兵出逃的情况。据《军队生活十年》一书,战后苏门答腊共有 424 名宪兵,其中自杀者 6 人、逃亡者 31 人。

日本投降了,胡愈之、沈兹九夫妇终于得以从马达山到了棉兰。此前,胡愈之一直和新加坡的侨领刘武丹一起经营一家小肥皂厂,过着潜伏生活。(刘武丹虽然一度从石叻班让被带回新加坡,但后来再度逃走,避难于苏门答腊)9 月初,武吉丁宜的一位华侨商人到了棉兰,告诉他们一个坏消息,赵胡子失踪了。具体情况这个人也不知道。

听了这个消息,胡愈之顿时一片茫然。他在《郁达夫的流亡和失踪》中这样写道:

> 我从直觉判断达夫一定是被敌宪兵杀害了。因为达夫和华侨及印尼人没有半点仇恨;只有日本人才能把他绑去。日本人在战争时期没有逮捕郁达夫,现在已经投降了,为什么还要逮捕他呢?那只有一个动机,就是为了要消灭日宪兵的残暴罪恶的见证。达夫是文学家,又在宪兵部眼见了日宪兵的种种暴行,将来战事犯法庭中,达夫是一个最好的证人。为了卸脱宪兵的罪行,所以非消灭这个证人不可。因此我从直觉相信达夫完了,完了!

胡愈之等人原本打算从棉兰出发,坐船返回新加坡。然而发生了郁达夫失踪这样的事,他们便沿着从前逃走的路线,于9月中旬返回了巴爷公务。见了华侨侨长蔡承达和其他朋友、郁达夫的妻子,得知了郁达夫失踪的经过。综合各方面的信息,得出了这样的结论:

> 八月二十九日晚间,郁先生和三四位客人,都是一些熟朋友,正在家中谈闲天。主要是讨论农场结束的事,那农场是巴爷公务许多侨领共同投资经营的。达夫是其中董事之一。八点钟以后,有一个人在叩门,达夫走到门口,和那人讲了几句话,达夫回到客厅里,向大家说,有点事情,要出去一趟就回来,他和那人出了门,从此达夫就不再回来了。

包思井先生当时在达夫家中,参加闲谈,他至今还记着那个来人的面貌。是一个二三十岁的青年,像一个台湾人,也像一个印尼人,和达夫谈的是马来话。达夫出门时,还穿着睡衣和拖鞋,可见并不准备走到远处去。可等了好久不回来,家中的客人以为达夫另有事在外面耽搁了,并不想到他会失踪。大家等得不耐烦,就各自走散了。

第二天清晨,达夫的夫人要分娩,邻近的朋友赶来帮助料理,达夫仍不回家。到巴爷公务各处朋友家中都问过也没有下落,大家才着起急来了。后来,据附近一家咖啡店的伙计说,当晚达夫从家中出来,和一个不相识的青年进了咖啡店,两人用马来话交谈,那人似乎托达夫帮忙一件事,达夫表示不答应。不久两人就出去了。在离开咖啡店不远是一条小路,十分荒凉,只有一家印尼农民的茅屋。那印尼农民曾看见当天晚上大约九点前后,有一辆小汽车驶到那路上,里面有两个日本人。汽车停了许久,又有两个人过来,上了汽车,就驶走了。那条小路晚间见不到光,所以不能分辨车上乘客的面貌。

以上是关于达夫失踪所能得到的唯一事实报告。这件事发生以后一二天,武吉丁宜日本宪兵队就派了许多侦探,来巴爷公务,挨户查问赵廉的踪迹。宪兵队队长有一次亲自到达夫家中慰问他夫人。这显然是一种猫哭老鼠的做法。从我在巴爷公务调查所得到的事实看来,我最初的判断依然是正确的。巴爷公务是一个小市镇,没有人能够把达夫藏匿起来。而且在那里也只有日本人才有小汽车。当时日本虽投降了,而武吉丁宜与巴爷公务依然在日军和日宪兵的严密管治之下。

　　要是说达夫不是被日本宪兵绑架失踪,是没有人能相信的。

　　这里提到,当时的武吉丁宜和巴爷公务仍然在日军和日本宪兵的严密管制下,这是事实。苏门答腊原本是荷兰的殖民地,兰印军的士兵即便是从战俘收容所被释放也不可能马上维持治安。何况当时的印尼正借此机会奔着独立的方向而去,阻止他们独立进程的荷兰人也是攻击对象。(8 月 17 日,《印度尼西亚共和国独立宣言》发表。次日,苏加诺被选为总统。不过荷兰正式承认印尼独立是在 1949 年 11 月 2 日)联军中的当地人补充兵[1]和义勇军是印尼独立运动的中心。当时,不仅是荷兰,联军也对随着日本战败而不断高涨的印尼独立运动感到棘手。因此,战败后还是让日军维持苏门答腊的治安,只不过日军变成看门狗的地位。文官、新闻记者,接着是联军士兵等人慢慢来到了武吉丁宜。不过据《军队生活十年》记载:10 月 10 日,英印军第 26 师团斯巴尔[2]率领的联合舰队到达巴东外港直落巴由;10 月 20 日,在联合舰队的旗舰上,举行了第 25 军司令官田边盛武为代表的投降仪式。此后,从将士兵关进战俘收容所,直到复员后乘船归国为止,日军都保有武装,维持治安。

　　根据上述情况,在 8 月 29 日当时,只有日本人能有轿车的这一点应该是事实。胡愈之在第一时间公开发表的《郁达夫的流亡

---

① 补充兵指的是,日军南方军因新兵数量不够而招募的当地人士兵。他们是军队的杂役,也接受军事训练。义勇军指的是当地居民自发组成的民族防卫军。

② 根据资料,当时率领英印军第 26 师团(26th Indian Division)的是钱伯斯少将(H. M. Chambers)。1945 年 10 月 13 日,英印军第 26 师团登陆巴东;10 月 21 日,日军第 25 军司令官田边盛武代表陆军,广濑末人代表海军签署了日军投降的文书。此处的人名斯巴尔应该为引文原文的错误。——译者注

和失踪》，不仅仅是一份递交全国文艺界协会的报告书，也是中国方面最值得信赖的文献。不过，此处仍然引用一些来自其他人的旁证。

一到巴爷公务就很快发现了郁达夫身份的曾宗宜这样说：

> 我知道战争结束的消息应该是在 8 月 19 日。此后大约过了一周，有天晚上 9 点左右，我们和郁先生一起玩麻将的时候，来了一个没见过的 20 多岁的印尼青年。他拿着一封信到了这里，郁先生说有点事先不玩麻将了，出去之后就再也没有回来。他当时穿着平时的衣服，中国风的黑裤子和木拖鞋，夫人说还不回来很奇怪。那时候我们听说了宪兵队队长自杀的消息（即下文中的平野少将自杀一事），就觉得他怕不是已经被害了。①

1972 年 5 月，笔者在到访巴爷公务时见到的、同郁达夫很亲近的刘文成说，在郁达夫失踪那天晚上，他们还一起谈论了关于整理农场的问题。那天晚上，郁达夫被似乎是印尼人的青年叫走之前，武吉丁宜宪兵分队的 X（刘文成清清楚楚地记得那个实际存在的宪兵队员的名字，因为这个人总是把当地居民带到宪兵队去讯问毒打）就在附近等着郁达夫。

接下来，笔者将列出当地的日本人对郁达夫失踪的看法，各人的叙述中提到的日期有出入在所难免，但依然引用原话。

---

① 在《郁达夫资料补篇》（下）的附录《访谈记录〈郁达夫的流亡和失踪〉补遗》中以 C 的名字发表了这段话，这是节选。

一、关根文

战争结束的时候,正好我为了运送烟草去了马六甲海峡,不在巴爷公务。回来的时候马上就去了赵君那里,听他夫人说起了赵君的去向。前一天晚上被两个印尼青年叫走了,然后就一直没有回来。她似乎以为我应该知道这件事。我觉得赵君是被日本宪兵杀了,华侨之间也是这么议论的。

同笔者谈话的老年的关根文

二、秋山隆太郎

我回国之后,和之前的伙伴说打算给赵君写信,结果听说他死了。我觉得非常可惜。我想当时的宪兵应该没力量去杀他,更有可能是被印尼的反日分子杀了。巴爷公务本来就是印尼共产党的诞生地,战后立即建立了共产党的支部。虽然我不觉得自己做过什么坏事,但应该觉得我是日本帝国主义的缘故吧,以前也听说过有人想要我的命。

三、池内大学

(战争结束后)从当地人那里听说,傍晚他被印尼青年叫走,说去一下就回来,然后就再也没有回去。似乎是被宪兵杀了。他当时收买印尼人,搞到了禁止使用的超短波收音机,听了战争的情况,然后喝醉了信口说了出来,被当作了间谍。这件事好像是从芹口军士那听说的(芹口是山下司令官的翻译。据山下司令官说,芹口军士战后被邀加入印尼独立军,加入后发现是共产党就自杀了),这个人和赵君很亲近。这么一说,当时连我都还不知道的中途岛海战失败的事,赵君却先提到过,他说日军似乎在某次海战中遭受了沉重打击。我都是后来才听说的。

四、大滨令宜

昭和二十年 8 月 15 日的战败新闻,我是在 16 日知道的。直到那时我还是一个月两三回和朋友一起散步去赵君那里玩。8 月 20 日,心情不错,我又打算去赵君那,结果听池内说,有传言讲赵君在 15 日晚上被宪兵队带走,然后就再没回家。我非常吃惊。

虽然我怀着希望,觉得像他那样的人物,从这个苏门答腊岛潜逃到新加坡那边,后面就可以有所作为了。但我很快也进入了辗转露宿的生活,后面也再没听到过赵君的消息。真的觉得太可惜了。

五、西本矢

战争结束不久前,昭和二十年 6 月到 7 月左右,我生病到武吉丁宜的医院住院。向武吉丁宜运送羊羹的山下部队士兵顺便来看我。他说他在来的路上看到表情极为害怕的赵君被宪兵带到车里。

我觉得赵君肯定是被日本宪兵杀了。印尼人没有什么杀他的动机。

六、山下正

部队从巴爷公务撤退前,赵君失踪了。当地人说不是日本宪兵干的,是印尼人杀的。无论是华侨还是当地人,只要是出入部队,跟日本人关系好的,在战后都受到了迫害,也有被杀的。不光是赵君,华侨都被当地人所憎恶。

以下是原宪兵的证词,前章中出现过的同一字母的是同一人。

七、A

战后赵廉失踪的事是真的。当时我移驻到巴爷公务,作为巴爷公务宪兵分队(战后武吉丁宜宪兵分队的一部分人被派去重组的)维持治安并保护日军安全等。我记得长官命令协助寻找赵廉是在昭和二十一年正月。我也直接被要求做这项工作,去了他家两三次。从接到寻人命令,到我四月中旬离开巴爷公务,我所了解到的只有在他家听到的情况:

有天晚上,八点左右,赵廉君家吃完晚饭的时候。来了两个或三个男子,不知道是当地人、日本人还是中国人。他们叫上赵廉一起出去了,此后赵廉就没再回来。赵廉君穿着平时的衣服,出去接待他们的就是他自己,所以关于来人的情况也不知道。

从当时巴爷公务市近郊的治安情况看,就可以推测为什么搜查没有进展。战争刚结束,社会动荡;而且,以巴爷公务市内和近郊的军司令部为首,直到中部苏门答腊各地都有解散的部队,日本军人处于战后的虚脱状态,开始频频发生自暴自弃的行为。光是维持这些就已经力有未逮,当地人还开始了风起云涌的独立运动,特别是武装民兵组织急剧增加,这些人为了拿到武器常常攻击日军。因此,我们不可能单独外出寻人。在这种基本上是无警察状态的情况下,寻人没能充分展开。

八、B

战后,直到集合于北干巴鲁宪兵分队、联军进驻苏门答腊为止,我们都在维护当地治安。那段时间,我因为疟疾住院了。不知道是听谁讲的,赵君的老婆说战争刚结束,赵君就被两个印尼男子带走了,具体的情况不知道。之后,有两年我都受到联军的调查,从没被问到关于郁达夫的事。山根少校(战争结束前是武吉丁宜宪兵队队长,因主要负责巨港宪兵队的"ス工作"而被判死刑)和我在一起,也没听说他在调查时被问到过关于郁达夫的事。那位中国人的文章(指《郁达夫的流亡和失踪》)不知道根据在哪里。

九、C

战后的行动没有具体的证据,只能讲我自己的经历以供参考。某一天,具体日期不清楚,但应该是战争刚刚结束的时候。我执行勤务去巴爷公务巡查,同往常一样去了赵君家。他家关着门,我觉得有点不对劲,往里一看,夫人正在哭。问她怎么了,她说"昨晚有个不认识的印尼人来找他,说有点小事叫他出去一下,今天也没回来,特别担心,能不能帮忙找找。"我答应了帮她找,回去向长官做了汇报。宪兵队也开始搜寻,但是一直没能找到,就这样一天天过去了。日本人、军人的逃离、被杀事件频发,印尼独立运动也水涨船高,人心混乱,搜查很困难。最后赵君的搜查也没有结果,我就这样离开了苏门答腊,进了战俘收容所。在战俘收容所里,我听到流言说,联军问起过赵君的情况。

十、D

我在战争结束之前刚成为司令部的副参谋,战后的情况不知道。我询问了过去的战友,他现在还在苏门答腊北部。他做了如下回答,不过对赵君的情况并不清楚。(笔者开始给 D 写信是在1968 年年底,当时正巧 D 在苏门答腊出差。家人向他转达了笔者来信的大意,D 询问了战后留在苏门答腊的日本人,回国后给笔者回了信。后来笔者也同他面谈过)

(1)赵君是蒋介石方面的所谓大人物,战后棉兰方面的中文报纸上也登了好几回寻人启事。

(2)似乎在中国人中流传着赵君是被日本宪兵杀了的传言。

(3)战后,宪兵和特务机关员被英军和荷兰军当作战犯追讨,接着又加入了印尼独立战争,和荷兰军交战数年,没有余暇关心别人的事情,只是听听传言而已。

另外,那位战友认为,战后,逃离日本军队而被集体杀害的日本军人大概有 80~100 人。因为武吉丁宜和巴爷公务的印尼军需要兵器和物资,所以为了抢东西而杀了他们。被杀的也包括数名武吉丁宜宪兵队的队员。懂日语,又和日军、宪兵有关系的他是不是也这样被杀了?

昭和二十一年 4、5 月的时候,我去了已经转移到棉兰的军司令部,在那里接到了寻找赵君的指示。过去的战友说,还为此进行了高额悬赏。如果说是和赵君发生问题的话,特务、宪兵、警备队员等谁都有可能杀他。但是证人有很多,只杀了他一个人也不会起到消灭证人的作用。而且,从当时的情况看,是否有去杀他的自由也是个问题。另外,印尼人闯入华侨的家里抢夺,出于抵抗而被杀的中国人也很多。

十一、E

战争结束后大约两个月,我去巴爷公务买柴火的时候去到他家里,他不在。我把一封信放在他门口,大概写的是一直以来承蒙关照,我很快要返回日本了。后来,过了一个月左右,我听流言说他被日本宪兵做掉了,对留下信在他家也感到不安。

在出版的《郁达夫资料》附录Ⅰ中,有一位原宪兵G,他说的话和郁达夫的实际经历有较多不符合,本书的第六章也没有收录。过了一阵之后,笔者通过电话联系到G,听说了下列情况。G从1943年1月至8月、1945年2月到战争结束,曾经两次在武吉丁宜分队特高班担任伍长。第一次的时候没听说过赵廉,也没见过。第二次的时候,去过赵廉在巴爷公务的家里一起玩麻将(关根文也说过他经常和宪兵一起玩麻将),也吃过他请的客。关于赵廉的经历(东京帝国大学法学部毕业,因为是共产党员感到自身难保就逃亡新加坡,曾是活跃的新闻记者。太平洋战争后积极抗日宣传,在新加坡沦陷前逃到苏门答腊。随着日军到达北干巴鲁,他本来也应该被抓走处刑,但由于他外语非常好,宪兵队便一边监视他,一边用他当翻译)都是从以前分队的其他特高队队员那里听来的。G自己的战后回忆是这样的:

战后,我去到赵君的家里。好像正好是夫人生孩子的日子,有好多中国人。夫人说赵君不见了,希望帮忙寻找。我于是向长官报告了这件事。

9月20日,发生了一件对后来审判战犯有很大影响的事。宪兵队总部队长，平野丰次少将服氰化钾自杀了。第 25 军宪兵队最高负责人的自杀不是切腹，不是吞枪，竟然是服毒。这个死法给其他人带来了很大冲击。随着战败，平野丰次的精神状况很不稳定。他主持了"ス工作"，处置、逮捕了多个荷兰残留间谍。就是在他的命令下，罗洛夫少将和霍森斯上校被处以死刑；在新加坡肃清华侨时留下的照片证据让他很在意；其他地方的宪兵以屈辱的方式被处以私刑的传言也到了他的耳朵里。就在大家担心他会自杀、准备进行警戒的时候，他抢先自杀了。武吉丁宜宪兵队分队长山根少校被任命为苏门答腊宪兵队代理队长，总部的伊藤英男少校接任了武吉丁宜宪兵队分队长一职。

　　战争结束大约 2 个月后，为了给联军进驻武吉丁宜做准备，以武吉丁宜军司令部为首的全体部队转移到了巴爷公务郊外。女性，无论是事务人员还是色情行业人员，全员集中在陆军医院，名义上是当预备护士，实际上是为了保证自身安全。巴爷公务当地人则更早一步，集中到了附近一个名叫库蚌卡加①的农场，表示要实行自给自足。为了维持治安，巴爷公务又新设了一个宪兵分队，大约有 20 名队员，队长是河野诚大尉。翌年 1 月末，联军的命令到了，命苏门答腊日军主力转移到新加坡东南的伦庞岛②，在那里一边自力更生，一边等船回日本。先遣队有大约 800 人，1 月 25 日出发去往疏散地③。为了维持秩序且开设宪兵宿舍，有 12 名宪兵也一同前往。但是这些宪兵最后没去成伦庞岛，而被收容进了

①　具体的印尼文不详。——译者注
②　伦庞岛，Rempang Island。——译者注
③　上述以宪兵为中心的日本人战后的动向，主要参考了《赤道之下的血泪》和《军队生活十年》。

新加坡的樟宜监狱。他们在此前马来半岛的峇株巴辖①登陆时已经被解除了武装,2个月后,苏门答腊宪兵队的主力约200人都进了樟宜监狱。

① 峇株巴辖,Batu Pahat。——译者注

第十章　　失踪真相

郁达夫失踪之后，流亡的文化人以及当地的侨领们商量后成立了委员会，办理郁达夫的善后事宜。委员会有九个人：巴爷公务的侨长蔡承达为主席，蔡清竹、曾玉印、曾连发和许乃昌四位是侨领，其中蔡清竹和曾玉印也是国民党分部负责人，为郁达夫最亲近的友人；另外四名委员是刘武丹、方君仕、汪金丁和胡愈之。委员会决定完成三个任务：① 联军接管巴爷公务后，要为郁达夫的清白鸣冤申诉。诉状名义为当地全体华侨，请求联军逮捕犯人，查找郁达夫的下落。② 为养育救济郁达夫的遗属进行募捐，并负责管理善款。③ 在当地留下郁达夫的永久纪念，纪念方法日后决定。另外决定由蔡清竹来负责照管遗属。

　　胡愈之等人在决定郁达夫失踪后的各项事宜后，于 9 月 20 日离开了巴爷公务，于当日抵达北干巴鲁，过了两天后启程去新加坡。北干巴鲁当时已经有了办理救济战俘事务的机关，他们去见了主持救济工作的英国军官，报告了郁达夫失踪的事件。那位军官答应帮助查明事件。

　　胡愈之在 9 月 30 日抵达新加坡，向中央社记者报告了郁达夫失踪的事情，由该记者向国内发了电报①。他另外写了一份报告

---

① 1945 年 10 月 3 日，重庆发行的《大公晚报》刊发了 10 月 2 日来自新加坡的特电，报告了胡愈之、沈兹九平安返回新加坡和郁达夫失踪的新闻。新加坡 10 月 6 日发行的《华侨日报》中，有一篇关于胡愈之参加了当地文化界准备委员会座谈会，报告郁达夫失踪消息的报道。这两件是笔者可确认范围内，中国国内和新加坡最早报道郁达夫失踪消息的新闻。

书,交给咨询委员会的陈振伝①,请陈转交东南亚联军总部,要求
彻查郁达夫的下落。胡愈之还向英军政府华民事务顾问官巴素博
士报告了郁达夫失踪的情况,请他向英国政府转达,帮助查明郁达
夫下落。

胡愈之在第二年4月把上述经过写成书面报告,送交新加坡
政治部的丁尼少校。

然而,胡愈之的这些努力都没能收到任何效果。北干巴鲁的
英军军官在接受胡愈之的请求后,虽然一度去了巴爷公务调查,但
不过是命令当地的日军去搜查郁达夫的下落,之后就没有了音信。

上面就是根据胡愈之的《郁达夫的流亡和失踪》总结的郁达夫
失踪后的经过。胡愈之还说,联军方面之所以没能对这件事帮上
忙的一个根本原因是,事件发生地一直都没有由联军接管。巴爷
公务一直由武装的日军占领,日本宪兵还在负责维持当地治安。
一两个月后虽然大部分日军撤退了,但行政权则握在印尼共和国
手中,联军可控制的范围不出巴东地区。所以对于郁达夫事件的
法律追责帮不到什么忙。

胡愈之于1946年8月24日在新加坡写就《郁达夫的流亡和
失踪》,巴爷公务附近的宪兵撤离则在1946年3、4月左右。巴爷
公务驻军的山下部队队长山下正讲过,他的部队直到1946年6月
末还在当地负责治安。② 这些事实与胡愈之的叙述相符,联军当
时没办法调查也应该是事实。

胡愈之知道郁达夫失踪后说凭直觉感到他是被宪兵杀害了。

---

① 陈振伝是银行家。太平洋战争开始后逃往印度,战后担任华侨银行主席兼行长。
② 根据厚生省援护局1961年12月的《印尼方面部队略历》,山下部队在1946年6月1
日,"复原回国,从苏门答腊岛的北干巴鲁港出发"。

从他所说的失踪情况也似乎能推测出是这样的,他写道:

> 到了八月八日,邵宗汉先生从棉兰来信报告一个消息,对
> 于达夫的被害,才算有了正式的证实,这消息是从棉兰苏门答
> 腊联军总部的情报处得来的。据称,联军当局于审讯日本战
> 事犯时,录取口供,证实郁达夫是于一九四五年九月十七日被
> 日宪兵枪杀,同时被害者尚有欧人数名,遗骸埋在丹戎革岱
> (Tondjong Gedai)。丹戎革岱离武吉丁宜七公里,和峇素车
> 站相距二三公里。和巴东朋友传来的消息没有大出入。
>
> 这一消息,后来曾在棉兰《民主日报》与《巴城新报》发表,
> 中央社记者也从巴城传出了这一报道。虽然这个消息不够完
> 全,而且郁先生的尸体至今依然无法发掘,不过无论如何,郁
> 先生遭日宪兵杀害的一件事是已被证实了。

笔者未能找到登载这段新闻的《民主日报》和《新报》①。但关
于郁达夫的失踪,之后中国方面出现了很多的报道,基本上都和胡
愈之的报告大同小异。很多文献都说,郁达夫是在战争结束后的
9 月 17 日和几名欧洲人一起被枪杀的。

笔者是在 1968 年年底到 1969 年年初去采访战时在苏门答腊
和郁达夫有交往的日本人的。当时笔者参加了《郁达夫资料》的编

---

① 有引用这篇新闻的报道。1946 年 9 月发行的《上海文化》第 8 期有文《郁达夫先生殉
难前后记详》,编者有下列注释:据 8 月 15 日中央社巴达维亚专电称:"据棉兰《民
主日报》讯:我国作家郁达夫,在苏门答腊遭日军捕杀,其遗骸在据科克要塞 7 公里
地方已发现。□□□□可靠方面□□郁氏化名赵廉,隐居于苏门答腊西部,将近四
年,与去年八月廿八日遭日军拘捕,及与欧人数名,同时遭枪决。葬于坦德安科地
方。"(□处印刷不清,译者无法辨读原文。——译者注)

1946 年 9 月的《上海文化》(笔者保存的剪报)

辑工作,偶然认识了战时在苏门答腊的武吉丁宜当过陆军司政官的人。这是个契机,仿佛一下子把胡愈之《郁达夫的流亡和失踪》的世界带到了自己面前一样,有种现实感。不过当时,笔者对胡愈之所说的苏门答腊的郁达夫的事情处于信不信两可、半信半疑的状态,而且对于这件事是否真的跟日本宪兵有关,笔者当时怀着一种很单纯的怀疑心情。胡愈之的报告写于日本投降第二年,谴责日本帝国主义罪恶的色彩非常浓重,所以笔者觉得作为资料来讲,可信性有所欠缺。不过,笔者想,郁达夫被日本宪兵杀害之类的说法,还是一定要靠日本人之手来查清。

　　结识这位原司政官真是打着灯笼难找的好机会。借助他的回忆,笔者几乎不抱希望地去寻找接触过"赵廉"的日本人。后来得知,包括宪兵在内的曾在苏门答腊的日本人,在被遣返回国后,根据以前的所属部门和居住地结成了各种团体,而且发行了名簿。于是,笔者根据名簿开始寻找,终于找到了曾经和"赵廉"亲近的人。(第一个找到的就是巴爷公务分州州长的秋山隆太郎)之后便一发不可收,同曾与赵廉见过面、有过交往的人一个一个取得了联系。笔者从没想过会得到这样大的收获,真的是喜出望外。

　　在这些人当中,和"赵廉"有过较多交往的人对赵廉及其失踪之回忆,在前文中都已经列举过了。除了他们,笔者还采访过不少其他人。(和笔者谈过话的,曾经驻扎在巴爷公务的山下部队的原队员,几乎所有人都记得赵廉)把这些人对赵廉失踪的看法总结一下,无外乎下列四点:

一、被印尼人绑架杀害

　　战后,印尼独立军兴起,亲日华侨和为日军工作过的印尼人有很多被杀,各地都有很多印尼人反对中国人的流血事件。赵廉在华侨中威望很高,也被认为是亲日一派,还给宪兵队做过翻译,很有可能被印尼人怀恨而遭杀害。再者,当晚把他叫走的也似乎是印尼人。

二、华侨把他秘密送回国了

　　华侨的一个特点就是非常团结,在武吉丁宜、巴爷公务等以侨长为中心的组织等也不例外。很有可能他们联系了其他城市的华侨,把他秘密送回国了。

三、害怕日本宪兵而自己躲藏起来了

据某个原山下部队的队员说,在值班的时候,赵廉总是拿着些水果过来慰劳。在他失踪后,听到有流言说,赵廉是间谍,因为害怕被宪兵带走就逃亡了。①

四、被日本宪兵杀害

他和日本人非常亲近,对宪兵队的事十分清楚。审判战犯的时候,从他的经历看是最有力的证人,知道宪兵队的内情太多,所以必须要把他除掉。而且还有传言说他是双重间谍,他要还活着怕会留下祸根。

笔者根据自己的调查(当时还没有去印尼,只是听日本人讲),觉得第一条被印尼人绑架杀害是很有可能的。因为听了这些与郁达夫有过直接交往的人所说的,再看棉兰法庭对苏门答腊战犯的审判,审理全部结束后也没有一点涉及这个案件,胡愈之讲的事也完全没有被提及。

笔者从两名参与棉兰法庭审理、为战犯担任辩护律师的日本

---

① 无论是秘密送还说,还是自发逃亡说,这种希望郁达夫还活着的流言在中国和日本都存在着。上海发行的杂志《消息》第9期(1946年5月5日)登有郁友所作的《郁达夫的生死问题》一文,称郁达夫在广东出家为僧。丹羽文雄为小田岳夫的《郁达夫传》所做的书评《郁达夫》中写道:"听说,战后郁达夫隐居于香港。今日出海(日本作家——译者注)本欲和池岛信平(知名记者——译者注)同去香港寻他,但池岛突然去世而没有成行。问了小田岳夫后,听说这是谣言。"载《创作的秘密》,讲谈社,1976年11月。

人那里听取了事情经过。一位叫岩崎光次（战时棉兰地方法院院长兼棉兰高等法院法官，战后任福冈高等法院法官、山口地方法院院长），另一位在战时任第 25 军司法部部长，战后任浦河地区检察厅厅长。他们二人都证明既没听说过郁达夫的事，也没听说过数名欧洲人一起被杀的事。如果在战后还发生数名欧洲人被杀的事件，那是能够在苏门答腊全岛引起轩然大波的事，当然会有所耳闻。既然没人听说过，那应该是没发生。之后，笔者又去见了另外两人，一位在战时的棉兰监狱担任监狱长，战后审判时于棉兰法庭担任了最多的辩护工作，战后回日本任千叶监狱的监狱长；另一位大江保直也担任过战犯的辩护律师，在战时的棉兰高等法院任院长，战后在担任东京高等法院法官、独协大学教授，他们都持有相同意见。

　　据原宪兵说，苏门答腊宪兵中有大约 15 个人因为健康状况不好，被调到战后司令部。他们就那样隐瞒了宪兵身份，和司令部一起转移到了棉兰，而后在 1947 年春和普通军人一样回国了。其余的宪兵都进了收容所。然后嫌疑比较重的被留下，剩下的在 1947 年 5 月 15 日由佐世保登岸回国。这些进了收容所的宪兵中谁也没有因为赵廉的事情被审理，倒是听说过有人被问起知不知道他的下落。其中，最重要的是 B 的话。B 于 1943 年 7 月至 1944 年 10 月（"ス工作"的时期）在武吉丁宜宪兵分队。他和另外两名队员就这一时期的事件被起诉有罪，判处了 8 年徒刑[1]。前一章中

---

[1] 苏门答腊的战犯除了死刑犯之外，一旦刑期确定就会从棉兰监狱转到雅加达监狱。后来印尼政府向荷兰提出要求，希望转移这些在雅加达监狱收监的战犯，于是，1949 年 12 月 26 日，这些战犯乘荷兰船驶往日本。翌年 1 月 23 日抵达横滨，直接乘卡车被收押至巢鸭监狱。这期间，被判处无期徒刑的人在《日美安保条约》签订后也得到了有条件的减刑。到 1958 年 5 月 30 日为止，全员得到释放。（转下页）

也提到了 B 的重要证言。

　　B 的话应该是真的。笔者询问了原宪兵和辩护律师等多人，如果是谎话，总会经过互相检证露出一些破绽。B 的话是没有这些疑点的。何况他已经服过刑，对于战败时在同武吉丁宜相隔甚远的峇眼亚比的 B 来说，现在还就这些事扯谎似乎没有任何意义。

　　因为有了上述这些情况，笔者觉得胡愈之说的郁达夫被日本宪兵绑架杀害的事应该不成立，更可能是印尼人杀了郁达夫。因此打算把这个结论写在《郁达夫资料》的附录《原苏门答腊在住日本人的证言》里。

　　但是，接下来发生了完全没有预料到的反转。

　　笔者从采访的宪兵那里借到了原苏门答腊宪兵的《遗属救援会会员名簿》和《遗属救援会支援者名簿》，从中发现，战争结束时担任武吉丁宜宪兵分队队员、战后逃走失踪的一个人（假设代号为

（接上页）关于苏门答腊的战犯审判有如下记录：岩崎光次《苏门答腊战犯体验记》（一至四），载《法曹》第 98—101 号，1958 年 12 月—1959 年 3 月；大江保直《苏门答腊战犯审判备忘录》，自印，1982 年 7 月，原载《法曹》。

　　　另外，岩崎光次除了担任棉兰地方法院院长，也兼任东海岸州警务部的法务科长，曾被指派负责荷兰公民拘留所，因此，在战后因拘留者监督管理责任被追究，从律师变成战犯嫌疑人，被判 2 年徒刑被关进监狱。他说："辗转苏门答腊、爪哇、巢鸭监狱，很多战犯来找我进行私人商谈，在这种极为特殊的环境下开始了公审对策研究。"他于 1950 年 2 月期满释放，当时已经对苏门答腊宪兵战犯、战犯嫌疑人和审判的事情变得极为精通。

　　　根据茶园义男编著、释义的《BC 级战犯荷兰审判资料　全卷通览》（不二出版，1992 年 3 月），宪兵 B 等三人被起诉的理由是，从 1943 年 7 月到 1944 年 12 月之间，在武吉丁宜宪兵分队虐待反日活动嫌疑人。B 自己，大江保直和《军队生活十年》的作者吉谷武都提到过，日本人根本不考虑殴打的后果和意义就直接开打，因此很多人被判有罪。

Y)的妹妹住得离笔者较近。因此笔者从黄页①上找到了她的号码,想着说不定能知道点什么事。结果发现,她对哥哥以前的上司十分不信任,很想知道自己哥哥逃走的真相,所以和笔者谈了起来。笔者答应她,如果在后面的调查中见到她哥哥以前的上司和同事就帮忙问问。后来,笔者向她转告了打听到的事情。在战争刚刚结束时,她哥哥 Y 和同一所宪兵学校的同级生 X,以及另一名 Z,三个人一起把武器、弹药和其他物资装在一辆卡车上逃走了。Y 在逃走之前,拜托某位关系很好的同乡、军队事务人员向自己的家人传话。而且,山下部队的会计由于和 Y 关系非常好,在卡车上又装了好多东西,把他送走了。Y 逃走后第二天,有人在某个农村小路上发现了被扔下的卡车,虽然看上去像是被印尼军袭击了,实际上应该是免于被日军搜查的伪装。(战败后的日军组织依然完好存在,也有能力去严查追究脱队逃离的人。因为知道可能会被追查,所以伪装成被当地人袭击很有必要)她告诉笔者,自己已经知道这些情况,她想知道的是,为什么哥哥非要逃走不可呢,还想知道更多的真相。但笔者调查听说的事情有限,没办法帮她进一步解答。

在笔者第一次和她打电话的时候,她提到过一个中国人被杀的事情。当时也没有想到可能和郁达夫有关,就那么过去了。第二次打电话的时候又问起这件事,她说名字是赵还是陈的,不太记得了,听说是给宪兵队当过翻译的有名的中国人。笔者十分惊讶,再三请求她说详细一点。她说自己要再想想,约定以后再联系。

---

① 当时日本有私人电话号码簿,可以查私人电话。私人电话号码簿不同于登载工商业电话的黄页号码簿,在海外有"白页"的说法。但由于中国并没有这种号码簿,为了方便理解,此处记为黄页。——译者注

然而,听到这些情况,笔者实在心痒难耐,第二天又去附近的公用电话亭(当时笔者家没有电话)打给她,拼命劝说她帮忙。当时的公用电话每打 3 分钟就会有催促投币的提示音,这样反复几次之后,她觉得有点过意不去,就主动说,明天到家里来谈吧。

第二天,她在丈夫经营的工厂的办公室,由家人陪同对笔者讲述了这样的事情:

> 战争结束后,哥哥的上司平安回国。我不断追问他哥哥为什么会逃走。但他一直顾左右而言他,不肯告诉我。两三年前的夏天,这位上司终于吐口了。他说,战争刚结束的时候,曾经给宪兵队做翻译的、有名的中国人赵君知道非常多宪兵队的事情。所以他就负全责,下命令让四个人把赵君杀掉了。当时负责开车的是哥哥 Y,后来失踪的另一个人(不是 X)负责绞杀。

当时听到这话的时候,她觉得非常恐怖,大脑一片空白。那位上司讲述的时候,是把当时的情况、人名等一边写一边讲给她的。后来笔者费了一番唇舌向她借来了那张纸,复印了一份。纸上清楚地写着"支那人チョウ"①,还写了刚战败时武吉丁宜宪兵分队队员的名字,以及后来编成的巴爷公务宪兵分队队员的名字。

听了她的话,虽然笔者完全相信那个上司说的内容并非虚构,但还是觉得应该自己核实一下。涉事宪兵在战后虽然失踪了,但类似的事情或许有人知道。于是笔者打算由此着手。

---

① 日语对中国人的姓氏"赵""张"等的片假名拼写。——译者注

笔者从前述的名簿中找到了在武吉丁宜宪兵总部工作过，同时又是 Y 的同乡的人，想着说不定有可能见到他，便没有任何联系就直接去了西日本的山里拜访他。那个人（假设代号为 P）听过笔者的来意，沉思了好一会后说，那就痛快说实话吧。他招待笔者进了客厅，说了一番出乎笔者意料的话。

P 是总部宪兵队的队员，在战争结束两周以前，他为了调查一件贪污公款的事出差去了北干巴鲁，返回武吉丁宜已是战争结束了。他坐卡车回程，同行有两位巴爷公务华侨小学的女老师搭车。战争结束后大约两个月，武吉丁宜的日军转移到巴爷公务。P 在巴爷公务的市场上见到了之前搭车的女老师中的一位。她说自己的熟人失踪了，请 P 帮忙打探，还把他带到了赵廉（P 记作 shoren①）的家，就在山下部队的下士官宿舍前面。P 在那里见到了赵夫人，她说自己的丈夫一定是被宪兵杀了，把他叫走的也就宪兵，还非常愤怒地责骂了 P。当时 P 脑中突然闪过一个念头，他顺着赵夫人的话说着"是，是，一定帮忙找"，就迅速离开了。他想起来的是，在战争刚结束的时候，他还在武吉丁宜的宪兵总部，他的同乡、关系很好的 Y 到了他那里，非常沮丧地说"遵照某某的命令做了很不地道的事，不能违抗命令只得屈服了"。当时，X 和 Y 带着一个印尼青年到了总部的 P 那里，说他们还有事，让 P 什么也别问，先把这个人看着。P 让那个青年坐在椅子上，为防他逃跑，还把枪上了子弹放在桌子的抽屉里，抽屉就那么拉开着。P 询问他干了什么。青年说，自己一直都给日本人当间谍，但是 X 和 Y 似乎要杀了他。X 和 Y 很快回来把这个青年带走了，但这个人在被

———————————

① 日语对中国人姓氏"肖"等的罗马字拼音。——译者注

关起来的时候找个空溜走了。逃得远还好，结果他就在武吉丁宜到处转悠，就又被逮到了。

P没说那个青年后来怎么样了，但是应该能够想象他的下场。据P说，为了掩藏战争中的秘密，杀害知道内情的人是常有的事。P比其他人都早离开巴爷公务。当时，Y站在马上要出发的卡车的踏板上恳切地对P说，自己就算去了新加坡也不会有好事，他也能一起留下的话心里也算有些安慰。P、X和Y三人当时都因为脑筋好而在宪兵中出名。

Y的妹妹提到的那个上司、给Y等人下了不地道命令的人，就是前章中出现过的D。D在笔者调查时一直都十分配合，既专程从苏门答腊寄信来，又在笔者登门拜访时承诺日后发现资料的话就会提供，对公开自己名字也很爽快地应允了。不过，随着笔者调查的深入，发现了他说的一些话是谎言。他说自己是分队的队长，不直接用赵廉当翻译，说"我和赵君在昭和十八年下半年，大概半年左右的时间一起在武吉丁宜宪兵队工作。"而根据其他原武吉丁宜宪兵分队队员的话，他作为副队长一直到战争结束都和赵廉有交往。笔者问到关于赵廉的事情时，大部分原队员都说D应该知道。D说的"我在战争结束之前刚成为司令部的副参谋，战后的情况不知道"也是谎言。在战败的时候，他还是武吉丁宜宪兵分队的成员，后来又去了新编成的巴爷公务分队。（笔者得到的、他亲笔写给Y妹妹的纸上，新编成的巴爷公务宪兵分队中就有他的名字）成为司令部的副参谋是那之后的事情了。他为什么要这样撒谎，可见有些蹊跷。

根据从Y的妹妹那里得到的证据和P的话，笔者确信是D下的命令，因此又给D打电话，说明已经知道了事情真相，希望最清

楚情况的 D 能出来说明。然而，电话中，笔者都还没说怎么知道
的、知道了什么，D 就直接说"没有证据"，然后挂了电话。于是，笔
者又给 D 写了一封信：你之前讲的经历中有些是假话，明明你是
应该知道赵廉失踪真相的，希望你能尽量说出真相。D 终于回了
信，但只是很简单地说，既然您已经知道了真相，那么再提供什么
资料也似乎没什么用吧。请根据您掌握的资料自由发表吧，只不
过请不要违背事实，别给相关的人添麻烦就好。

　　笔者后来有了一个机会，可以查看某部级机构保管的棉兰法
庭战犯审判非公开记录，只不过其中完全没有提到关于赵廉（郁达
夫）的失踪和被害。一位曾当过辩护律师的人说，胡愈之公开的情
报应该是联军对占领地居民所采取的一种策略。笔者认为他说的
有道理。另外一位当过辩护律师的人也说，战后，日军出于害怕泄
露秘密而偷偷处决相关人员，类似这样的没有浮出水面的事也是
有的。

　　当时的有关人员还有很多尚健在，主犯又否认了罪行。笔者
把已掌握的事实全部公开是有困难的，不合时宜，所以在《郁达夫
资料》的附录 I《访谈记录〈郁达夫的流亡和失踪〉》中只写了一个
梗概。D 是主犯的事本来也没确定，这个梗概目前也没有修改的
必要。因此略做修改抄录如下：

　　　　这个事件的涉事人员中，只有一个人使用假名先回国了，
　　其他人都在被关入收容所之前逃走或失踪了（被认为加入了
　　印尼独立军。不过并不是所有离队的人都和此事件有关）所
　　以和这次事件相关的嫌疑人都没有被逮捕或者遭到讯问。事
　　实上没有任何目击者，也没有任何证人，就这样永远成为秘

密。即便是有人告发，或许也一样会因无法得到充分调查而以不起诉告终。当时印尼独立军活跃在各地，同联军开展了激战。联军也没有为了一个华侨而开展彻底调查的治安环境。如前文岩崎光次所说，对于荷兰和英国的联军来说，日军侵入了荷属印尼这片沃土，当地的华侨和印尼人遭到不幸，随之而来的印尼独立运动使得局面一片混乱。联军想报复日本入侵自己宝库的行为，审判带有政治性，巧妙利用了一部分华侨和印尼人想要报复日本的情绪，收买人心，起到了一石二鸟的目的，既展示了自己的威信，又在情感上满足了受害者，起到了杀一儆百的作用。正因如此，便可以理解为何联军对胡愈之的恳切拜托给出了与事实相反的回答。从常识来看，如果日军一开始就打算杀死郁达夫，8 月 29 日就把人带走了，不可能拖了20 天左右，到 9 月 17 日才杀他，也没有这样的余裕。不过无论如何，最终的结局不变，郁达夫就是被日本宪兵杀死了。在《郁达夫的流亡和失踪》中，胡愈之认为武吉丁宜宪兵分队的人是在演戏。从华侨的立场出发这么想或许不奇怪。但是，从笔者和多数相关的人面谈的结果可以断言，那应该只是一种不成立的推测。暗杀郁达夫这件事是几个人的暗中行动，其他队员至少在当时还完全不知道真相。因此，对曾与自己关系甚好的赵廉是发自真心地寻找，这肯定不是"猫哭老鼠的做法"。

郁达夫之所以被杀，果然还应该是上述的第四点原因。宪兵队在一定程度上掌握了他以前的经历，按照当时的形势，他为了保命，不管是否发自真心也不得不多少做点协助日军的事。（D 曾说过，只要接触他就能知道华侨的动向，似乎有些微妙的含义)另外,被问到的人都持有一个共识,即郁达夫深受华侨信赖,一定和地下组织有什么关系,想到这一层并不困难。就算郁达夫和地下组织没关系,他也会把宪兵队的内情告诉朋友们。前面宪兵队员提到,他拿水果慰劳自己,应该也不单纯因为出于亲切。原宪兵也说,他对我们特别好,应该有什么企图吧。如此这般,看起来似乎亲日的郁达夫或许很容易被认为是双重间谍。战争刚结束时,武吉丁宜和巴爷公务有各种抗议示威,流言漫天飞,有说宪兵全体被处死的,有严厉谴责他们的残虐行为的,不一而足。因此,宪兵中有人自杀,有人接受了印尼人的劝诱,带着武器弹药投奔了印尼独立军。当时,队员们都拼命想要保全自己,没有工夫考虑其他的事情。于是,为了保守战时的秘密,除掉那些曾经帮助日军的密探也一点不稀奇,笔者也听到过实例。由于当时各地的血腥事件持续不断,只要秘密处理好就不会被发现。郁达夫应该也就是这样被杀害的。

然而,联军为什么要说郁达夫的遗体被埋在了丹戎革岱(Tondjong Gedai)呢?无论是战前还是战后的苏门答腊地图都没有这个地名。笔者曾向驻日印尼大使馆人员,一位出生在武吉丁宜的人打听,回答也是不知道。峇素(Baco)这个地名没有出现在地图上,但事实上是存在的。它是武吉丁宜到巴爷公务的铁路中的一站。战后武吉丁宜宪兵转移到巴爷公务以前,这里曾发生过峇素事件。军参谋长的司机在附近遭印尼人袭击杀害,车被夺走。宪兵队出动逮捕犯人。在距峇素车站大约两三公里的地方给出丹戎革岱这么一个地名,或许是对该地还不熟悉的联军

（主要是英印军）①想用一种手段来标注该事件吧。而且，这个地方在同一时期还发生了另一起事件，曾在巴东的英印师团参谋夫妻被当地人杀害。或许是把郁达夫的事件也和这些事件牵强附会放在一起，所以给出了这个地名吧。

郁达夫失踪与被杀的真相基本明白了，但涉事人只有 D 一个人回国了，又是主犯，也没有自白，所以还不能下结论。

笔者希望有机会得到 D 的自白，因此后来也还持续地对他进行"监视"：不时通过电话查号台确认他还活着，出差路过他家附近，就去看一下他门口的名牌。笔者发表了一篇文章，比起以前撰写《郁达夫资料》时，多触及了一些真相，但为了不让对方知道出处而使用了笔名。②

后来，一个非常好的机会来了。"文化大革命"结束后，郁达夫重新成为有名望的作家，得以走到台前。笔者所写的关于郁达夫失踪的资料也有一些被翻译介绍到了中国。在这样的情况下，1985 年 9 月，郁达夫的故乡富阳召开郁达夫殉难四十周年国际学术讨论会，笔者也收到了邀请函，会议期待笔者能发表研究成果。

笔者考虑到 D 的年龄，觉得再不抓紧可能就会永远失去从他那里听到真相的机会，于是立即展开了行动。首先，笔者时隔 17 年重访了 Y 的妹妹，请求她同意笔者发表真相。又请她给 D 打电话，劝说 D 说出真相。D 并不知道笔者当时就在 Y 的妹妹旁

---

① 大江保直《苏门答腊战犯审判备忘录》中记载，一开始英印军进驻苏门答腊，后来兰印军编成，便逐渐和兰印军交接，1946 年 10 月英印军完全撤走。同时，东南亚联军第四战犯调查团的工作也完全交给由荷兰单方面组成的战犯调查局。

② 据铃木先生补充，1972 年，他在新加坡的日本人俱乐部所办杂志《南十字星》上，用今西健夫的笔名发表了一篇涉及真相的文章。——译者注

笔者用今西健夫的笔名发表的文章(笔者所藏书影)

边,但拒绝了请求。笔者接着又去拜访 P,请求他同意笔者公开信息。

后来,笔者又给 D 打电话,和他说了去中国开讨论会的事,一定想要见见他。虽然他一开始还是顾左右而言他,但最后总算同意见面。

　　1985 年 9 月 8 日下午,笔者到东日本新干线某站后立即给 D 打了电话,请他到车站所在的商业大楼。下午 2 点半,和 D 在大楼的咖啡厅见面了。他的头发全白,但毕竟是剑道五段,看不出已经 75 岁的样子,很是精神矍铄。

　　笔者对 D 说,战争已经过去 40 年了,匿名发表真相并不会有什么不利之处。说出真相对被害者和离队逃走、战死的涉事人都是一种安慰。这样应该可以得到被害者遗属和中国人民的原谅。尽管笔者拼命劝说,但 D 还是坚持和他之前一样的说法。最后,笔者实在没办法就祭出了撒手锏,从包中取出了以前他亲手写给 Y 的妹妹那张纸的复印件,放在桌上说"这是你写的东西吧"。D 的手有些发抖。笔者接着说,如果这样你还说不知道的话,我就请相熟的新闻记者一起过来听听。于是 D 终于说,确实是自己命令几个部下去杀了赵廉的。

　　根据 D 所说,他命令绑架杀死赵廉的当天或者第二天,就收到了部下已经执行绞杀的报告。D 没有去杀人现场,所以不知道尸体在哪里。他觉得应该是埋在了什么地方。虽然已经战败,但是日本军队组织还是照样存续着,对上司的命令要绝对服从,不可能违抗命令的。

　　D 承认了是自己下命令杀了郁达夫后,情绪变得好一些。后来我们去了另一家咖啡屋,D 花了两个小时谈了一些关于自己的事,闲聊了一阵。

　　D 在 1943 年 5 月到了武吉丁宜宪兵分队,一直干到战争结束。他是队长下面的班长,负责直接指挥宪兵队员。他刚到任的时候,赵廉已经不做翻译了,但在特别需要翻译的时候还会叫他过来。如前所述,他说赵廉的翻译总有为嫌疑人开脱的倾向。普通的队员称呼赵廉为"赵君",但作为班长的 D 就毫不客气地直接叫他"赵"。"赵"在华侨中有着极高威望,不管他说什么大家都唯命是从。

根据胡愈之的《郁达夫的流亡和失踪》,1944 年初,宪兵队已经知道了赵廉是郁达夫的事实,但为什么没有逮捕他呢? D 说,确实知道赵廉是新加坡《星洲日报》编辑这件事,但并没觉得是什么大人物。也没认为有向宪兵队总部通报的必要。本来宪兵就是在位者,都有搜查权,不会事无巨细都向上级汇报。胡愈之记载说,郁达夫看自己的身份被宪兵知道了,就送给认识的宪兵一千荷兰盾的军票,所以赵廉就是郁达夫的事没被公开。但是 D 说,宪兵不缺钱,这样的事不可能。笔者又问他有没有拿过赵廉的钱,他立即否定了。他应该也并没有为了调查赵廉而到东京去出差,或进行更多的调查,如果真这么做了,可能处理方式还会有所不同。有中国人曾说,宪兵带着郁达夫的几本书拍在郁达夫面前,向他当面质询。这在当时应该有可能。有个原士兵说,他曾经在先达(前面提到过,是东海岸州的著名疗养地)的南方军陆军军校图书馆见到过郁达夫的书。去东京、上海出差调查可能就是宪兵随口说说的,应该是根据密探的调查情报,采用了诱导逼供的手法吧。

《日本宪兵正史》一书中说赵廉是抗日援蒋组织的首领。笔者向 D 询问这究竟是笔误,还是确实当时宪兵队的情报能力很低。D 说当时的宪兵之间相互联络不多,而且宪兵中也有连正确填表格都不会的人,宪兵队中关于郁达夫的情报也非常不准确。D 不知道胡愈之、汪金丁等人在巴爷公务的秘密组织"同仁社"。向《日本宪兵正史》提供资料的原总部特高科科长也是到了战后才听到赵廉这个名字的;另外,向笔者提供过资料和信息的原总部特高科班长和部下两个人,谁都不记得赵廉这个名字。

D说,日本投降的第二年9月,军医关照他,证明他曾得过肺病,使用了一个假名字(把自己的姓的读法改变,听起来像是别的姓)坐医院的船回了国。到了日本之后,曾有两次被县政府叫去问话,每次都很紧张地去了。有一次被问到和D没有直接关系的、有关苏门答腊宪兵队的事件,回答说不知道。还有一次是问他复原文件中的字是不是写错了,都是些无关痛痒的事情。最后,他也没被定为战犯。①

D虽然并没有详细地讲述郁达夫的事件,但是根据笔者调查,其他的涉事人都没有回国。不仅是这些人,大部分的宪兵在战败后都考虑过继续战斗、自杀,或者离队逃走。《军队生活十年》的作者说,如果不是上司们经常向他们强调“宪兵就是军民的脸面”,他自己也差点和其他人一样自杀了。《赤道之下的血泪》的作者也是同样差点自杀。那些涉事人员在精神不安定的时期,接受上级的命令去做了很严重的坏事,这也促使了他们离队逃走。

---

① 《苏门答腊流浪人 虎宪兵潜行记》的作者长谷川丰记在日军投降后从棉兰宪兵队逃走,加入了印尼独立军。后来,他乘着一条小船过马六甲海峡,沿着马来半岛北上,经过从前的同盟国泰国,最后平安回国。他的这本书就是这期间各种历险故事的记录。而且,他回国是在1949年9月,当年2月15日,由于联军总司令声明关闭国际监察局,因此他又逃了作为战犯被追讨。1952年4月28日,《日美安保条约》生效,一切追责都被免除。《赤道直下的血泪》的作者也提到,自己认识的某宪兵大尉,在别的县用假名生活,直到《日美安保条约》生效后,平安逃过了追责。以这种形式逃罪的战犯很多。笔者见到过的原宪兵中,在新加坡担任第25军参谋的辻政信,亲口承认自己被命令去杀上至60岁、下至15岁的华侨男丁,不留活口。辻政信也同样免于战犯追责,他著有名为《潜行三千里》的书。

D 的上级和部下有很多都被判处死刑、监禁，或者逃走了。或许因此，D 一直在为队友们建慰灵碑，张罗为他们的遗属取得退休金等，照顾他们的身后事，也做了不少志愿活动，很明显是带有赎罪意识的。他曾经帮助笔者寻找接触过郁达夫的原宪兵遗属，苏门答腊宪兵的《遗属救援会会员名簿》和《遗属救援会支援者名簿》实际上也主要是通过他的努力做成的。结果起了有点讽刺的效果。

D 说，本来就想一问三不知过去的，但之所以承认自己就是命令杀害郁达夫的人，也是考虑到日本和中国今后的友好关系。如果能更进一步的话，很想到赵君的墓前上炷香。D 在一般的宪兵中也是少数有文化的人。他是旧制商业学校的毕业生，所以在军队内部也自然有了干部候补的资格，但在学校时，因为讨厌军事训练所以参训时间不够，影响了最后的评分没能取得资格。他成为宪兵也是偶然被某人邀请的结果。

结果，D 就做了 15 年的宪兵。他自己也是一边苦笑一边说，宪兵无非就是仗着日本的国家权力虚张声势的东西罢了。当时说这话的 D 对围棋十分着迷，准备就在下围棋的乐趣中终了余生。笔者现在想来，还有很多问题想问，诸如怎么知道赵廉就是郁达夫的，是怎么把赵廉骗出去的，战后杀死重要证人不觉得反而更危险吗，等等，但当时好不容易促使 D 说了实话，刚有了一点进展，没敢问得太多。

笔者劝 D 在报纸上登出自己所说的真相，但 D 说，如果说出郁达夫的事情，就不得不把"ス工作"等都说出来。因为有各种顾虑还是不能说出来，所以告诉媒体的事情就拜托给笔者了。他应该也是考虑到其他宪兵伙伴的情况。

　　笔者于 1985 年 9 月 17 日至 22 日在富阳召开的,由富阳县(今浙江省杭州市富阳区)县政府和十几家团体共同举办的"著名作家郁达夫烈士殉难四十周年纪念学术讨论会"的首日报告了上述情况。在报告之后,主办方希望笔者能够做出更加详细的补充说明,于是笔者在 21 日又从不同角度加以说明,一共做了两个报告。第一次报告结尾,笔者说:"战争使人疯狂,D 也是明白无疑知道这一点的。为了避免同样的不幸再次发生,期待他能为此做出一些努力。"第二次报告时,承接第一次的话题,笔者又说:"如果我处在和 D 相同的情况,说不定也会做出同样的事。战争使人疯狂,为了今后不再发生战争,我们都要共同努力。"会场一片寂静。与会者对笔者的两次报告,完全没有提出任何反对和刁难。而且,这次讨论会的影响很大,中国内地的电视、报纸、杂志都做了报道,中国香港和新加坡的报纸和杂志也有相关报道。

　　D 曾拜托笔者,如果日本的报纸登载的话请一定转告。于是笔者复印了《每日新闻》①的报道,把中国国内反馈的情况写信一起寄给了他。D 给笔者寄来感谢的明信片,到了正月的时候也寄来了贺年片。在讨论会之后大约一年,曾经协助过笔者调查的某位原宪兵给笔者寄来了一封很厚的信。这个人和 D 关系很好,他从 D 那里听说了这次的事情,写信来向笔者致敬。笔者也小小地吃惊了一下。

　　对笔者来说,记下这样看似无关的事情很重要。从中国的立场看来,宪兵暴虐残忍,是日本帝国主义恶势力之代表。但他们原

---

① 笔者能确认的日本对此做出的新闻报道有《每日新闻》(大阪本社版,1985 年 10 月 3 日)、《下令杀害郁达夫 原宪兵的证言》(《东京时报》1985 年 10 月 3 日)、《下令暗杀郁达夫的日本人宪兵身份揭晓》。

本也是普通平凡的市民，如果没有战争，他们也会过着平凡安宁的生活。战争期间，他们所受的教育把他们变成国家权力的尖兵，在魔鬼和嗜血道路上变成非人的动物。笔者在讨论会的第二次报告中也强调了这一点。

胡愈之所记，郁达夫在9月17日和数名欧洲人一起被枪杀的事情是没有根据的。郁达夫应该是在被绑架的8月29日当天被单独绞杀的。在讨论会会场，笔者也报告了犯人逃走、没能按照战犯被处理的事实。不过到现在，中国方面还是有很多出版物引用了胡愈之的说法。其实胡愈之本人知道笔者的研究结果后，也否定了自己的说法，并对笔者的调查结果表示肯定和欣慰。郁达夫的一位遗属写信将此事告诉了笔者。①

"著名作家郁达夫烈士殉难四十周年纪念学术讨论会"合影

———————————

① 据铃木先生的回忆，写信人为郁达夫长子郁天民。——译者注

1985 年 10 月 3 日的《每日新闻》(笔者保存的剪报)

终 章　盖棺之论

郁达夫失踪"凶多吉少"的消息传回中国之后,1946 年 3 月 6 日,郭沫若写了《论郁达夫》①回忆曾经的盟友,他是这样说的:

假使达夫确实是遭受了苏门答腊的日本宪兵的屠杀,单只这一点我们就可以要求把日本的昭和天皇拿来上绞刑台!英国的加莱尔说过"英国宁肯失掉印度,不愿失掉莎士比亚";我们今天失掉了郁达夫,我们应该要日本的全部法西斯头子偿命!

郁达夫之死已经证实的翌年 10 月 18 日,郭沫若写了《再论郁达夫》②。他表示郁达夫肯定是被佐藤春夫杀死的。他所说的理由大致如下。

第二年七月七日卢沟桥事件爆发,我在七月二十七日便逃回到了中国来。我的回国的经过,在初日本人方面因为不明真相,是有过一番揣测的,他们以为是和达夫有密切的关系。达夫在半年前之来,就是负了这个使命。这种揣测很具体地表现在佐藤春夫的一篇小说里面,题目似乎是《亚细亚的儿子》,曾经在《中央公论》上发表,后来并且电影化了的。那

① 《人物杂志》第 3 期,1946 年 9 月。收入《历史人物》。
② 《文讯月刊》第 7 卷第 5 期,1947 年 11 月。收入《天地玄黄》。

就是把我的归国拿来做了题材，而加以种种想象的成分，并说到我回国大感失望，后来又跑到殷汝耕那边去从事"大东亚和平运动"，做了一座大医院的院长，于是大团圆。中间关于我回国，就把达夫的游日连接上了。他把达夫写成为一个间谍，而且写得很坏。这位佐藤春夫和我们并不生疏，他在介绍鲁迅上更曾经被国内一部分的朋友们感觉着亲昵的，但他事实上是日本军阀的一个号筒，他是大日本主义的一位积极的鼓吹者。达夫游历东京时，对他曾经特别表示过敬意，但没想出在他笔下竟被写成了不可想象的反派。达夫为这事曾经写过文章来驳斥，那时我们同住在武汉，是武汉还没有陷落的时候。这篇文章将来总可以有方法查出吧。就是佐藤春夫的那篇小说，一定也可以查出的。在武汉时，最初看见那小说的是崔万秋，因为他在国际宣传处服务。他们经过特种关系，是经常可以见到日本的报章和杂志的。

我现在倒感悟到了。佐藤春夫的那篇小说，说不定和达夫的遇害有着密切的关系。他把达夫写成间谍，而把我的回国归到达夫的策动，这可能是代表着日本官宪的意见。即使不是奉命而写，但经他一个人的想象那样写成之后，他是有很多读者的人，自然可以把那种误解传播得很广，而使那种误解也就成为日本官宪的意见了。这真是一件万分遗憾的事。日本人是很褊狭的，而且复仇心很顽强，达夫如被那样误解，日本宪兵要不甘心他，那真是近情近理的事了。是这样，我们竟直可以说，佐藤春夫把郁达夫杀害了！

在七七事变发生后，郭沫若迅速回国。佐藤春夫认为促成他的回国是前一年郁达夫到日本的任务,并把这件事具体地写成名为《亚细亚之子》的小说发表在《中央公论》①上,对郁达夫做了很不好的描写,说他是间谍。郁达夫对此写过反驳文章。② 佐藤春夫把郁达夫刻画为间谍,策划了郭沫若的回国。这可能代表了日本官僚的意见。就算他不是被命令的,只是依照自己的想象这么写,他的诸多读者也可能更加误会,并导致误会扩大,导致日本官僚也这么想。日本人非常狭隘,报复心强,郁达夫遭了这样的误解,被宪兵杀掉于情于理都可以说得通。所以我们可以说就是佐藤春夫杀了郁达夫。

　　从日本人的角度来看,郭沫若的这个说法实在是荒唐无稽。不过郭沫若是大作家,中国人说不定也有相信他说法的人。事实

---

① 《亚细亚之子》不是发表在《中央公论》,而是《日本评论》1938 年 3 月号;后来,宝文馆 1941 年 8 月刊登了佐藤春夫的短篇集《风云》,将这篇小说改题为《风云》。原本《亚细亚之子》中以郁达夫为原型的人姓郑,在《风云》中改成姓郁。郭沫若说这篇小说也改成了电影。最初找到这篇小说的是在国际宣传处工作的崔万秋(广岛文理大学毕业,从事文学活动)。1970 年年底,笔者向当时在国民党政府驻巴西大使馆任公使的崔万秋写信询问,收到了很礼貌的回信。他记得杂志是《中央公论》,改编成电影的事也是在日本的报纸或杂志上看到的,女主人公应该是由女演员入江贵子扮演。但是笔者日后查找电影《亚细亚之子》却没有找到,向东京国立近代美术馆的胶片中心询问也没有找到。另外,郭沫若虽然并不同意这一点,但是郁达夫在他的回国中确实起了重要的作用。

　　入江贵子是日本昭和时代著名的女演员。译者查找了入江贵子在 1938 年之后参演的主要电影,并没有发现和《亚细亚之子》有关的作品。和中国相关的是 1932 年的《满蒙建国的黎明》;另外,1944 年,她主演了由太宰治的小说改编的电影《四人结婚式》。同样由著名文学家的小说改编而成的电影,不知是否为记忆混淆。——译者注

② 反驳文章指的是《日本的娼妇与文士》,登载于当时作为中华全国文艺界抗敌协会会刊、发行于汉口的《抗战文艺》杂志第 1 卷第 4 期(1938 年 5 月)。在文中,郁达夫批评自己曾当作老师一样崇敬的佐藤春夫比娼妇还要低劣。笔者曾对《日本的娼妇与文士》做过日文翻译和解说(载《野草》第 4 号,1971 年 7 月)。类似文章还有池上贞子:《郁达夫〈日本的娼妇与文士〉是什么》,《文学空间》第 2 卷第 4 号,1986 年 12 月。

上也有这样的报道。① 巴爷公务周边的华人，只有很少人知道赵廉就是郁达夫。在苏门答腊的日本宪兵，知道赵廉是什么人的就更少了，何况他们知不知道《亚细亚之子》这篇小说也是个问题。这些事郭沫若应该也是知道的，他不过是为自己盟友的死宣泄愤怒罢了。

王任叔的《记郁达夫》和郭沫若的《再论郁达夫》几乎发表于同一时期。作为共产党员的王任叔，对于郁达夫的看法如前所述，持有一贯的冷静。在这篇回忆文的最后，他这样写道：

> 日军依然是治安责任的维持者，而且是奉（联军的）南亚总司令部之命行事。为了镇压当地蓬勃兴起的民族革命，过去的敌人，便成了自己的友人。所谓为正义而战的意义便是如此。这一行动不仅给予日本法西斯，得有机会消灭一切罪恶的证据，而且一样可以镇压和暗杀过去抗日反法西斯的分子。达夫将是日本军阀暴行的一个最好证人，他的危险是显然的。他也是在这一过手之间，当作一种罪恶的证据，被消灭了。但我们之间，没有一个想到这点。在我只感到：达夫有了过去这样一段历史，现在是应该退隐了，由他出来领导华侨的今后政治运动，那是并不适合的。我为达夫打算，坐下来，关在自己的屋子里，用良心来梳理这几年来的生活，写下这悲剧的一幕吧。从自己的苦甘中，去教育后来的一代，这是达夫的责任。然而达夫的生活之实利主义，却把他一颗诗人的灵魂磨灭光了，达夫未必会爱这么做，而我也一样没有想到达夫处境的危险，给他一些可作参考的意见。孤独而傲慢的灵魂

---

① 读德：《郭沫若回国与郁达夫被害之谜》，《新民晚报》，1947 年 11 月 27 日。

的舵手,怕自愈之离开他以后,便没有一个"指示方向"的人了……达夫从此永远离开这个世界了。

是的,达夫失踪了!达夫是永远失踪了,我们还得咬紧牙关来说:愿中国智识分子中间,永远不再有达夫,新的时代是不需要有这样人物出现了!作为我们的一面镜子,我们记住:我们的悲剧是应该收幕了的,早应该收幕了的。

我写下这,我要告诉我们青年一代:达夫已经走完了名士的路,旧名士的路,新名士的路,他都为我们而走完了。我们是不应,而且也大可不必再走了。但,一切的歧路,却正是正路的指标。我们该也有我们的正路吧。我们之间,谁还不能洗净达夫所具有的那一种气质呢?那么就得从达夫的路,跳过去了!

我们是不必为达夫悲哀的。

鞭尸一般的冷峻笔触。对于王任叔来说,郁达夫给日本宪兵队当翻译这件事是一个莫大的污点,然而日本投降后,他却把檄文远远散播到了棉兰地区,像侨领一样活动。王任叔似乎对这种名士气质感到难以容忍。对曾经一同流亡的伙伴进行如此严厉的批判,使得有些反对共产党的人甚至认为杀死(当然不是直接下手)郁达夫的不是日军,而是这位历任中华人民共和国驻印尼首任大使,人民文学出版社副社长、社长的王任叔。台湾的刘心皇就持有这种观点。①

1988 年,台湾和香港都再次出现了此种意见。② 香港的李迪

---

① 刘心皇在《郁达夫诗词汇编》的附录中表达了上述观点。台湾学术出版社,1970 年 9 月。
② 胡建中:《郁达夫与王映霞的悲剧》,台湾《传记文学》,1988 年 4 月。收入《王映霞自传》,李迪文:《郁达夫在南洋最后的日子》,香港《大成》第 174 期,1988 年 5 月。

文还在文中提到,郁达夫在棉兰担任抗日救国团的团长,王任叔是副团长,1944 年逃往武吉丁宜等,这和事实完全不符合。对此观点,包立民曾经直接访问了和郁达夫共同逃难的伙伴张楚琨、邵宗汉、张绿漪等人,指出了上述观点的矛盾,并引用笔者在 1985 年富阳的报告,对这种观点提出了反驳。①

刘心皇的王任叔谋杀说完全就是一种出于政治目的的评论,出于反对共产党的政治目的。

下面笔者再对郁达夫的死因以及对他去世的评价之相关见解加以介绍。

马来西亚的记者、文人温梓川进行郁达夫研究,他也否定了日本人杀死郁达夫的说法。他在《郁达夫别传》②中列举了三种郁达夫的可能死因: ① 曾经为日军工作过,战后怕被问责而自杀; ② 郁达夫担任翻译时,在他的庇护下作威作福的一同避难的好伙伴们,知道他的"暴露癖",害怕他写出来而杀了他;③ 日军占领时,郁达夫没能满足当地那些"顺民"的要求,他们在起义后杀死了他。

有见解认为,考虑到郁达夫当时的处境,上述三种想法也是比较新的思路。温梓川提出这三种想法是基于郁达夫不可能被日本宪兵杀死的前提。他引用了曾被迫给宪兵队当过翻译的一位朋友的话:日军误杀了很多人,理由是认为这些人都是抗日分子。日军不会偷偷摸摸地杀人,想要杀人马上就杀,谁想逃也逃不掉。日

---

① 《王任叔害死郁达夫? ——一种传说的辩证》,新加坡《联合晚报》,1988 年 9 月 8、9、10 日;《揭开郁达夫被杀之谜——澄清郁达夫之死与王任叔无关》,香港《明报月刊》,1988 年 11 月;《郁达夫之死新说的辩证》,《文汇月刊》,1989 年第 3 期。

② 马来西亚,《蕉风月刊》第 143 期—163 期,1964 年 9 月—1966 年 5 月。台湾《自立晚报》转载,1967 年 11 月 4 日—1968 年 2 月 13 日。署名:心如。

本投降之初，天皇下诏投降，他们也就不能杀人了。他们杀了郁达夫又能怎样呢？

尽管有温梓川这种拥护日军的说法，但郁达夫确实是在日本投降后，被宪兵队秘密绑架杀害的。凶手唯恐知道宪兵队内情的他出来作证而先下手为强。这是最容易考虑到的，也是郁达夫本人预见到的事。也正因如此，胡愈之的报告一直以来为人所接受。

如果是这样，为什么郁达夫没有逃走呢？尽管他住的地方在日军的管制下，但周围印尼独立军风起云涌，日军也并不那么容易行动，不可能大规模搜索。他住的地方是个赤道下的偏僻地方，他生活了三年多，又广有人脉，想要逃跑也还是可能的。

他本来可以隐姓埋名，却又到处给人写信，或许他过于相信自己对日本人的了解了。他觉得和自己那么亲近的日本人没有理由杀自己，把宪兵看得太好，或者太相信他们了。不知道宪兵用了什么手段诱使他出来，但最终他是掉进了陷阱。他应该更谨慎更有戒心才对。

本来他的身份被查明这件事就不得不说是他的轻率所致。他完全没有必要用日语对日本军人去指自己也不太清楚的路。为了取得开设日语学校的许可而专门去巴东见日本人州长官也非常不谨慎。如果真开了日语学校，或许他的身份会更快被识破。（张楚琨在《忆流亡中的郁达夫》中提到，剃了头，改名金子仙，比郁达夫知名度要低得多的胡愈之，在避难地还是被一位曾接受过中学教育的爱国青年曾连发认了出来，知道他就是写文章讨论国际问题的胡愈之。受过中学教育的华侨们，发现赵廉是郁达夫就是个时间早晚的问题。难道不应该采取更慎重的态度行事吗？）

一同避难的伙伴中，杨骚、王任叔和沈兹九都有日本留学的经历。他们都努力隐藏自己知识分子的身份和会说日语的事实。
"杨骚也在日本留学过,精通日文,但他吸取郁达夫的教训,在流亡
的岁月中,从来不说日语,所以没有暴露。"①为了掩藏身份,会说
日语这件事应该秘而不宣。在军医面前用各种外语讲述病情的事
也真的是难以理解。对关根文说自己就是郁达夫,如果是事实,即
使是喝醉了不小心说漏的也让人无法理解。

《联合晚报》发表的《郁达夫与杨骚》(笔者保存的剪报)

---

① 陈松溪:《郁达夫与杨骚》,新加坡《联合晚报》,1988 年 11 月 3 日。

　　和所在地附近的守备队长、分州州长等人进行应酬没有必要，和宪兵们围坐在一起玩麻将也很多余，把这些都归因于郁达夫的名士气质是不为过的。

　　在他那个简陋的住宅里，从巴东等地搜罗来的各种外国书堆积如山，每天一早就开始读，这件事简直就是昭告天下，自己的商人招牌就是个幌子。对于这一点王任叔也是笑说："这就是郁达夫性格的一面，太爱书，胜过生命。"①

　　包思井说，郁达夫说日语，是因为他想在日军面前保护当地居民。郁达夫利用会日语这一点，在危急关头保护了很多居民，使他们免于受害。这一点当时很多认识他的人都可以作证。"伟大作家、诗人郁达夫在苏门答腊三年多，不断以'长歌正气重来读，我比前贤路已宽'的爱国主义豪情激励自己，深入虎穴，掩护帮助进步人士，做了大量的工作。"②确实，他进入强有力的敌方阵营，做了别人做不了的事。这种伟大的功绩在日后理应得到彰显。通过和日本的权力组织交往，对他自己和其他难民来说，也能获得方便，探听各种信息。但是，他们这些文化人避难者，最初、最基本的任务不就是隐姓埋名地藏起来吗？考虑一下他的处事方式，就觉得应该还有其他的选择。南洋实力第一的侨领陈嘉庚在人口稠密的爪哇岛，也能在其他华侨的协助下得以蛰伏，郁达夫完全可以不唯敌人马首是瞻的。他暴露自己身份的言行的确就是有些轻率和欠考虑。

　　王任叔在避难生活中和郁达夫只有过短暂接触，对郁达夫的

---

① 周艾文：《巴人点滴》，《厦门日报》，1985 年 7 月 5 日。（未找到中文原文，由日文译出。——译者注）
② 张楚琨：《郁达夫智斗日本宪兵》，《经济日报》，1985 年 12 月 22 日。

事情应该并不那么了解,却对他评价十分严苛。胡愈之在《郁达夫的流亡和失踪》的后记中提到,我不说别的,单说郁达夫失踪以后,新加坡的一众附敌记者,落水文人,还要向他揶揄一番,不是骂他"有文无行",就是笑他"家破人亡"。不过,一位似乎和郁达夫一同避难过的青年站出来为郁达夫辩护:"不错,郁达夫先生曾经以赵廉的名义跟日本法西斯周旋过,但即使在无可奈何的情形之下跟敌人敷衍的时候,他也绝对没有失过节。"①我们也必须听听包括郁达夫曾经的论敌张楚琨在内,这些在他活着的时候跟他比较亲近的人的话,这些理解郁达夫苦衷的话。

另外,还有人认为,郁达夫的作品当"证人"比他本人还要有威力,是害怕他作品的人杀了他。② 战后,作为名作家的他,一旦把战时日本宪兵的蛮横行径写成作品广为传播,就会给对方造成莫大的打击。还有人认为,他的死因与他在新加坡的抗日宣传活动密切相关。③ 这些想法实际上都是过高估计了宪兵,位于下层的宪兵根本不具备考虑这些的能力。一旦郁达夫成为证人,直接关系人免不了要被处刑,宪兵们也就抱着这种直接动机而已。

这里还想假设一下郁达夫没有去避难,而是留在新加坡的情况。

如果是这样,他或许会和其他有名望的人一样被利用,就像留在沦陷区北京、就任傀儡政权下的北京大学文学院院长、华北政务

① 明伦:《郁达夫先生的气节》,新加坡《南侨日报》,1947 年 8 月 29 日。
② 洪鹍:《关于郁达夫先生之死》,新加坡《星洲日报》,1981 年 7 月 25 日。
③ 张笳:《郁达夫遇害事件补言》,新加坡《星洲日报》,1976 年 1 月 7 日。

会教育督办(相当于日本的文部大臣)的周作人一样。① 郁达夫听说周作人在日军控制下的北京出席了"更生中国文化建设座谈会"后,就和茅盾、老舍等人联名发表了督促他反省的公开信。② 在1940年4月发表的短文《文人》③中,郁达夫毫不留情地批判了已经明确协助日本的周作人,和曾经与郁达夫、郭沫若共同发起"创造社"的同仁、加入汪精卫政权的张资平。郁达夫称"失节事大,饿死事小。说这话而实际做到的人,才是真正的文人"。处于同样条件下的他排除万难去避难,没有选择落入敌人之手的道路。不过,太平洋战争爆发后,郁达夫担任文化界战时工作团战时青年干部训练班的大队长。那些青年只有一部分人去苏门答腊避难,大部分留在新加坡,可能成为"华侨肃正"的对象。郁达夫逃走之前,或许应该给他们一些建议的。

那么,如果郁达夫改变了避难路线,会不会躲过一劫呢?

前面提到,刘海粟得到船票,2月6日从新加坡逃到爪哇。④ 虽然他躲在爪哇,但还是被日军捕获了。不过,当时往澳大利亚、印度逃应该也不是不可能。星洲华侨抗敌动员委员会劳工服务部主任林谋盛在2月12日逃出新加坡,与郁达夫等人背道南下,到了苏门答腊的占碑,从那里坐巴士到巴东,搭上了澳大利亚的巡洋舰,经科伦坡、加尔各答,于4月12日乘上飞机返

---

① 日后致力于中日友好运动的中岛健藏,在"新生马来亚的话"座谈会上,针对郁达夫没有离开沦陷的新加坡这一假说指出,"如果郁达夫在(新加坡)的话肯定能帮上忙。至少是有郁达夫这样水平的人的话……"载《新生》,1943年3月。

② 《给周作人的一封公开状》,《抗战文艺》第1卷第4期,1938年5月。

③ 《星洲日报》,1940年4月19日。

④ 表志煌、陈祖思编著:《刘海粟年谱》,上海人民出版社,1993年3月。

回了重庆。① 郁达夫一行人如果改变路线也是有可能回国的。这也正是命运弄人啊！

胡愈之在《郁达夫的流亡和失踪》的最后一章"一点感想"中这样说：

> 达夫时常说，他理解日本人，日本人本质并不坏。但现在是民族问题，在民族问题上面日本人是从没有把中国人当作平等的人看待的。
>
> 他常把民族问题和人性问题分开来。他爱国，爱同胞，但也爱人类。他相信人性是善的，他可以说是为了这一信仰而牺牲的。因为假如他早明白日本人在投降之后还会杀他，他就应当不会死了。

胡愈之认为郁达夫过于信任日本人这一点，从一位日本人的文章中也可见一斑。这位日本人和胡愈之一样研究世界语，曾和他见过面。

> 1960 年我偶然有了到访北京的机会。在宽松的席间，我向他问起郁达夫的最后时光。胡愈之带着沉痛的表情说"郁达夫最大的缺点就是敌我不分"，然后就什么也没说。②

---

① 庄惠泉：《新加坡沦陷前夕》，收入《我与林谋盛由新加坡撤退》，见《新马华人抗日史料》。

② 高杉一郎：《郁达夫的最后》，《北海道新闻》（夕刊），1970 年 8 月 18 日。作者高杉一郎和郁达夫相识。

《郁达夫的流亡和失踪》最后是这样总结的：

> 作为一个诗人与理想主义者的郁达夫，是"五四"巨匠之一。他永远忠实于"五四"，没有背叛过"五四"。正如赵胡子是郁达夫的伪装一样，他的表面的生活态度，谈醇酒与妇人、做香艳诗等，也不过是诗人的伪装，用以应付他的敌人、他的迫害者罢了。所以只有那些没有性灵的、从未和他真正接近的人，才会从达夫的生活的表面去作评价。如果是接近他的和读过他作品的会明白达夫对生活是何等严肃，他对人类是何等热爱！
>
> 达夫无疑的是时代的悲剧的主角。他热爱他的从前的妻，而他的妻背叛他。他爱朋友而朋友出卖他、污蔑他。他爱同胞，而许多人不理解他。他像耶稣一样地爱敌人，原谅敌人，他终于遭了敌人的毒手！
>
> 达夫死了！他的一生是一篇富丽悲壮的史诗。他不能用他自己的笔来写这篇伟大史诗，是中国文艺界一笔大大的损失！对于像达夫这样一个复杂的不平常的人物及其思想作品，要作一个正确的评价，应当是未来中国文学史作者的事，而我不配。一年以来，为了无数文化界战友的殉难，我的泪也哭干了。我再没有泪哭亡友达夫。我对达夫的死，就只不过有这一点点迷惘的感想而已。

郁达夫爱日本和日本人，也很理解日本和日本人。这样的他却被日本人杀了，连遗体都找不到。如冰心所言"中国文学在战争中受到的最大打击就是失去了他"。中国文学界在战争中最大的悲剧之体现者就是郁达夫。郭沫若在《论郁达夫》中这样说：

> 实在的,在这几年中日本人所给予我们的损失,实在是太大了。但就我们所知道的范围内,在我们的朋辈中,怕应该以达夫的牺牲为最惨酷的吧。达夫的母亲,在往年富春失守时,她不肯逃亡,便在故乡饿死了。达夫的胞兄郁华(曼陀)先生,名画家郁风的父亲,在上海为伪组织所暗杀。夫人王映霞离了婚,已经和别的先生结合。儿子呢？听说小的两个在家乡,大的一个郁飞是靠着父执的资助,前几天飞往上海去了。自己呢？准定是遭了毒手。这真真是不折不扣的"妻离子散,家破人亡"！达夫的遭遇为什么竟要有这样的酷烈！

前文已提到,1936年春,郁达夫在杭州新建了"风雨茅庐",基本没怎么住过,杭州就被日军占领。3万册藏书遭到蹂躏,房子据说被作为马厩。离婚回国的王映霞在重庆再婚,又有了两个优秀的孩子,过着幸福的婚姻生活。王映霞把自己和郁达夫的婚姻生活,包括二人的嫌隙写成自传在台湾出版①,以此为契机去了台湾,和老友叙旧,讴歌人生的美好。和郁达夫的悲惨下场对比,郁达夫的遗属们看了心里也是五味杂陈吧。

----

① 《王映霞自传》,传记文学出版社,1990年10月。

华侨反法西斯十一烈士纪念碑(笔者所藏书影)①

华侨反法西斯十一烈士纪念碑(译者摄于 2019 年)

---

① 据铃木先生说,早年的资料显示该位于苏门答腊的纪念碑所纪念的烈士中,郁达夫也
占一席。但 20 世纪 80 年代后的新论认为,郁达夫并不在这 11 人中。——译者注

　　郁达夫常把思乡之情寄托于诗。然而，在与他的家乡浙江富阳远隔重洋的赤道上的异乡，造成他之死的、那些发动战争的日本人却任他已然腐朽的尸骸沉睡在了谁也不知道的地方，这罪恶永远也无法偿还了。1995 年 8 月，郁达夫去世 50 年，下一年就是他的百年诞辰。

附　录　铃木解诗①及译文

---

① 铃木先生为方便读不懂中文的日本读者，在原书中对每一首旧诗都做了认真的注释
和解读。注释在第二章中已经呈现了，但整首诗的翻译如何处理是个棘手问题。因
为中国读者可以读懂中文诗，在李振声先生的原译本中便没有翻译。但铃木先生一
直希望能把全部解诗刊译出来，译者经过与铃木先生协商，把它们单独编辑成附录。
译者个人认为诗既不必解译，也无所谓正确翻译，铃木先生对此表示同意。但借翻
译他的解诗，可以看到日本的郁达夫爱好者如何理解他的诗歌，也是件好事。诗自
有个人见解不同，译者和铃木先生的理解与感受也有不同，此处的翻译忠于铃木先
生的原意。译者不知如何表达为妙，便以诗的体裁翻译铃木的解诗。——译者注

一

星洲既に陥いり、蘇島に厄しみ孤舟中
に困しむ、此を賦し志を見す

乱れを傷み行役に倦み

西に来りて又一関

偶如夢令を伝え

低く念家山を唱す

海闊廻潮緩やかにして

風微かにして夕照殷んなり

願わくは南雁に随いて侶となり

此れ従り刀環を賦さん

乱世疲奔走，望国心也煎。

向西一路行，复又遇难关。

偶听一首如梦令，低唱一曲念家山。

海阔，潮涌，风微拂，夕阳照殷红。

故国南来雁，结谊共赋还。

二

初めて望加麗に抵り陳長培に贈る

伶仃絶えて似たり文丞相

荊棘の長途此の一行
猶お幸いにして知交海内に存す
門を望み投止し深情に感ず

独自伶仃苦，敢比文丞相。
荆棘生长路，我独道前方。
幸得一知己，望吾立门栏，
感此深情谊，如何不相叹。

三

友人鄭泗水の半閑居に題す
小橋流水鄭玄の居
洙泗の遺風習未だ除かれず
得がたし半閑還た産を治むを
五湖の大業陶朱に比す

川上过小桥，尽处郑玄家。
孔子言行教，绵延传至今。
虽乃半闲身，仍兴业奋发。
在商精于勤，可比陶朱公。

四

又見る名城の戦場となるを

勢危うく累卵南疆に潰ゆ

空梁王謝飛燕を迷わす

海市楼台夕陽を呪う

縦い窮荒に玉杵を求めんと欲するも

能く苦渇して瓊漿を得可くんや

石壕村と長生殿

一例釵分かれ恨みを惹くこと長し

复见名城化战场，在此南方一边疆。

危急之势比累卵，全员溃倒亦无他。

一朝覆灭梁朝里，空留飞燕绕前堂。

海市蜃楼幻境下，一抹赤色咒斜阳。

如此荒地寻玉杵，苦求亦难得琼浆。

穷村石壕贵唐宫，爱侣分别无不同。

五

望み天南に断たる尺素の書

巴城の消息近きは何如

乱離の魚雁双つながら影を蔵す

道河梁に阻ばまれ再び居を卜す。

鎮日流れに臨み祖逖を懐う

中宵に剣を舞わせ専諸を学ぶ

終に期す舸に夷光を載せて去り

鬢影煙波一盧を共にせん

望断南方地，书信两皆无。

眢眼亚比城，近来又何如？

乱世终无法，鱼雁难传书。

道中无桥走，重来觅新房。

临渊念祖逖，夜半学专诸。

何时载西施，小舟双双渡。

鬓影烟波里，同宿一茅庐。

六

夜雨に江村草木欣び

端居事無く又君を思う

聞くに似たり島上烽煙急なるを

只恐る城門に玉石の焚かるるを

誓いて記す釵環当日の語

香り繍被に余り年を隔てて薫る

蓬山咫尺南溟の路

哀楽都て一水の分に因る

夜雨落江村，草木一时新。

日日徒相似，每每又思君。

贵岛烽烟起，唯恐尽化灰。

盟誓犹在耳，绣被留余熏。

仙山近冥海，悲喜一水分。

七

避地は真に小隠の居に同じ
江村の景色画も如き難し
両川の明鏡春夢を蒸す
一棹の煙波老漁を識り
今日豈に知らんや明日の事
老年反って読む少年の書
閑来蛮語新学に従う
娵隅の清池に鯉魚を記す

避身如在小隐处，江村秀景胜画幅。
两川清明无霾镜，凝神之际沉梦春。
乘舟入河烟波巧，船棹几摇识渔翁。
今日不知明日事，老来重拾少时书。
咿呀初学南蛮语，美池有鲤好闲悠。

八

謡諑紛紜語迭に新たなり
南荒の末劫事真かと疑う
従いて知る邗上終に児戯なるを
坐して咸陽をして要津を失わしむ
月正に円なる時破鏡を傷む
雨淋の鈴夜秦に帰るを憶う

兼旬の別れ三秋の隔たりに似たり
頻りに金銭を擲げて遠人をトす

流言频飞难辨伪,南方偏隅或遇劫。
曾驻大军如儿戏,重镇亦失方始知。
月儿尚有晴满日,伤侣破镜再难圆。
长雨之中闻铃音,不免引我欲归秦。
与君一别尚廿日,却比三年更漫长。
频频投金卜几卦,问我离人可安乎。

九

久客愁いて看る燕子飛ぶを
呢喃語軟らかにして春機を洩らす
明らかに知る世乱天問い難きを
終に覚ゆ離ること多くして会うことの漸く稀なるを
簡札浮沈す殷美の使い
涙痕斑駁たり謝荘の衣
憂いを解くに縱い蘭陵の酒あるも
浅酔何に由って洛妃を夢みん

长居异乡长怀愁,无解闲看燕枝头,
双飞软语感春意,相聚不似别离多。
知音去处瞒天地,终悟再会已无期。
殷美传书随波去,泪痕沾染谢庄衣。

便是与我兰陵酒，微醺也难梦洛妃。

十

却って喜ぶ長空に玉音を播くを
霊犀一点此に心を伝う
鳳凰跡を浪にし凡鳥と成る
精衛淵に臨むは是れ怨禽
満地月明らかにして故国を思い
窮途裘敝れて黄金に感ず
茫茫たる大難愁い来る日
剰りて微情を把りて苦吟に付す

大空传来怀人语，如有灵犀心意活。
凤凰放浪成凡鸟，精卫临渊怨言多。
一地月光思故国，穷地破衣金无着。
愁待大灾无多日，且把相思赋诗和。

十一

猶お記す高楼訣別の詞
叮嚀す別後相思を少なくせよ
酒能く肺を損ぬ多飲を休めよ
事決するに機に臨み遅きに過ぐる莫かれ
漫に学べ東方戯謔に耽るを

好く呼ぶ南八是男児
此の情追憶を成すを待つ可けんや
愁絶す蕭郎鬢漸く絲となる

高楼一别言犹记，别后莫要耽相思。
饮酒伤肺须浅酌，行事宜准不应迟。
随便学学东方朔，男儿志当效南八。
此情可待成追忆，萧郎愁致发半丝。

十二

多謝す陳蕃榻を掃いて迎うるを
留まらんと欲して計無く又西征す
偶紅豆に攀じりて南国に来る
雲英を訪ぬる為に玉京に上る
細雨蒲帆遊子の涙
春風楊柳故園の情
河山両戒重光の日
約取す金門海上の盟い

陈藩扫榻勤相迎，深挚谢意记心中。
却难停留多一日，被迫重又面西行。
偶去南国为红豆，却为云英上玉京。
细雨绵绵一蒲帆，落客游子泪涟涟。
春风又吹河岸柳，催我思乡情又浓。

祖国光复日朝早,立约金门海边逢。

十三

飄零琴劍巴東に下る
未だ必ずしも蓬山に路の通ずるに有るにあらず
乱世の桃源楽土に非ず
炎荒の草沢英雄を尽す
情けを牽く児女風前の燭
檄を草する書生夢裏の功
便ち帆を揚げて此れ従り去らんと欲し
長天渺渺たり一征鴻

漂泊文士下巴东,蓬莱却未有路通。
不把桃源比乐土,只因身处乱世中。
南方炎热此荒沼,便是英雄也落空。
心牵故国众儿女,人命弱忽风中烛。
书生怒写千篇文,只得梦里才记功。
直想挂帆离此地,不过苍穹一孤鸿。

十四

千里馳駆して自ら瘏を覚ゆ
霊薬の相思を慰むる無きに苦しむ
帰し来りて海角に凰を求むる日

却って似たり隆中に膝を抱える時
一死何ぞ難きも仇未だ復せず
百身贖うべくんば我奚ぞ辞せん
会当に馬を立つべし扶桑の頂
掃穴犁庭再び師を誓う

千里奔走已痴狂，相思却未得药方。
此地盼会意中人，却似孔明在隆中。
一身独死不足惜，只叹仇报尚未还。
若可换回牺牲众，即死百回心也甘。
他日策马蹬大和，再发一扫敌军愿。

十五

草木風声勢い未だ安からず
孤舟惶恐再び灘を経る
地は末旦と名づけ踪を埋むるに易し
楫は中流を指し道を転ずるに難し
天意将に大任を頒けんとするに似たり
微躯何ぞ飢寒を忍ぶを厭わん
長歌正気重ね来りて読む
我前賢に比し路已に寛し

草木皆兵心难安，孤舟又渡惶恐滩。
末旦似却合宜地，河中之舟难回还。

天降大任于我肩,卑贱尚能忍饥寒。
重学数遍歌正气,前贤尚无我路宽。

十六

卜干峇魯に去るに陳金紹に留め贈る

　　十年久しく作す賈胡の遊
　　残夜蛮荒迭に秋を夢む
　　若し樽前惆悵の事を問わば
　　故郷の猿鶴人の愁いを動かす

　　十年胡地经商日,半夜依旧梦故乡。
　　故国征战离人众,引我愁思何日休。

十七

　　洞房紅燭張仙を礼す
　　碧玉の風情小憐に勝る
　　惜別の文通猶お恨み有り
　　哀時の庾信豈に年を忘れんや
　　催粧何ぞ必ずしも中饋を題せん
　　編集還た応に外篇に列すべし
　　一たび蘇卿海上に羈がれて自り
　　鸞膠原心弦を続ぐに易し

红烛婚夜拜张仙,贫女貌尤胜小怜。

文书不尽离别恨,庚信哀尚不忘年。

欲题催妆却无言,编书不过算附篇。

苏武牧羊留北海,挥泪念妻也续弦。

十八

玉鏡台辺老奴を笑う

何れの年か帰り去りて西湖に長ぜん

都て世乱れて鸞鳳を飄わすに因る

豈に行くを遅くして鷗鴰に泥むが為めならんや

故国三千満子来たり

瓜期二八羅敷を聘す

今従りは好く斂めん風雲の筆

試みに写さん滕王蛺蝶の図

妻立镜台笑我老,几时携其返西湖。

全因战乱耽英才,却为何故费踌躇。

故国来时尚幼齿,如今瓜期已十六。

我从今日丢文笔,试学滕王画蝶图

十九

秦に贅るは原身谋の為ならず

轡を搅り猶お十州を定めんと思う

誰か風流を信ぜん張敝の筆
曽て悲憤に鳴く謝翱の楼
弓を彎いては待つ有り山南の虎
箭を抜いては寧ろ慚ず帯上の鈎
何の日か西施范蠡に随い
五湖の煙水に恩仇を洗わん

受制秦敌非为己，只为天下勒马头。
张敝画眉无人信，西台谢翱曾痛哭。
搭弓只等山南虎，却悔绝杀箭下留。
愿效西施和范蠡，五湖荡涤洗恩仇。

二十

老い去りて花を看る意尚お勤む
巴東の景物湖濱に似たり
酒は雨月荘中従り貰り
香りは観音殿裏に薫るを愛す
摩訶池上に却て君に逢う
年年記取す清秋節
双槳風に臨み紫雲に接す

年高赏花仍兴浓，西湖胜景现巴东。
打酒可去雨月庄，观音殿香若故乡，
水调歌头拍声起，摩诃池畔即逢君。
年年此时念清秋，双桨迎风连云祥。

二十一

故人海を横ぎりて詩を寄せ来る
詞は江南賦に比して更に哀れなり
旧夢憶いは蕉下の鹿に同じ
此の身は真に似たり劫余灰
歓び白社に聯なり居ること千日
涙新亭に洒ぐ酒一杯
哀朽自ら憐む劉越石
只今起き舞い鶏催を要む

故友题诗跨海而来，句句胜江南赋更哀。
往昔如梦得失皆空，此身不过劫后余灰。
曾与友人欢聚千日，如今忧国酌酒一杯。
衰老我身好似刘琨，夜半起舞还待鸡催。

二十二

趙盾自ら罪を明らかにす
予譲今胡に事う
達人惟嘆息す
夫子之を許すか

行似赵盾，心也知罪。
实乃予让，暗图复仇。
贤士空叹，可恕我乎？

二十三

十年孤嶼羅浮の夢
春の来るに到る毎に輒ち家を憶う
得難し張郎我が意を知るを
画眉還って為に梅花を描く

滞留孤岛竟十年，梅下梦中见君颜。
每逢春至思乡切，难为张君明我心。
说只画匹画眉鸟，却描故乡一剪梅。

（新诗）咏花蝶谷高山

你头戴宽大无边白帽
身穿瑰丽五彩长袍
肩上披着两道长长乌黑光亮辫条
水注注的眼珠深埋眉梢
浓香扑鼻发自小口樱桃
胸前两颗大番茄狂似小鹿奔跑跳跃
九曲十八弯腰枝苗条
热情如火日日燃烧
我愿常留花蝶谷
与伊人对饮美酒
品尝四季佳肴。

外一篇 西苏门答腊纪行

2019 年 7 月,惊闻铃木先生入院,我去苏门答腊的事便在仓促中提上了日程。

我联系了一家西苏门答腊的米南卡保年轻人设立的非政府组织,他们召集各国的志愿老师,免费为当地的山村孩子提供教育。志愿期间长短自由。该组织安排村中食宿,由志愿老师自己负担费用并象征性地给该组织提供一些捐款。当时正好没有其他外国老师,组织负责人胡森很欢迎我去。

我之所以选择这个方式,一是考虑住在村子里相对便宜,而且从位置上来说,离郁达夫生活过的巴爷公务不远。二是觉得请当地人陪我探路,比自己找总要方便些。

7 月 21 日晚,我带着铃木先生寄来的手绘地图和一些翻拍的老照片资料,搭上亚航的夜班飞机,匆匆踏上了去印尼追寻郁达夫足迹的行程。先从马来西亚的吉隆坡转机到北苏门答腊的棉兰,再由棉兰飞往西苏门答腊最大城市巴东。

当地时间 22 日正午到达棉兰。去巴东的飞机在第二日,有一个下午可以逛棉兰。把行李放入旅馆、信步出门,当地人大都把我认作日本人,试图用日语和我寒暄。我在东南亚、南亚的其他国家也有过不少类似经历,不由不感叹日本的影响力之深。棉兰是印尼第三大城市、苏门答腊最大城市,但似乎还并没有紧随全球化、现代化大潮,整体感觉很闲散。经过大马路,人们任意穿行,不知道斑马线和交通灯在何方。清真寺和印度教寺庙相安无事,巴塔克、爪哇等印尼各民族的吃食都可见到,自然也少不了中华餐馆。

棉兰的清真牛骨髓汤

这里旅馆的前台和出租车司机都不大会讲英语，我学了一鳞半爪的印尼语又派不上用场，还是手机的机器翻译 app 大显神通，和网约车司机顺利沟通，成功找到了在当地颇有人气的清真饭馆，喝了招牌牛骨髓汤。这汤与骨头是盛在盘子里的，论盘计数。欢喜之下，我招待司机入席，两人吃了三四盘。回到旅馆，房间内没有热水壶，印尼人似乎也没有饮热水的习惯。请服务员拿个电壶来烧热水。结果等了很久，服务生捧来了一个托盘，像上饮料一般上了一杯刚烧出来的热水，令我忍俊不禁。

据王任叔记载，1943 年，他与郁达夫最后一次相见是在棉兰，当夜郁达夫便随宪兵匆匆赶回苏西。走陆路从棉兰到巴爷公务，即使是现在也要 18 个小时左右；我从棉兰飞到苏西的首府巴东也飞了近 2 个小时。可以想见，当年陪着虎狼一般的日本宪兵、在暗夜中漫漫行路的郁达夫是何等疲惫与孤独，真要为他掬一把辛酸泪。

翌日正午 2 点，落地巴东。

巴东机场米南卡保风格的建筑

机场大楼是米南卡保人代表性的水牛角建筑。我进入机场底商的小吃店里等胡森，店里每张桌上都放着一盘鸭蛋和类似豆腐干一样的吃食，可以自由取食，一并结算。胡森雇了旧面包车来接。去往村子的途中，司机在一家小卖店旁停下休息。忽而大雨倾盆，附近的印尼人欢叫着在雨里奔跑，一起涌到小店里，相识不相识的都互相寒暄，分吃一种油炸小食。这情景同我长期生活过的南亚穆斯林社区颇为相似，不由得生出一种天然的亲近感。

终于到达住地，已是傍晚七时左右。志愿者办公室是一间简陋但布置得很温馨的大开间，三四个印尼青年和几个孩子坐在地上谈笑。除了胡森和正在念大学的苏旁，其他几个人尚无法用英文流畅沟通。此后大家在相处的日子中都是各自用简单的英语、印尼语单词，以及微笑点头握手来寒暄的，倒也无甚障碍。

我的房间

我被安排住在胡森姑姑家。房间里除了一块床垫、一张矮桌和一个电风扇之外别无其他。屋子和办公室之间有道矮墙相隔，打开屋内的小窗就可以望到办公室,实在简单方便。房子内还有简易的冲凉房,抬桶水来就能冲洗。这是当地农村比较典型的居住结构,也算是小康之家吧。整个村子都没通互联网。

冲凉房加起居室

　　小村里家家相识,哪家来了客人四邻皆知。当晚,我和大家简单聊过就早早睡下。此处是热带雨林气候,虽是七月,夜晚也并不算太热。我因惧怕蚊虫,一直着长衣裤。清晨醒来,扑面便是一股烟气,原来近处人家在烧椰子壳,在异乡人的我看来,真是新鲜有趣。胡森等人还在办公室的地上睡着,我便独自去邻家小吃店觅食。我只会用印尼语点炒饭加咖啡。以后店主也懂了,每日自动奉上同样早餐。这印尼炒饭(nasi goreng)不愧为代表性美食,便是天天吃也并不厌。

　　志愿活动的内容为召集村里的孩子们一起学习,主要是学英语。在这个交通不便的地区,失学孩子很多。尽量激发孩子们对

邻家小吃店的炒饭

学习的热情、帮助他们学习、鼓励他们像自己一样走出去,是胡森成立该组织的初衷。这位三十出头的米南卡保青年极具理想主义精神。他很早离开家乡,去巴厘岛闯荡,凭借灵活的头脑和流利的英语,在外客云集的巴厘岛做旅游业,赚了一大笔。抱着对家乡的一腔热情,他把积蓄全投入了公益教育,一个人苦撑着这个组织。那几位印尼青年都是他的好伙伴,主动来帮忙的,我听了很是敬佩。当地多竹子与椰树,他们便因地制宜,请工人建一座竹屋作为孩子们上课和活动的场所。我抵达时恰是工程初始,大家每天两人轮流去监工;剩下的人挨家挨户叩门,通知上课日程。傍晚,众人便围坐一起,边谈天边用竹子和椰子壳做一些环保餐具,卖了补贴经营。

这个村子属于塔那达塔尔(Tanah Datar)地区,该地区的行政中心在巴图桑卡,日军曾开设训练所的地方。印尼语 Tanah Datar 的意思是"平地"。虽然名为如此,但并非整个地区都是平地。村里人的住居错落有致，走一遭上上下下也颇为辛苦。随着寻访，之前没送孩子来学习的家长，经过沟通后也有同意孩子过来的；已经熟悉的人家还会拿出吃食来招待。胡森女友起了很重要的作用。她是殷实人家的女儿，在州里有着体面工作，被胡森的人格魅力吸引，不顾家里反对，执意跟胡森交往。也正是有了她的广为宣传，志愿组织获得了一些州里官方的支持。她自己更是一有时间便来村里，陪着胡森四处走访，给孩子们上课；既充当经纪人，又是贤内助。

　　竹屋建成之前，孩子们在外边的空地上学习。志愿老师在一条长椅上竖上块白板便开讲。地上铺上席子，又做坐垫又做书桌，到了祈祷时间还能用来礼拜，真是一物多用。比起教英语来，我的摄像机更令孩子们着迷，我便趁着课间休息教他们摆弄一阵。虽然孩子们未必学会掌握多少，但接触各种不同文化的人和新鲜事物，其本身便是一种极有意义的学习。

志愿老师和上课的孩子们

大家对我到来的理由充满好奇,不厌其烦地听我讲了几遍:从前有个中国的大作家,"二战"时在这里被日本兵杀死了。他曾多次帮助过印尼人,和周围人都很友好。众人中最有见识的胡森也不很了解历史,听了觉得十分新鲜,跃跃欲试要陪我去探访巴爷公务。终于,穆斯林的主麻日周五到了。很多人从周五开始休息,胡森与我在那天清晨,踏上了去巴爷公务之路。

途中美景

当天,我起了个大早。虽然村子离巴爷公务并不太远,但唯一的交通工具就是胡森的摩托车,路上也要费一阵工夫。虽是因生活拮据没有汽车,但走起土路来摩托车也确实方便。胡森嘱我添件夹克,说路上穿过大山会冷。我们七点半出发,先在村外有点热闹的市集上吃早餐。我一如既往叫了炒饭,胡森还帮我点了一碗看起来像是家常绿豆粥的东西,但吃来极甜,不知加了多少糖。这吃食还盛在一个颇有中国风的碗里,我便只当它是绿豆粥,都忘了问一下在印尼叫什么。用毕早餐,驱车上路,狂奔了一个小时后才稍事休息。在我眼前展开的是何等温柔的光景啊:青空中飘着悠闲的云朵,若隐若现、曲线玲珑的山环绕着润泽的水田,椰子树随风颔首,鸟儿的鸣声清脆悠长。胡森摘下头盔呼了口气,对他来说,这是看惯了的日常。他只简单地说了一句"山那边就是武吉丁宜"。

　　眼前美景加之武吉丁宜几个字给我带来的遐想,令我觉得他的话也极富诗意。问他这山可有名字,他答名为"Merapi",当时只一心想搞清他的发音是"p"还是"b",完全没记起这就是出现在沈兹九笔下的"高山美拉比"、郁达夫专门为其做了新诗咏叹的"花蝶谷高山"。事隔两年受了译书委托,重新翻看时才不免惊呼。也无怪达夫在诗中将其比作女子,当时当地见到那般景致的我,也只觉心中溢满柔情,只得温婉二字可形容。

　　9点钟,我们进入巴爷公务的主干道。周围渐渐热闹起来,不知是下雾还是怎么,四周笼上了蒙蒙的烟雾,虽是初来乍到,却忽然涌出温暖的似曾相识之感。我的目的本来很简单:按照铃木先生曾走过的地方走一遍,看看现在的样子,拍些新照片。设想的第一个目的地就是郁达夫最后住过的房子。铃木先生特别惦记那里,他说2004年的大海啸之后,周围应该都重建了。

　　我带着铃木先生的手绘地图和一张照片,胡森从照片中隐约可见的地址中读出了某总理的名字,判断说,这里以总理、将军名字命名的多为城市主干道,接着很快通过手绘地图确定了位置。先到一家服装店去打听,这家服装店所在的位置原先是老巴爷公务车站。印尼店主说我们要找的房子应该就在不远处,还说知道那家房子给一个华侨买下了。走了一阵,又向一个摩托车修理店打听,店主说对面照相馆女店主的爸爸以前是华侨协会的侨领,她应该知道。去了照相馆,和气的女店主的确是华侨,但不会讲中文,和胡森用印尼语沟通了一阵后,建议我们去华人社团恒明堂,或者去首饰店问问,说首饰店的人很了解。就这样,我们不知不觉一步步走进了巴爷公务的华人街。

巴爷公务的恒明堂

恒明堂是苏西历史很悠久的华人互助组织,总部在巴东,据说创立于 1876 年。最初只有汉字名,因为政府规定外国的建筑必须有印尼名,所以也起了印尼名字。恒明堂巴爷公务分部拥有一座很气派的中式小楼,可惜锁着门,叩了几次无人应门。

失望之余,我们决定再去寻首饰店。但胡森忘了首饰店的名字。在市场里随便看到一家首饰店就去打听。那位店主很热情,拿出纸给我们画地图。他说从前印尼排华,很多华人的店被烧了,他也被误认为是中国人,房子被烧了。通过他指路,我们到了首饰店。果然店主是华侨夫妇。还能说一点中文。

老先生很热情,但他并不清楚郁达夫的事情,又让我们去问咖啡店,说咖啡店店主比较了解。

去找咖啡店的路上,无意中又见到一个挂着恒明堂牌匾的小楼。心下奇怪,凑过去看。旁边一个卖洁具的店里坐了一位华侨阿姨。这位阿姨见我是中国脸,很热心地打招呼。不过,她只会讲印尼语,和胡森聊了两句。胡森大喜过望地翻译说,她先生就是恒明堂的秘书长。我们立刻拜托阿姨联系她先生。她先生正在自己的哥哥家吃茶,说马上派司机来接我们过去。于是阿姨笑眯眯地招待我们在店里坐下等,还迅速买来蛋糕给我们吃。司机来了,接我们去了哥哥家漂亮的大院子。秘书长吴先生正同兄嫂一起吃茶,就招待也我们坐下一起吃茶。三人大约五六十岁年纪,都讲中文,让我放下了心。他们祖籍广东开平,一般讲开平话和印尼语。正好我有位十分要好的朋友也是开平人,听了分外亲切。吴先生的嫂子丽萍阿姨的广东普通话讲得最流利,和我谈得最多。两位先生与胡森用印尼语寒暄。

胡森与被认作华侨的首饰店主握手欢谈

他们一直生活在印尼的文化环境中,印尼语是母语之一,郁达夫的文章自然是不读的。关于郁达夫的具体情况也并不十分清楚。从老人那里听说过郁达夫曾经生活在这里,也看到过郁达夫的小女儿郁美兰女士回来故地重游,仅此而已。尽管如此,从他们对我这个素不相识的来客那真挚友好的态度中,我深切地感受到他们为郁达夫曾住在此地而感到骄傲,感到他们对祖国中国的深情,听到丽萍阿姨说"我们中国人"时止不住地胸口发热。阿姨说,以前这里除了恒明堂还有一个什么堂,恒明堂是广东人为主,另外那座堂是福建人为主的。两班人分作两派。这让我不禁想起铃木先生的书中引用过的,胡愈之等人提到郁达夫摆平福建人和广东人纠纷的事情,似乎一下进入了当年的世界。

吃过茶,吴先生热情地带我去转。因为胡森骑摩托,他也推来了自己的摩托,我们就这样一前一后骑着摩托去看了郁达夫的旧家、酒厂遗址等地,他还带我去见了一位 80 多岁高龄的牙医张树作先生。张先生说自己 11 岁左右时见过郁达夫,当时他时常从自家门口走过。问他和郁达夫说过什么话,他说已记不太清了,郁达夫是大人物,不敢随便去搭话,就觉得他人很好。他还保存着几张翻拍的郁达夫照片,即被认为是郁达夫最后遗像的那张照片。我也有幸得到了一张。张先生说郁达夫是晚上穿着睡衣被坏人带走了。但乡里另一位见过郁达夫的老人却说郁达夫是大早上被带走的。两个人因在这一点上意见不同还闹了不合,也甚是有趣。

这一圈的收获远远超过了我最初的预期。丽萍阿姨听说我后面还要去武吉丁宜,热心地给了我一个联系方式,说到了那边找这位老先生准会得到帮助。大家热情地跟我们道别。我跨上胡森的摩托,驶出一段距离,还看到他们在身后目送。我心中充满了温暖

张先生送的郁达夫最后遗像

的同胞之情,半晌无言。在摩托车呼呼的风声中,胡森大声向我喊着说:"中国人真友好啊!"

回到驻地,胡森兴奋地和组织的其他志愿者们讲述了我们此行的经过,大家都觉得有趣。胡森告诉我,尽管同是印尼国籍,但他们和华侨社区从无往来。对米南卡保族人和其他原住民来说,华侨还是文化不同的外国人,不知该如何接触。这次同我去探访巴爷公务,也是他们第一次接触华人社区,感到中国人远比想象中要亲切友好。恰逢当天傍晚,当地的广播电台邀请志愿组织做一个访谈节目,胡森盛情邀请我一同参加。他向电台主持人讲了我们去巴爷公务的经过,从他和主持人长串的印尼语对话中,我听到了他新学会的词"Yu Da-fu",不禁很是感动。他们请我在节目里和西苏门答腊的听众们说几句话,讲讲关于郁达夫和志愿活动的故事。节目做完后,几位主持人都开心地表示以后也要多和华人社区友好互动,向米南卡保的孩子们讲述郁达夫和印尼华侨的故事。胡森说,我们应该为郁达夫立一座像。实际上,这个想法很早就被华侨们提出来过,但因为郁达夫不是印尼人而没有获得批准。今后若得了这些当地人的支持,或许能办成也未可知。

为了看看郁达夫曾做过翻译的宪兵队遗址,过了几日,由苏旁陪我去了武吉丁宜。同样也是骑摩托。先去看了著名的钟楼,宪

兵总部曾设在那里。然后按着丽萍阿姨的指点，我们去了曾经的
海天旅馆改装的 Surya 旅馆附近，去打听她介绍的那位华侨旧识。
因为大家都按印尼语名字称呼，丽萍阿姨自己也忘记了那位老先
生姓黄还是姓王，我也没能搞清，想来真是无比遗憾。

原武吉丁宜宪兵分队建筑内部

　　我们遇到一位姓林的很俊朗的年轻华侨，他听说要找这位老
先生，感到很是狐疑。他不大会讲中文，和苏旁互相聊了几句，还
是去打电话寻人。苏旁有些紧张，悄悄在我耳边说，听说华侨们有
些帮派，可能还有人做些不那么守法的小买卖，所以他们对外人很
警戒。过了不久，老先生拄着拐杖亲自来了。虽然他走路颤巍巍
的，但很有"大哥"的气势。听说我们想寻访郁达夫的足迹，他便叫
林先生去安排一辆车来，亲自带我们去转。林先生这时变得很亲
切，他极为尊敬老先生，立即去找了一辆车。这隆重的招待搞得我

和苏旁很不好意思，但也只好客随主便。

四个人一同出发。我们先去了武吉丁宜宪兵分队的遗址。这座房子和多年前铃木先生探访时没有太大差别，内部结构和装饰应该也还是日本宪兵在时的样子。只不过现在有印尼人住在里面，各种生活用具带来的家庭氛围消解了宪兵队原址的阴森恐怖。

老先生似乎来过很多次，为我们指指点点地介绍。他还对林先生说，像他这样的年轻华侨要知道郁达夫的事情，林先生连连称是。接下来我们又去看了"华侨反法西斯十一烈士纪念碑"。碑在一座小山包上，林先生扶着老先生，很费劲地登上了山。四下里是荒草，一阵风吹过，野草拂过那字迹剥落的碑，显得颇为荒凉。

早年曾有资料认为，郁达夫是被纪念的"十一烈士"之一。事实上，这块碑是为了纪念那些在九二〇事件，即镇压反日华侨的"力工作"中殉难的烈士们的，郁达夫并不在 11 人之中。但这碑背后的故事，它所承载的怀念与情感，又岂仅仅止对 11 位华侨呢？它是对包括郁达夫在内，所有在战争中流离失所，在这片土地上挣扎过、奋斗过，在民族大义和个人生死中选择过、彷徨过的，有名的、无名的人们的纪念啊！

碑的四周隐隐约约还可见到华人的坟冢，我们几个默默伫立，半晌无言。

回到林先生的店里，和两位依依惜别。老先生与我紧紧握手。我感到在那无言的握手中，寄托着他对故乡、对久违的母语中文的无比眷恋。告别后，我久久地望着老先生离去的身影，在无以名状的感动之情中拍下了他的背影。

从武吉丁宜返回驻地的路上，我和苏旁去看了世界最大的花、大王花的生长之地。大王花长在陡峭的山中隐蔽之处，要雇专门的导游指路去看。翻过滑溜溜的泥地，几乎是四肢着地真正"爬着"上一段山路，才算是看到了大王花。最后在付钱给导游时，我才发现自己的钱包丢了。因为很快就要离开印尼，一两天之内也不需要用钱，便没有太在意。但当我意识到自己真的就要离开，不知何时才能再来的时候，忽然很想再去和巴爷公务的华侨们道别，也想告诉丽萍阿姨在武吉丁宜发生的事，便央求苏旁再带我回去巴爷公务。虽然路很远，苏旁还是很爽快地同意了，他也在默默感动于这一天在武吉丁宜的所见所闻。

老先生远去的背影

我们在暮色四合中抵达了巴爷公务，然而吴先生家的洁具店大门紧闭。没有联系电话，不知该怎么办。正踟蹰间，隐约听到了一阵中国风的音乐声。我们循声到了恒明堂的小楼，发现很多中国华侨在小楼上伴着民乐跳舞。看到灰头土脸、满身泥的我和苏旁突然出现，大家都惊奇不已。吴先生的夫人眼尖，一下认出了我，很欢喜地用印尼语说了一通，又打电话把吴先生和丽萍阿姨夫妇给请了来。

告别的篝火

丽萍阿姨见我们满身是泥，以为遇到了事故，很是担心。她听说我们是去爬山看大王花，便笑了起来，说天色太晚，一定要我们在她家住下，第二天再回。苏旁有事必须回去，她们便留我住下，向苏旁保证第二天会负责送我回去。两边各自为我的安全交接了一通，苏旁才安心地回去了。

丽萍阿姨家的浴室和我们米南卡保村子的驻地不同，是有真正的淋浴的。用上了久违的流动的水洗澡让我满心感激，冲下了二两泥，还换上了丽萍阿姨细心准备的自己孩子的旧衣服。我这来告别的人却给大家好生添了一通麻烦。也因为大家的好意，我竟得以在郁达夫生活过的巴爷公务的华人社区中睡了一晚。翌日早晨，丽萍阿姨和吴先生兄弟还带我去转了转周围的邻居，其中也不乏小时候见过郁达夫的大爷大妈。听他们讲话，让我觉得自己不断地在历史和现实中穿梭着。

中午，大家亲自用车送我回去村中驻地。路上经过一家很气派的饭馆，丽萍阿姨说这是家庭聚会常来的地方，请我在此吃了一餐饭。在快抵达村子的时候,阿姨递给我一个信封说:"听说你丢了钱包,这一点钱你拿着用吧。"我十分吃惊,连忙推辞,说翌日就要离开印尼,不需用钱。但阿姨说,坐上飞机之前都得用到钱,一定要我收下。几张纸币数额不大,但这份心意是真正的无价之宝,令我感动地说不知说什么才好。

到了村里之后,胡森等人已经等在办公室了。众人握手寒暄,胡森带吴先生参观了办公室,约定以后一定要互通往来。丽萍阿姨等人回去了,这次是真正依依不舍的告别。不知道何时才能再次相见,我只有在心中默默地祝愿他们一切平安。

当晚,胡森等人专门为我举行了送别晚会。生起了篝火,大家围着火堆聊天,胡森弹吉他唱歌,没有睡觉的小孩子们也来凑热闹。大家知道我喜欢当地的椰子餐具,便决定为我制作椰子碗留念。几人在篝火边,各负责一道工序,边谈天边切割、制作、用砂纸打磨,一丝不苟。我第二天早晨醒来去办公室时,几只椰子碗已经放在桌上了。现在,它们还摆在我的厨房的柜子里。

这便是我在西苏门答腊短暂停留的回忆。这些看似琐碎的事情,每一件都让我如此难忘。现在回忆起来,胸口还是胀满了感动。我从这些原本不相识的印尼华侨、米南卡保人那里收获了那么多的帮助与关心,却无以为报。在我想把他们的故事记下来的时候,连他们准确的名字都无法写下来。

铃木先生以日本人社区为切入点,通过在印尼的日本人帮助联系当地人和华侨,去追寻郁达夫在苏门答腊的轨迹。几十年后,我走了和他不同的路,遇到了不同的人,但我相信,我们感受到了同样的情感:在战争、民族、事实、记忆之外的,纯朴的、纯粹的人类手足之爱。

这一切都并非直接和郁达夫相关，但一切又都因他而起。中国人、印尼人、日本人，都乐意听他的故事，去追溯、反思历史，去设想光明和平的未来。是的，达夫是爱人类的。他听了这些故事，也会快慰吧。

在我写这篇东西的时候，收到了胡森的来信。他和女友在2022年1月终于结婚了。苏旁也找到了非常支持他的女友，一位天真烂漫的雅加达女孩子。志愿活动还在继续，他们邀我一定再去，继续为当地的孩子们讲述郁达夫的故事。

刘高力

辛丑牛年腊月二十九

旧 版 后 记

太平洋战争中，潜伏于日军占领下苏门答腊的郁达夫，作为文学家、知识分子是如何立身的？战后失踪的真相又是什么？梳理真相结集成册，为世间留下一本正确记录，是笔者二十几年来的心愿。最初没能得到合适的机会，材料积累了一些，却不得不等待发表的时机。及至终于动笔，却在开工伊始突遭家庭不幸而中断。

这本书本应在五年前写就，一直拖到了今天。不过这期间得到了一些新的资料，充实了书的内容，或许也该说是件值得欣慰的好事。

下令杀害郁达夫的人是怎么找到的？笔者如何劝导他说出事实的？这些都在本书中首次呈现。能够锁定这位原宪兵，也是因书中所述的、一系列令人不敢相信的巧合与好运所致。不然，即或是借到他当年手写的描述命令经过的纸，如果是在复印机还未普及的时代，后续的展开可能就不同了。

战争结束 23 年后，还能从在苏门答腊和郁达夫有过交往的原宪兵、其他日本人那里获得证词也是非常幸运。他们的记忆还不至于模糊，同时警戒心也不那么强了，正是合适时机。

考虑到这诸多的巧合，笔者甚至觉得是有郁达夫的灵魂附体，指引了最终的结果。

希望这本书能翻译成中文，让多数的中国读者看到。关于郁达夫的避难生活和失踪，存在着各种各样的说法和误解，如果放任如此，讹传和误解恐将流传于后世。为了防止这种现象，笔者尽量把出典做得详细，因此这本书并不算通畅好读，敬请见谅。笔者认为，最重要的是在了解事实的基础上，对导致郁达夫之死的战争、日军的占领政策和日本人的国民性等进行讨论。

本书以日军占领下设有军政监部的武吉丁宜为中心，再现了当时苏门答腊的情况。一旦明了当时的环境，郁达夫的避难生活图景也会更加清晰地浮现于诸位眼前；而且，说到战争时代的兰印，人们对爪哇的关心远胜苏门答腊，笔者也希望对此缺憾加以补足。

郁达夫在苏门答腊所做的旧体诗 23 首、新诗 1 首是第一次在日本出版注解和阐释，这也是本书的特色，借此可以凸显作为文学家的郁达夫在当时的活动。最可惜的是，他当时的作品流传下来的太少了。

和郁达夫一起避难的人，在苏门答腊和他有过接触的人都相继去世了。在证人还健在的时候完成这项工作果然还是很重要的。

在他逝世 50 周年的今年，这本书终于完成了，笔者也终于卸下了肩头的重担。写这本书的过程中，虽然没有一一列出名字，但作者得到了包括原宪兵在内的很多人的帮助。希望这本书能答谢诸位的支持。

笔者曾经三次去苏门答腊调查。1972 年 5 月第一次前往当地时的兴奋之情，至今还能鲜明地回忆起来。很遗憾的是，当时在新加坡买的胶卷似乎不太好，照的照片都不清楚，因此使用了几枚数月前故地重游的关根文所拍摄的照片。关根文之后也去过很多次苏门答腊，笔者受了他很多关照。

这本书的出版承蒙东方书店加藤浩志的帮忙。

　　书的装帧采用了刚刚进入美术大学半年就不幸身亡的长子健夫之遗作。

笔者英年早逝的长子设计的日文版封面
(笔者经年作参考书使用)

1995 年 5 月

铃木正夫

新 版 后 记

笔者调查发现了中国作家郁达夫的被害真相，最初发表于1969年。当时因主犯没有亲口承认，所以只在自己的文章中做了简述。

　　1985年9月，郁达夫的故乡富阳召开了"郁达夫殉难四十周年纪念学术讨论会"，笔者也受到邀请。以此为契机，笔者再次同主犯见面，听到了他的自述。笔者在中国的大会上所做的报告收到了很大反响。1986年的《新文学史料》第1期上登载了《郁达夫被害真相》一文。此后，郁达夫的遗属曾欣喜地告知笔者，与郁达夫同在苏门答腊避难的伙伴胡愈之否定了自己的说法，表示赞同笔者的判断。1995年，拙著《苏门答腊的郁达夫》在日本发行；翌年6月，由李振声译为中文，在上海远东出版社出版。

　　下令杀害郁达夫的原宪兵已经不在人世了。他直到去世都在忏悔自己在战争中所犯下的罪行。当年，出于为自己家人的考虑，他和笔者约定不公开姓名但公开真相。因此，笔者决定为了避免误会，无论当事者与否，所有宪兵的名字都用字母代替。后来，有人以此为理由，认为笔者的研究均为捏造，实在是很遗憾的事。

　　笔者常想，上海远东出版社翻译版中，不知为何完全没有使用日文版中的照片。如果有照片资料的话，或许读者们会更有身临其境之感吧。此次，笔者委托刘高力君重译拙作。刘君和笔者一直互通往来，也曾亲自去探访苏门答腊并取得了新的照片，为重译做了很多工作，连笔者的原注都进行了补正。对这些热心而细致的工作，笔者深表感谢。

　　再译的出版,得到了上海交通大学出版社李阳女士的很多关照。在此,向李女士致以敬意。

　　期待此次的新译本能够帮助诸位更好地了解郁达夫在苏门答腊期间的避难生活和遇害真相。

2023 年 1 月

铃木正夫